더 소중해진
홈 Life is Good

집에서 보내는 일상이
더욱 소중해지고 있습니다

당신의 소중한 홈 Life가
더 건강하고
더 즐겁고
더 편리할 수 있도록

LG가 늘 함께하겠습니다

 LG

KB035440

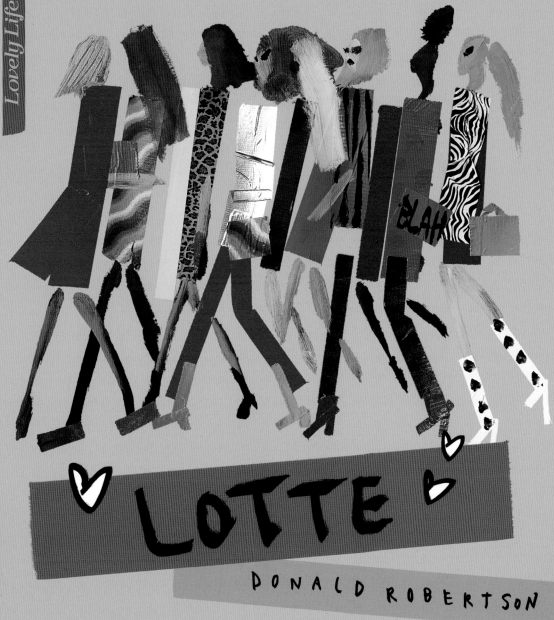

Lovely Life

♡ LOTTE ♡

DONALD ROBERTSON

아름다운 것을 볼때의 즐거움뿐 아니라
쇼핑이 끝나도 설레는 두근거림. 롯데백화점에서 즐거움을 입어보세요.
여러분의 삶은 더 사랑스러워집니다

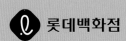 롯데백화점

We ConnectScience

LG화학

착한 코발트,
아동 인권을 지키다

LG화학은
아동 노동력 착취를 막기 위한
책임 있는 광물 사용에
앞장섭니다

아동 노동 / 인권 침해 차단에 앞장서는
LG화학 배터리 사업

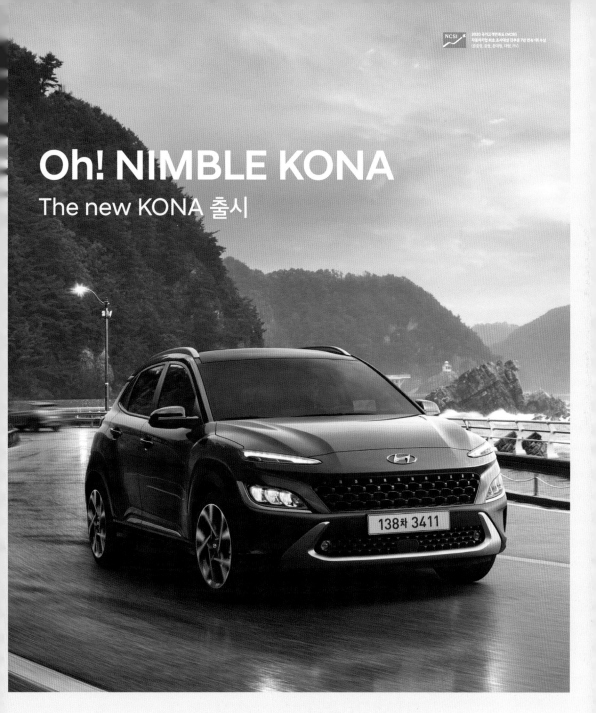

Oh! NIMBLE KONA

The new KONA 출시

•**198마력의 최고 출력** (가솔린 1.6T 기준) •**13.9km/l 동급 최고 연비** (가솔린 1.6T 기준, 복합연비)

HYUNDAI

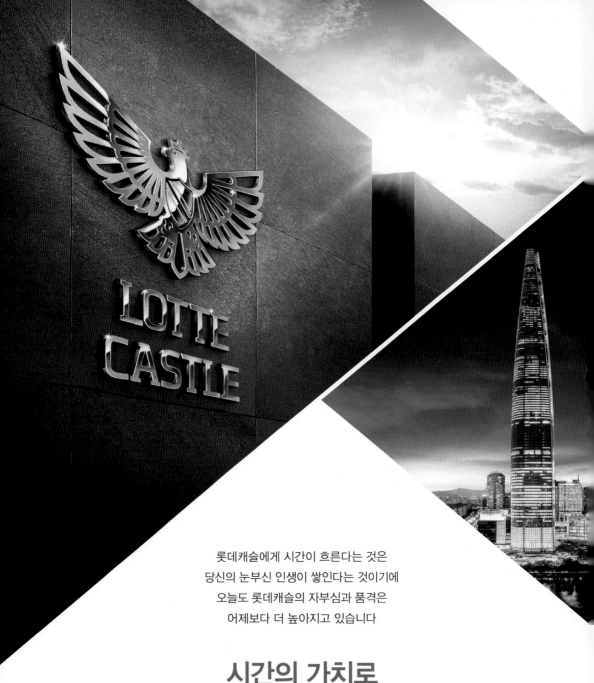

롯데캐슬에게 시간이 흐른다는 것은
당신의 눈부신 인생이 쌓인다는 것이기에
오늘도 롯데캐슬의 자부심과 품격은
어제보다 더 높아지고 있습니다

시간의 가치로
인생의 품격을 높이는 곳

LOTTE CASTLE

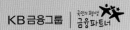

세상을 바꾸는 금융

국민인증서의 시대
KB모바일인증서로 열다

 • **KB모바일인증서 발급 경로:** KB스타뱅킹 > 인증센터 > KB모바일인증서 > 인증서발급/재발급 ● **준비물:** 본인명의휴대폰, 신분증

쉽고 빠르고 간편한 로그인

패턴, 지문, Face ID 중
선호하는 방식으로 로그인

유효기간 없이 평생 사용

한 번 발급만으로 갱신이나
재발급 필요없이 사용 가능

폭넓게 활용하는 통합 인증서비스

KB금융그룹 주요 계열사와 플랫폼에서
다양하게 활용

※ KB모바일인증서는 14세 이상 1인 1기기만 발급 및 이용이 가능하며, 장기 미사용(1년 이상)시 인증서 재발급이 필요할 수 있습니다. 이용채널, 이체한도 및 이용기기 등 KB모바일인증서 관련 자세한 내용은 KB국민은행 지점 또는 스마트상담부(☎1588-9999)로 문의하시거나, KB국민은행 홈페이지(www.kbstar.com)를 참조하시기 바랍니다.

준법감시인 심의필 제2020-1863호(2020.09.16), 광고물 유효기한 2021.12.31까지

2분에
1명씩
굿앤굿

대한민국 어린이가 2분에 1명씩 가입하는 보험

최근 3년(2017~2019) 신계약 가입건수 854,776(건) 기준

230만 어린이를 지키는 이름

현대해상 굿앤굿어린이종합보험

현대해상 하이플래너를 만나보세요 ☎1588-5656 / www.hi.co.kr

※ 2019년 12월 기준 현대해상 어린이보험 유지계약 2,321,041건 (2004~2019년 가입)

마음이 합니다

 현대해상

투자를
대체하자!

리스크에 강한 회사가 대체투자에도
강합니다.
대신증권은 금융부동산 전문가로서
100세 시대 고객의 자산관리를 위해
다양한 연구를 합니다.

주식과 채권의 전통적인 투자와 더불어
대체상품을 통한 장기적인 자산관리
대신증권과 함께 해보세요!

지키고 불리는 자산관리
대신증권이 함께 합니다.

대신증권
Daishin Securities

세계 최초 5G 콘텐츠 연합 LG유플러스가 이끌어갑니다

"벌집 낸 껍데기가 예술이다"

가장 예술적인 홈술 | 안주하면, 안주夜

오늘의 안심이
내일로 이어지도록
내일의 희망이
오늘을 살아가는 힘이 되도록
KB금융의 손해보험과 생명보험이 있어
작은 일도 큰일도 함께 지켜주니
일상도, 일생도 든든합니다

오늘의 안심부터
내일의 희망까지
보험도 역시 KB

**꿈이 현실로
이뤄지도록**

은퇴 후 버킷리스트
실행 자금을 마련해요

**우리 가족
평생 든든하도록**

작은 질병부터
큰 사고까지 보장받아요

**마음껏
도전하도록**

공유 주방에서의
새로운 출발도 든든해요

**기다림도
안심되도록**

긴급출동 기사님 위치를
실시간으로 확인해요

**좋은 습관은
키울 수 있도록**

안전주행으로
보험료 혜택을 받아요

**보험이
더 쉬워지도록**

보험금을
간편하게 청구하세요

금융은
역시

KB

KB 손해보험 | 푸르덴셜생명 | KB 생명보험 | KB 국민은행

KB증권 | KB국민카드 | KB자산운용 | KB캐피탈 | KB부동산신탁 | KB저축은행 | KB인베스트먼트 | KB데이타시스템 | KB신용정보

✷ KB 금융그룹

하나금융그룹

고배당주를 대표하는 금융주와 **K-뉴딜!**

랩하나로

충분하다

한국판 뉴딜, 가까운 미래에 투자하라!

하나뉴딜금융테크랩 V3

*한국판 뉴딜이란?
- 2025년까지 160조원 투자 + 일자리 190만개 창출
- 뉴딜정책에 따른 중장기시장의 메인 테마인 **디지털 뉴딜 + 그린 뉴딜**에 투자
  (5G, 인공지능(AI), 디지털 플랫폼 + 친환경차, 2차전지, 그린에너지 등)

투자포인트 성장주와 배당주를 대표하는 **「삼성전자 + 금융주」**와 **「한국판 뉴딜 수혜주」**를 조합한 중장기 수익 추구

자세한 내용은 영업점 및 홈페이지에서 확인하세요 랩 수수료 · 선취형 : 선취 0.7%, 후취 연 1.0% · 기본형 : 후취 연 1.2%

[투자자 유의사항] ※당사는 본 랩어카운트에 대하여 충분히 설명할 의무가 있으며, 투자자는 충분한 설명을 듣고 투자 결정을 내리시기 바랍니다. ※랩어카운트는 예금자보호법에 따라 예금보험공사가 보호하지 않으며, 운용 결과에 따라 투자 원금의 손실이 발생할 수 있으며 그 손실은 투자자에게 귀속됩니다. ※랩어카운트는 고객계좌별로 운용·관리되는 투자일임계약으로 계좌별 운용 실적이 상이할 수 있습니다. 금융투자협회 심사필 제20-04956호(2020.10.23~2021.10.22), cc브랜드 201021-0162

모두의 기쁨, 그 하나를 위하여
하나금융투자

지속 가능한 미래를 위해 클린 모빌리티 시대를 열다

우리 아이들에게 깨끗한 지구를 남겨줄 수 있도록
공해 없이 이동할 수 있게 하는 기술뿐만 아니라
달릴수록 지구를 더 깨끗하게 하고, 적은 에너지로 더 멀리 움직이는 기술까지
현대모비스는 미래 환경을 위해 모빌리티가 할 수 있는 모든 기술을 연구합니다

모빌리티 세계를 넓히다 현대모비스

세계 최초/최대
수소연료전지
생산 체제 구축

세계 최고 수준
전동화 핵심 부품 기술

미래 모빌리티
친환경 부품
기술 개발

HYUNDAI
MOBIS

LG하우시스

머무는 공간에서
움직이는 공간까지

당신이 어디에 있든, 무엇을 하든
LG하우시스의 앞선 공간기술은 당신과 함께 합니다

에너지 세이빙 **수퍼세이브창**

건강한 바닥재 **지아소리잠**

건강을 더한 **지아벽지**

연비절감 **경량화 소재**

인테리어스톤 **하이막스**

자연을 닮은 데크 **우젠**

식물 유래 성분 **대쉬보드**

쾌적한 **시트소재**

디자인 **인테리어 필름**

건축장식자재 LG Z:in

에너지를 절감하는 **창호/고단열 유리**
자연 유래 성분의 **벽지/바닥재**
다양한 디자인의 **인테리어스톤**
공간을 더욱 돋보이게 하는 **인테리어/데코 필름**
고성능 **건축용 단열재**

자동차소재부품

우수한 내구성의 쾌적한 **자동차 원단**
연비 향상에 기여하는 **경량화 부품**
품격을 높이는 내외장재 **자동차 부품**

고기능소재

기능성 **가전제품용 표면소재**
옥외 디스플레이 **광고용 소재**

원칙은 곧게
믿음은 굳게

금융이 지켜야 할 원칙
고객과 지켜야 할 약속
한국투자증권이 지켜갑니다

true Friend

한국투자 증권

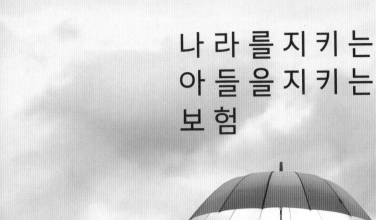

매경 아웃룩

2021 대예측

매경이코노미 엮음

MAEKYUNG
OUTLOOK

2021년 경영계획 수립의 필독서
한국 경제의 나침반! 재테크 전략 지침서!

매일경제신문사

서문

백신, 테이퍼링 그리고 정치

세상이 나락으로 떨어질 것 같았다. 2019년 미중 무역분쟁, 일본의 무역 규제, 내수 침체 등 어려운 경제 여건을 겨우 넘어왔더니 2020년은 코로나19라는 전대미문의 위기가 찾아왔다.

코로나19는 기존 위기와 성격 자체가 달랐다. '물건을 얼마나 더 많이 파는가' 혹은 '배가 고프냐 덜 고프냐'의 문제가 아니다. 개개인 생명이 걸린 위기였다. 이를 막지 못한 정부와 국가는 존립이 위태로울 수밖에 없다. 파생상품에 몰린 탐욕스런 투자가 금융 시스템을 붕괴해 야기된 과거 글로벌 위기와 차원이 달랐다.

다행히 주요국 정부는 현명한 판단을 했다. 팬데믹을 막지는 못했지만 경제 파국은 면했다. 방법은 유동성 공급이었다. 2008년 금융위기 이후 약 4조달러 유동성을 공급한 미국 연방준비제도이사회(FRB)는 올해에만 1조달러를 풀었다. 유로존, 일본, 영국까지 합쳐 G4 중앙은행이 올 들어 6조달러를 공급했다는 추산도 나왔다. 로이터는 코로나 팬데믹이 극심했던 5월 말까지 각국 중앙은행과 정부가 경기 부양을 위해 쏟아낸 자금이 15조달러에 달한다는 보도를 내기도 했다. 전 세계 경제 생산량의 약 17%다.

2020년 글로벌 경제는 코로나19 직격탄을 피하지 못했다. 국제통화기금(IMF)은 2020년 세계 경제성장률 전망치를 −4.4%로 예측했다. 선진국이 −5.8%로 더 타격이 컸고, 이머징마켓은 −3.3%로 침체 강도가 상대적으로 덜하다는 예상이다. 하지만 공격적인 돈 풀기 덕분에 코로나19에도 불구하고 자산과 소비 시장은 활황세를 보였다. 위험자산인 주식과 안전자산인 금값이 동시에 오르는 기현상도 목격했다. 집값 상승은 한국만의 일이 아니었다. 미국 연준의 돈 풀기가 효과를 나타내기 시작한 올 6월 기준 미국 주택(신축 제외)의 평균 가격이 27만 199만달러로 2019년 평균에 비해 8.6% 상승했다. 6월 주택 판매량도 472만 가구로 전월보다 20.7%나 급증했다. 새로 주택을 매입한 사람의 35%는 생애 첫 구매자였다고 한다.

특히 왕성한 소비는 이례적이었다. 경기 침체기에는 통상 기업이 파산하고 가계는 실업의 공포에 휩싸인다. 당연히 소득 감소와 소비 위축이 수반되는데, 코로나19발 글로벌 경제위기는 전혀 다른 양상이다. 미국의 경우 대공황 이후 최악인 14.7%의 실업률을 기록했지만 4월 기준 가처분소득은 전년 대비 16.5% 급증했다. 위기 극복을 위한 막대한 보조금 살포 등 재정 집행의 결과다.

코로나19로 인해 전 세계적으로 생산과 투자 집행에 차질이 빚어졌지만 선진국 중심 소비 활황 덕분에 올 세계 경제성장률이 −5%에 그친다는 해석이 가능하다. 결국 올해는 코로나19라는 전염병과 유동성 공급이라는 정책적 대응이 맞붙은 한 해였다.

2021년은 때문에 코로나19 해결 여부가 핵심 변수다. 인류의 지혜가 총집결되고 있는 백신과 치료제 개발 성공과 상용화 시점이 중요하다. 백신이 개발되더라도 본격적인 보급은 빨라야 2021년 하반기가 될 것이라는 예상이 우세하다.

코로나19만 해결된다면 빠른 경제회생도 기대해볼 수 있다. 2020년 10월 국내 소비자심리가 2009년 이후 가장 큰 폭으로 반등한 장면을 주목할 필요가 있다. 한 달 전인 9월보다 12.2포인트나 올랐다. 9월 대비 10월 상승폭으로는 11년 6개월 만에 최대치다. 코로나19 확산이 둔화되고 사회적 거리두기를 완화하자 곧바로 경제가 꿈틀댄 것이다. 백신이 보급돼 모든 것이 '정상화'된다면 폭발적인 반등 가능성도 배제할 수 없다. IMF가 2021년 경제성장률 전망치를 5.2%로 제시한 것은 이런 시나리오를 염두에 뒀을 것이다.

경제가 빠르게 회복된다고 마냥 장밋빛으로 볼 수도 없다. 정부와 중앙은행은 또 다른 고민에 빠지게 된다. 테이퍼링(Tapering), 즉 유동성 회수다. 일단 미국 연준은 2023년까지 제로금리를 유지한다는 입장이다. 하지만 자산 시장에 버블이 과도해질 경우 또 다른 위기 국면이 전개될 수 있다. IMF도 세계금융안정보고서(GFSR)에서 실물경제와 금융 시장 괴리 현상이 자산가치 조정으로 이어질 수 있다고 경고한 바 있다. 은성수 금융위원장이 "확대된 유동성의 질서 있는 퇴장, 즉 테이퍼링에 대한 준비가 필요하다"고 밝힌 것도 같은 맥락이다.

테이퍼링이 현실화할 경우 세계 경제는 다른 형태의 발작을 일으킬 공산이 크다. 기업 부문부터 큰 파열음이 우려된다. 엄청난 유동성 덕분에 부채에 의존해 연명하는 기업이 세계적으로 부지기수다. 중국만 해도 기업부채 규모가 2008년 4조달러에서 올해 20조달러로 급증했다. 한국도 정부 지원에 의존하는 '좀비 기업'이 수두룩하다. 각국이 코로나19를 이유로 산업 구조조정을 미뤄났다. 유동성 축소는 곪은 상처를 터트릴 수 있다.

여기서 정치의 개입을 예상할 수 있다. 기업 부문 위축은 곧바로 실업 급증과 일자리 축소로 연결된다. 어느 나라 정부든 테이퍼링을 방관할 수는 없을 것이다. 최대한 늦추며 유동성 파티를 즐기려 할 것이다. 2021년 세계 경제는 백신, 테이퍼링 그리고 정치가 만들어내는 복잡한 함수 관계 속에서 펼쳐질 가능성이 높다.

미래에 대한 예측이 점점 더 어려워지고 있다. 2019년 코로나19라는 팬데믹을 예상한 곳은 어디에도 없었을 것이다. 그만큼 불확실성이 최고조에 이른 세상에 살고 있다. '대예측-매경아웃룩'은 1992년 처음 발간된 이후 10만 매경이코노미 독자와 기업인, 학자, 취업준비생 등 각계각층의 사랑을 받아온 국내 최고 권위 미래 전략 지침서다. 매경이코노미 기자와 정상급 전문가들이 심혈을 기울여 집필해 독자들에게 탄탄한 신뢰를 얻어왔다.

이번 '대예측-매경아웃룩'도 한 치 앞을 내다보기 힘든 안갯속에서 길을 알려주는 나침반이 되기 위해 노력했다. '대예측-매경아웃룩'에서 지혜와 통찰력을 얻고 난제를 풀 해법을 찾아보자. 재테크를 통해 자산을 늘리고 싶은 투자자들에게는 기회와 혜안을 찾는 실마리가 될 것이다. 기업에는 새해 경영 전략을 짜는 데 길잡이 역할로 손색없는 지침서가 될 것이다. 취업, 국가고시 등을 준비하는 대학생들에게도 좁은 문을 뚫는 데 유용한 지침서로 활용되기를 바란다.

임상균 매일경제주간국장

CONTENTS

Ⅲ. 지표로 보는 한국 경제

Ⅳ. 세계 경제 어디로

V. 원자재 가격

VI. 자산 시장 어떻게 되나

1. 주식 시장

Ⅶ. 어디에 투자할까

일러두기

I

2021

매경 아웃룩

경제 확대경

온택트 · 극점 사회 · 고립경제…
코로나19가 소환한 뉴노멀

▶ 2021년은 전 세계가 코로나19 사태를 극복하고 코로나19 이전으로 돌아가는 데 초점이 맞춰질 전망이다. 코로나19 팬데믹(대유행)에도 경제성장을 일궈나가는 '팬데노믹스(PANDENOMICS)'를 통해 2021년을 관통할 주요 이슈와 전망을 살펴본다.

Next President of America | '바이드노믹스'에 전 세계 촉각

2021년은 세계 최강 대국인 미국의 새 대통령 임기가 시작되는 해다.

전문가들은 바이든이 집권하면 대대적인 경기 부양을 통해 큰 정부를 지향하는 '바이드노믹스'가 펼쳐질 것으로 내다본다. 그간 추가 부양책 규모를 놓고 미국 민주당은 2조~3조달러를 제시해왔다. 또 바이든은 미국 최저임금을 현재 연방 최저임금 7.25달러에서 15달러로 대폭 인상할 것이라는 공약을 내걸었다. 한국에 대해서는 대북 정책의 구조적 전환이 예상된다. 트럼프-김정은식 '톱 다운(Top down)' 외교보다 과거 6자 회담 같은 다자간 대화 등 '보텀 업(Bottom up)' 방식의 체계적 북미협상으로 전환될 것이라는 관측이다. 한미 방위비 분담금 협상은 '동맹'을 중시하는 바이든 정책상 한국에 대한 인상 압박이 한결 완화될 것으로 기대된다.

Anti Populism | 안티 포퓰리즘

최근 수년간 세계적으로 포퓰리즘이 준동했다. 영국의 브렉시트, 국수주의를 내세운 트럼프와 극우 사회자유당(PSL) 출신 자이르 보우소나르 브라질 대통령 당선 등이 대표 사례로 꼽힌다. SNS, 유튜브 등은 알고리즘에 따른 확증 편향을 강화하며 포퓰리즘을 부추겼다는 평가다.

2021년은 포퓰리즘의 폐해가 대두되며 이에 대한 반성과 대안을 모색하는 이들이 부상할 것으로 보인다. 미국 대통령 선거가 분수령이 됐다는 평가다. 미국 경제 전문매체 CNBC는 "트럼프 대통령이 재선에 실패하면서 전 세계 포퓰리즘 역시 타격을 입을 것"이라고 밝힌 바 있다.

New Deal | 한국판 뉴딜 사업

문재인정부 집권 후반기에 접어드는 2021년은 정부의 최대 역점 사업인 '한국판 뉴딜'이 본격 전개될 예정이다.

한국판 뉴딜은 정부가 2025년까지 국고 114조원과 민간·지자체 투자 46조원을 포함해 총 160조원을 들여 일자리 190만개를 창출한다는 청사진이다. 크게 '디지털 뉴딜(디지털 전환)'과 '그린 뉴딜(친환경 경제)'로 구분된다. 실행 방안으로 정부는 10대 대표 과제를 내걸었다. 데이터댐, 지능형(AI) 정부, 스마트 의료 인프라, 그린 스마트 스쿨, 디지털 트윈(twin), 국민안전 SOC 디지털화, 스마트 그린 산단, 그린 리모델링, 그린 에너지, 친환경 미래 모빌리티 등이다.

가장 기대되는 것은 일자리 창출 효과다. 당장 2022년까지 총 67조7000억원을 투입해 일자리 88만7000개를, 2025년까지 160조원을 투입해 일자리 190만1000개를 창출한다는 계획이다. 다만 일각에서는 계획안의 구체성이 부족하고 교육 시스템 변화와 기업 참여 유도 정책이 부실하다는 점에서 우려도 제기된다.

Downsizing | 축소 사회

코로나19로 저성장 · 저물가가 만성화되는 'D의 공포'가 커지고 있다. 여기에 저출산 고령화가 가속화되며 인구가 감소, '축소 사회' 진입에 대한 우려가 커졌다.

통계청 등에 따르면 2020년 1~7월 누적 인구 자연감소는 1만633명. 이 같은 추이가 지속되면 연간 단위로는 2020년에 사상 처음으로 인구가 자연감소할 전망이다. 원인은 저출산 고령화다. 출생아 수는 지난 2000년 64만89명에서 2019년 30만2676명으로 20년도 안 돼 절반 이하로 줄었다. 반면 사망자 수는 같은 기간 24만8740명에서 29만5110명으로 늘었다. 코로나19에 따른 사회적 거리두기 영향으로 2020년 혼인 건수가 사상 최저치를 기록하며 2021년에 출산도 급감, 인구 감소 추이는 더욱 가팔라질 것으로 예상된다.

이 같은 상황은 결국 현세대를 향후 부양해야 하는 미래 세대의 부담 증가로 이어진다. 기획재정부가 발표한 2020~2060년 장기재정전망에 따르면 별도 정책 대응 없이 현 상황이 유지될 경우 국민연금은 2041년에 적자전환하고 2056년에는 적립금이 소진된다. 2045년에는 국가채무 비율이 99%까지 오를 것이라는 관측이다.

ESG | 착한 기업 전성시대

환경(Environment), 사회(Social), 지배구조(Governance)를 내세운 ESG 경영이 갈수록 주목받는다. 지구의 이상 기후 문제가 심각해진 데다 올해 코로나19 팬데믹이 환경 문제에서 비롯했다는 인식이 퍼지며 환경 보호에 대한 전 세계적인 관심이 몰리고 있다.

특히 기업을 평가하는 기준으로 올바른 환경 · 사회 · 지배구조(ESG) 관점이 떠오르며 환경 보호가 기업의 핵심 과제로 떠오르고 있다. ESG는 기업의 재무적 지표 외에도 어떻게 회사를 꾸려가는지, 지속 가능성을 평가한다는 점에 의의가 있다. ESG는 단순한 윤리 경영을 넘어 코로나19 같은 거대 위협에도 살아남을 수 있는 기업을 만든다는 '체질 개선' 역할도 톡톡히 한다. 이런 추세에 따라 친환경 에너지 · 환경 폐기물 · 환경 보호에 유익한 신소재를 개발하는 바이오 업체 · 전기 자동차의 핵심 부품인 배터리 업체 등 친환경 산업이 약진할 전망이다.

No Mask No Entry | 코로나19 장기화에 위생 의식 고취

코로나19 사태가 예상외로 장기화되며 개인 위생에 대한 관심이 높아졌다. 어느 공공장소든 사람들이 마스크를 착용한 모습이 익숙해지면서 '마스크 없이는 입장조차 어려운' 장소들이 늘어나고 있다.

제약업계에서는 2021년에 코로나19 치료제와 백신이 출시될 수 있을 것이라 전망하지만 생산과 분배의 문제로 전면적 접종까지는 시일이 더 걸릴 전망이다. 그 사이 뉴노멀이 된 철저한 개인 방역 수칙과 위생 관리는 2021년에도 한층 강화될 것으로 보인다. 특히 2020년 10월부터 마스크 착용이 의무화되고, 전자출입명부 QR코드 작성이 당연시된 만큼 앞으로도 개인 방역에 대한 관심과 시장은 지속 확대될 전망이다.

Ontact | 온택트

코로나19로 비대면(언택트) 문화가 확산되며, 언택트와 온라인을 합친 '온택트'가 일상에 스며들고 있다. 언택트가 사람과 사람 사이 비대면 문화를 가리킨다면, 온택트는 사람끼리 만나지 못하더라도 온라인을 통해 관계를 유지하는 것을 뜻한다.

눈에 띄는 분야는 업무, 교육, 공연 분야다. 기업들은 재택근무, 자율출퇴근제가 확산되면서 화상 회의 등의 기술을 활용, 직원들 간의 소통 강화에 힘쓰고 있다. 등 · 하교를 하지 않게 된 학교들은 온라인 수업이 대면 수업을 대체하고 있다. 공연 · 전시회 등도 마찬가지다. 한 공간에서 다 같이 어울리는 오프라인 콘서트 대신, 온라인 스트리밍을 통해 즐기는 '랜선 콘서트' 등이 급증했다.

MAAS(Mobility As A Service) | 서비스로서의 모빌리티 혁신

자율주행차 기술 발달과 규제 완화로 서비스로서의 모빌리티, 즉 '마스(MAAS)' 시장이 급성장하고 있다. 차량 공유 · 철도 · 택시 · 비행기 · 자전거 · 주차장의 예약, 구독 등 탈것(Mobility)과 관련된 다양한 서비스를 스마트폰 하나로 관리할 수 있다.

국내 IT · 완성차업계도 MAAS 상용화를 위한 작업을 활발하게 진행 중이다. 카카오는 카카오모빌리티를 대중교통 외에 철도 · 항공까지 연결해 MAAS 시장 진출에 박차를 가하고 있다. LG유플러스는 시흥시에서 자율주행 심야버스를 실험하고 있다. 현대차는 AI와 플랫폼을 활용한 합승 서비스 '셔클'을 선보였다. 전문가들은 국내 MAAS 산업이 걸음마 단계라며 향후 지속 성장할 것으로 내다본다.

Isolated Economy | 고립경제

코로나19로 오프라인에서는 '고립경제'가 대세로 자리 잡았다.

우선 국가 간 여행, 출장, 교류가 줄어들며 심리적 장벽이 높아지는 분위기다. 마스크와 의료기기 수급에 어려움을 겪었던 국가들이 자국 제조업이 부실할 때 위험성을 깨닫고 공장을 자국으로 유(U)턴시키는 '리쇼어링'도 활발하게 일어나고 있다. 나라 간 교역을 중시하는 자유무역주의는 위축되고 자국 중심으로 산업을 재편하는 '보호무역주의'가 득세하기 시작했다. 개인은 재택근무 · 온라인 수업 · 온라인 쇼핑 등 대부분의 소비와 업무 활동을 집에서 진행하고 있다.

전문가들은 코로나19 사태가 진정되더라도 이 같은 삶의 방식은 한동안 계속될 것으로 내다본다. 배달 서비스와 재택 활동의 편리함에 적응된 개인이 과거로 돌아가기는 쉽지 않다는 판단에서다. 트위터는 직원이 원하면 영원히 재택근무를 약속할 만큼 고립경제가 뉴노멀이 되는 분위기다.

Ｃhina Risk | 미중 갈등 심화 악재

중국은 코로나19 위기를 비교적 잘 넘기며 나 홀로 승승장구하고 있다.

IMF는 2020년 중국 경제성장률을 1.9%로 제시해 주요국 중 유일하게 성장할 것으로 내다봤다.

중국 경제가 급부상하면서 미국 견제는 한층 더 심해진다. 이는 미국과 중국 모두에 의존도가 심한 한국 경제에는 악재로 작용할 가능성이 크다. 트럼프와 마찬가지로 바이든 역시 '미국 내 공급망 구축'과 '대중국 압박' 필요성을 인정하고 있다. 여기에 동맹국들에 '미국이냐 중국이냐' 양자택일의 압박을 높일 것이라는 우려가 제기된다. 중국 의존도가 높은 한국 산업계는 미중 갈등과 중국의 경제 보복 우려 등 '차이나 리스크' 해소에 집중하는 한 해가 될 전망이다.

The Ｓummit Society | 초양극화 넘어 '극점 사회'로

코로나19로 상위권과 하위권의 격차가 벌어지는 'K경제'가 확산되고 있다.

지리적으로는 수도권과 지방 격차가 커진다. 지방은 인구 감소와 경제 침체로 활력을 잃는 반면, 일자리가 몰리는 수도권과 광역시 등 대도시는 인구 증가에 따른 주택·교통 문제가 심각해지고 있다. 대기업과 중견·중소 기업의 희비도 엇갈린다. 풍부한 자금력을 갖춘 대기업은 미래를 주도할 산업에 집중 투자해 포스트 코로나에 대비한다. 반면 기술, 인력, 자본 측면에서 투자 여력이 부족한 중소기업과 빚으로 버티는 '좀비기업'은 코로나19에 맞서 생존하기도 벅찬 상황이다.

개인 간 차이도 벌어진다. 상위 계층은 경기 침체로 저평가된 자산을 사들이며 돈을 더 불린다. 반면 생계에 직격탄을 맞은 중산층과 서민은 소득 감소로 자산이 급감한다. 전영민 롯데액셀러레이터 대표는 "코로나19 이후 사회는 '상위 10% 귀족 사회'에서 '상위 1% 초귀족 사회'로 변모할 것"이라고 말했다.

한국 경제

기술적 반등 2~3% 성장
저출산 · 인구 자연감소 관건

김소연 매경이코노미 부장

▶ 2020년 3분기 경제성장률이 1.9%로 반등했다는 소식에 전 국민이 놀랐다. 그러나 한국은행은 'V자 반등'은 아니라고 선을 그었다. 그도 그럴 것이 2020년 1분기 −1.3%, 2분기 −3.2%에서 플러스 반등으로 돌아서기는 했지만, 3분기의 전 분기 대비 성장률이 아닌 전년 동기 대비 성장률은 −1.3%로 여전히 마이너스 국면을 벗어나지 못하고 있는 상황이다.

코로나19 영향력이 아무래도 2020년보다는 2021년에 덜할 것이라는 예상이다. 당연히 2021년 경제는 2020년에 비해 여러모로 좋아질 수밖에 없다. 2020년 거의 0%에 수렴하거나 마이너스가 될 것으로 예상되는 경제성장률도 2021년에는 2~3%대 플러스로 돌아선다는 예측이 대세다. 국내 기관보다 글로벌 기관의 성장률 예측치가 더 높은 편이다. 가장 낮게 본 IMF가 2.9%를 제시했다. 이외에 OECD 3.1%, 무디스 3.2%, ADB(아시아개발은행) 3.3%, S&P 3.6%, 피치 3.7% 등이다.

2020 한국 경제성장률 전망			단위:%
OECD	−1	피치	−1.1
IMF	−1.9	S&P	−0.9
ADB	−1	무디스	−0.8

2021 한국 경제성장률 전망			단위:%
OECD	3.1	피치	3.7
IMF	2.9	S&P	3.6
ADB	3.3	무디스	3.2

  문제는 2021년이 아니다. 오히려 2020~2024년까지 5년간의 중기 전망이다.

  국회예산정책처 분석에 의하면 2015~2019년 5년간 연평균 2.8% 수준이던 실질 GDP 성장률이 2020~2024년 5년 동안은 연평균 1.6% 수준으로 하락할 것으로 보인다. 코로나19 직격탄을 맞은 2020년을 제외하면 2%대로 올라가기는 하지만, 그래도 이전 5년보다 성장률이 낮아질 것이라는 예상은 달라지지 않는다. 코로나19 충격 여파가 2024년까지도 이어지는 것임을 알 수 있는 단면이다. 당연히 2020~2024년 잠재성장률도 연평균 2% 수준으로 낮아진다.

  중기를 넘어 장기 전망에서 가장 우려되는 부분은 저출산이다. 2020년 8월 출생아는 1년 전보다 7.8%(1899명) 줄었다. 2015년 12월 이후 57개월째 전년 동월 대비 '마이너스'다. 1~8월 누적 출생아 수 역시 통계 작성 이래 가장 적은 18만8202명을 기록했다. 이에 따라 2020년 연간 출생아 수는 사상 처음 30만명을 밑돌 가능성이 높아졌다. 반면 2020년 1~8월 사망자 수는 6.7% 증가했다. 2019년 11월 월간 인구가 처음으로 자연감소하기 시작한 이래, 2020년 8월까지 10개월 동안 인구 자연감소 현상이 이어졌다. 천지개벽이 일어나지

주요 기관의 2021년 경제 전망 단위:%

구분	현대경제연구원		LG경제연구원		한국은행		국회예산정책처		한국금융연구원	
	2020년	2021년	2020년	2021년	2020년	2021년	2020년	2021년	2020년	2021년
경제성장률	0.8	3	−1	2.5	−1.3	2.8	−1.6	2.3	−1.2	2.9
민간소비	−4.2	4	−2.8	2.2	−3.9	3.8	−4.1	3.1	−4.5	2.7
설비 투자	5.2	5.9	2	3.4	2.6	6.2	2.5	2.7	6.1	4
건설 투자	0.2	1.9	0.2	3.6	−0.7	−0.4	−0.6	−0.3	−1	1.3
소비자물가	0.7	1.2	0.6	1	0.4	1	0.5	1	0.5	0.8
경상수지 (억달러)	553	658	498	570	540	550	540	555	589	623
실업률	3.9	3.7	4.2	4	4.1	3.7	4.1	4	4.2	3.9
원달러 환율 (원)	−	−	1200	1220	−	−	1200	1184	−	−
회사채 수익률(평균)	−	−	2.3	3.1	−	−	1 (국고채금리 3년 만기)	1.3	−	−

않는 한 2020년은 연간 인구가 사상 처음 자연감소하는 첫해가 될 가능성이 농후하다.

경제성장률 2020년 2분기 한국 경제성장률은 −3.3%를 기록했다. 2020년 2분기 정부의 대규모 재정지출 효과로 소비는 전기 대비 회복세로 돌아섰지만 글로벌 경제 위축으로 수출이 급감하면서 1분기보다 충격이 더 커진 결과다. 월별 흐름을 보면, 2020년 5월을 저점으로 차츰 회복세로 돌아섰다. 이어 2020년 3분기에는 1.9% 성장이라는 깜짝 수치가 나오는 등 경기가 빠르게 반등했다. 그러나 이후 다시 속도가 늦어지면서 하반기 전체로는 예년 수준으로 돌아가지 못할 것이라는 예상이다. 그 결과 2020년 성장률은 −1%대에 머물 것으로 전망된다. IMF 이후 최저지만, 전 세계 주요국에 비해서는 코로나19 충격을 적게 받은 수준이다.

2021년 한국 경제성장률은 (비록 기저효과기는 하지만) 2~3%대 성장률로의 회귀가 가능할 것으로 보인다. 사실 2021년에 코로나19가 2020년에 비해 훨씬 수그러들 것이라 예상하는 이는 많지 않다. 코로나19 이전과 같은 경제 정상화를 기대하기 어렵다는 의미다. 최근 코로나19 백신 개발과 관련한 긍정적인 소식이 많이 전해지고 있으나 여전히 불확실성이 크다. 통상 5년 이상 걸리는 백신 개발이 1년 미만 짧은 기간에 이뤄진 데 따른 부작용 등을 고려하면 2021년에 백신 접종이 광범위하게 이뤄지지 않을 것이라는 예측도 가능하다. 당연히 코로나19 감염 우려가 지속될 가능성이 높다.

코로나 변수가 크게 달라지지 않음에도 성장률이 좋아지는 것은 왜일까. 경제주체들이 코로나19에 적응하면서 2020년처럼 경제활동이 급격하게 위축되는 상황이 발생하지는 않을 것이라 보기 때문이다. 당연히 시간이 흐를수록 경제는 좀 더 나아지고, 결과적으로 2021년 경제는 상반기보다 하반기가 더 개선되는 '상저하고' 그래프를 그릴 듯싶다.

민간소비 2020년 상반기 민간소비는 무려 4.4% 감소했다. 2020년 하반기에도 썩 좋아질 상황은 아니다. 3차 추경을 통한 부양 효과가 나타나기는 하겠지만, 재난지원금 지급이 이뤄진 상반기에 비해 소비 진작 효과는 낮을 수밖에 없다. 고용 사정도 좋지 않고 특히 고용 충격이 소비 성향이 높은 저임금 일자리에 집중돼 있다는 점 역시 소비 회복을 어렵게 하는 요인이다. 기업 실적 악화로 임금근로자 소득 증가율이 2020년 1~4월 0.1% 오히려 줄어든 것 역시 주요인이다.

2021년 민간소비 관련 가장 중요한 키워드는 '부채'다.

코로나19로 인한 경제 충격이 가장 컸던 2020년 2분기에 국내 기업 매출액이 역대 최대로 감소했다. 2020년 상반기 전국 법원에 접수된 법인파산 신청 건수는 552건으로 2019년 같은 기간 대비 30% 이상 증가했다. 그나마 2020년은 각종 정부지원금으로 버티는 기업이 꽤 많았음에도 이 같은 결과가 나타났다. 점차 정부지원금이 줄어드는 2020년 하반기와 2021년에는 본격적인 기업파산이 나타날 수 있다. 기업파산이 늘면 고용 상황이 나빠지면서 가계에도 연쇄적인 파장이 온다. 또한 2020년에 벌써 저소득층과 취약계층은 휴직이나 실직 상태에서 오랜 시간을 버텨왔다. 2021년에 이들이 한층 한계 상황으로 내몰리면 소비는 더욱 얼어붙을 수밖에 없다.

그럼에도 불구하고 2021년 소비는 2020년 소비가 -4~-3%대까지 떨어진데 대한 기저효과로 플러스로는 돌아설 것이다. 가장 낮게 본 LG경제연구원은 2.2%, 가장 높게 본 현대경제연구원은 4%를 제시했다.

투자 대부분 전망치가 기관별로 크게 차이가 나지 않는 가운데, 가장 극심한 차이를 보인 부문이 설비 투자다. 가장 낮게 본 국회예산정책처는 2.7%를 예상했고, 가장 높은 숫자를 내놓은 한국은행은 6.2% 증가를 예측한다.

한국은행은 "IT 부문에서는 반도체 중심 설비 투자 개선세가 지속될 것이고 디스플레이는 LCD에 이어 OLED에서도 중국이 빠르게 추격해오고 있어 2020년 하반기부터 국내 업체들의 투자 확대가 예상된다. 비IT 부문에서는 2020년 지연된 노후 설비 교체와 일부 업종 신규 투자가 이어질 것이다. 더불어 한국판 뉴딜 사업 등 정부의 포스트 코로나를 대비한 민간 투자 활성화 방안 또한 설비 투자에 긍정적으로 작용할 것"이라는 분석을 내놨다.

건설 투자는 플러스와 마이너스 전망이 엇갈린다. 2021년 건설 투자 1.9%를 예측한 현대경제연구원은 예측 근거로 한국판 뉴딜을 든다. '한국판 뉴딜에 따른 공공 인프라, 생활형 인프라 구축 등 정부의 SOC 확대 정책에 힘입어 토목건설을 중심으로 2021년 건설 투자는 증가폭이 확대될 것'이라는 전망이다.

마이너스 성장을 예측한 국회예산정책처와 한국은행도 토목 투자와 인프라 투자가 늘어날 것이라는 예상에는 이견이 없다. 다만 주택 투자 위축이 어느 정도 규모가 될 것인가 전망치에 따라 플러스 마이너스 미세 조정이 예상되는 정도다. 주택 투자는 공공 부문은 공급이 확대되나, 민간 부문 중심으로 위축될 것이라는 예상이다.

한편 지식재산생산물 투자는 코로나19로 인한 기업 업황 악화에도 불구하고 오히려 증가해 눈길을 끈다. 2020년 상반기 지식재산생산물 투자는 3.3%를 기록했다. 2019년 상반기 3.2%, 하반기 2.9%보다 높다. 연구개발 투자도 2020년 상반기 2.7%로 선방했다. 2019년에는 상반기 2.8%, 하반기 1.9%였다. 기타 지식생산물 투자는 2019년 상반기 4.3%, 하반기 5.4%에서 2020년 상반기에는 4.9%를 기록했다.

경상수지 2020년 예상치 못한 코로나19에 수요가 급격하게 위축되고 이동이 제한되면서 세계 교역도 큰 폭으로 둔화됐다. 심지어 2020년 2분기에는 세계 교역이 두 자릿수 감소세를 보였다. 2020년 상반기 11% 감소한 우리나라 수출은 그러나 하반기부터 점진적으로 좋아질 테다. 그나마 우리는 여타 국가보다 사정이 나은 편이다. 수출 비중이 높은 전기전자 부문이 코로나19 시대에 오히려 수혜 종목으로 떠오른 덕분이다. 또 우리의 수출 의존도가 높은 중국이 경기 회복이 빨라 2020년에 유일하게 플러스 성장을 이룬 국가가 되는 것도 긍정적인 요인이다. 이런 분위기는 2021년까지 크게 달라질 게 없다. 결론적으로 2021년 수출 증가율은 2020년보다는 높을 것이고, 경상수지 또한 2020년 대비 증가할 것이라는 방향성에 이견은 없다.

"2021년 상품수지가 개선되면서 경상수지가 2020년에 비해 증가할 것으로 본다. 경상수지는 상반기 266억달러, 하반기 424억달러, 연간 658억달러로 전망한다"는 게 현대경제연구원 예측이다. 한국금융연구원도 623억달러 경상수지 흑자를 예상한다. 두 곳을 제외한 여타 연구기관 예상수치는 550억~570억달러대에 옹기종기 몰려 있다.

실업률 　실물경기에 비해 노동 시장 충격은 더 오래 지속되는 것이 보통이다. 특히 고용은 경기에 후행하는 특성이 있어 회복은 다소 느리게 진행될 수밖에 없다.

무엇보다 코로나19가 단기간에 잡히지 않고 불확실성이 언제 해소될지 모르는 상황에서 기업들이 선뜻 고용 확대에 나서기 어려운 상황이다. 또한 코로나19 사태로 언택트가 일상화되면서 자동화 시스템이 더 많이 적용되는 것도 고용에 긍정적인 측면은 아니다.

"정부 재정지원에 기반한 공공 부문 일자리 확대 사업 덕분에 2020년 하반기에 임시근로자가 늘어나기는 하겠지만, 2020년 연간 취업자 수는 예년에 비해 10만명 이상 감소할 것"이라는 게 LG경제연구원 분석이다.

여러 방면으로 2020년보다 사정이 좋아지는 2021년에 실업률도 살짝 낮아질 전망이다. 가장 낙관적인 전망을 한 현대경제연구원은 3.7%(2020년 3.9%)를 내다본다. LG경제연구원과 국회예산정책처는 4%를 예상한다.

코로나19 팬데믹 지속
선진·신흥국 모두 불안

김경민 매경이코노미 기자

▶ 코로나19라는 초대형 악재로 2020년 세계 경제는 최악의 침체를 겪었다. 미국, 유럽을 비롯한 선진국뿐 아니라 신흥국마저 줄줄이 마이너스 성장 시대에 직면했다. IMF(국제통화기금)는 2020년 글로벌 경제성장 전망치를 -4.4%로 제시했다. 1930년대 대공황 이후 가장 급격한 침체다. OECD(경제협력개발기구) 역시 미국과 중국 성장률 전망치를 각각 -3.8%, 1.8%로 내다봤다. 유로존 전망치는 -7.9% 수준에 그쳤다. G2 국가뿐 아니라 유럽마저 성장률 침체 늪에서 벗어나지 못했다는 의미다.

코로나19로 세계 경제가 휘청거리는 와중에 미중 무역분쟁이 악재로 작용했다. 미국과 중국은 화웨이 제재, 틱톡과 위챗 퇴출 등의 이슈로 계속 티격태격하면서 소위 '테크 전쟁'을 이어갔다. 미국 제재로 반도체 수입이 끊기자 화웨이는 스마트폰 브랜드 '오너' 매각까지 추진한다. 미국은 화웨이, 텐센트 등 중국 대표 기업을 제재한 데 이어 금융 부문으로 제재 대상을 넓히는 모습이다. 미국 국무부는 중국 앤트그룹을 수출 금지 대상 기업 목록에 올려놓을 태세다. 중국 대표 인터넷 기업인 알리바바 자회사 앤트그룹은 마윈 알리바바 창업자가 '중국판 페이팔'을 만들겠다며 설립한 회사다. 중국 간편결제 시장에서 앤트그룹 '알리페이'가 차지하는 비율은 50%를 넘는다. 앤트그룹은 홍콩, 상하이 증시 동시 상장을 통해 350억달러가량 자금을 조달할 것으로 본다. 미국이 중국 최대 핀테크 업체 제재까지 나선 것은 달러 중심 금융 체계를 위협할 수 있다는 우려 때문이다.

이에 맞서 중국은 자국 시장에서 퇴출시킬 '기업 블랙리스트'를 마련하고 있다. 블랙리스트에 이름이 올라가면 중국에서 판매, 구매를 비롯한 상업활동이 불가능해진다. 또한 데이터 보호를 명분으로 해외 기업에 벌금을 매기는 법안도 제정할 것으로 본다. 중국 관영 글로벌타임스에 따르면 페이스북, 트위터 등 미국 소셜미디어 기업이 중국인의 개인 정보를 불법 수집할 경우 최대 5000만위안(약 85억원)에 달하는 벌금을 부과할 수 있다. 양국 갈등의 골이 깊어질 대로 깊어진 만큼 2021년에도 미중 간 테크 전쟁은 지속될 가능성이 높다.

2021년 세계 경제는 코로나19, 미중 무역분쟁 위기를 딛고 반등할 수 있을까. 글로벌 주요 연구기관은 대체로 2020년보다는 사정이 나아지겠지만 급격한 반등은 어려울 것으로 내다본다.

IMF는 2020년 9월 발표한 '세계경제전망(World Economic Outlook)'을 통해 2021년 세계 경제성장률을 5.2%로 내다봤다. 앞서 6월 전망치(5.4%)보다 소폭 내려 잡은 수치다. 코로나19 팬데믹이 장기화되고 2차 확산의 가능성을 감안한 조치다. IMF는 세계 경제성장률 전망치를 낮춘 배경으로 "선진국, 신흥국을 가릴 것 없이 실업률이 치솟고 실질 GDP(국내총생산) 성장률과 잠재 성장률 간 차이가 벌어질 것"이라고 내다봤다. 권역별로는 선진국 성장률은 −5.8%, 신흥국은 −3.3%로 제시했다. 중국 경제가 1.9% 성장해 회복세를 보이겠지만 인도 경제성장률이 −10.3%에 그칠 정도로 신흥국마저 경기 침체를 피하기 어려울 전망이다. LG경제연구원은 세계 경제성장률이 2020년 −4.5%에서 2021년 3.7%로 반등할 것으로 내다봤다. 상황이 나아지기는 했지만 코로나19 이전 수준으로 회복하기는 어렵다는 비관적 전망이다. 경제 충격이 상반기 선진국에서 하반기 신흥국으로 점차 옮아갈 것으로 내다봤다.

미국 대선 이후 완만한 회복세 나타날 듯

지역별로 살펴보자.

세계 최대 경제 대국인 미국은 코로나19 감염자 수가 급증하면서 2020년 내내 경제가 휘청거렸다. 한동안 경기가 회복세를 보였지만 2020년 들어 경기 수축기에 들어갔다. 전미경제연구소는 미국 경제가 2020년 2월 정점을 찍고 경기 침체에 진입했다고 밝혔다. 미국의 2020년 2분기 경제성장률은 전기 대비 −31.7%로 분기 통계치가 집계된 이후 최저 수준을 기록했다. 코로나19에 따른 경제 봉쇄 조치로 미국 경제의 상당 부분을 차지하는 소비가 둔화된 데다 민간 투자도 급감한 탓이다. 실업률도 부진하다. 코로나19 충격으로 2020년 4월 14.7%까지 급등하다 8월 들어 8.4%로 떨어졌지만 안심할 만한 단계는 아니다. 코로나19로 고용 시장이 급격한 침체에 빠졌기 때문이다.

2020년 미국 경제가 최악의 상황을 겪은 만큼 2021년에는 분위기가 다소 살아날 것이라는 관측이 우세하다. 미국 대선 이후 새 정부가 추가 경기 부양책을 내놓을 가능성이 높은 만큼 완만한 회복세를 이어갈 가능성이 크다. 포스트 코로나 시대에 'FAANG(페이스북, 애플, 아마존, 넷플릭스, 구글)' 같은 글로벌 기업이 미국 산업을 견인할 경우 미국 경제 회복의 성장동력으로 작용할 수 있다.

미국과 함께 'G2' 국가인 중국 역시 코로나19 악재로 직격탄을 맞았다. 코로나19 사태로 2020년 1분기 중국 경제성장률은 −6.8%을 기록해 사상 최악으로 추락했다. 이 때문에 2020년 중국 경제성장률은 문화대혁명 마지막 해인 1976년 이후 44년 만에 최저치를 기록할 것이라는 전망까지 나왔다. 주요 기관이 내놓은 2020년 중국 경제성장률 전망치를 보면 IMF 1.9%, 세계은행 1.6%에 그칠 것으로 우려된다. 심지어 OECD는 −2.6%로 마이너스 전망치를 내놨다. 코로나19 여파로 '세계의 공장'인 중국 생산활동이 제약을 받은 게 악영향을 미쳤다. 전반적인 수요가 부진한 데다 서비스업이 침체되면서 중국 경제 반등이 좀처럼 쉽지 않은 분위기다.

그나마 3분기 분위기가 되살아났다는 점은 호재다. 중국 국가통계국은 2020년 3분기 중국 GDP가 2019년 3분기보다 4.9% 증가했다고 밝혔다. 2분기 플러스 반등(3.2%)에 이어 경기 회복 속도가 빨라졌다는 평가다. 생산을 비롯해 소비, 투자, 수출입 등 주요 경제지표가 뚜렷한 회복세를 보인 덕분이다. 중국 국가통계국은 "코로나19 확산 추세가 진정 국면에 접어들면서 경제가 안정적인 회복 추세를 보이고 있다"고 평가했다.

세계 경제성장률 전망			단위:%
구분	2019년	2020년	2021년
세계	2.8	-4.4	5.2
선진국	1.7	-5.8	3.9
미국	2.2	-4.3	3.1
유로존	1.3	-8.3	5.2
독일	0.6	-6	4.2
프랑스	1.5	-9.8	6
이탈리아	0.3	-10.6	5.2
스페인	2	-12.8	7.2
일본	0.7	-5.3	2.3
캐나다	1.7	-7.1	5.2
신흥국	3.7	-3.3	6
중국	6.1	1.9	8.2
인도	4.2	-10.3	8.8
러시아	1.3	-4.1	2.8
브라질	1.1	-5.8	2.8
멕시코	-0.3	-9	3.5

자료:IMF

이런 분위기가 이어진다면 2021년 뚜렷한 회복세를 기대해도 좋을 듯싶다. IMF에 따르면 중국의 2021년 경제성장률 전망치는 8.2%에 달한다. 왕타오 UBS 중국 담당 이코노미스트는 "2030년 중국 GDP가 26조8000억달러를 달성해 미국(26조6000억달러)을 제치고 세계 1위 경제 대국 자리에 올라설 것"이라는 장기 전망까지 내놨다. 다만 중국 내에서 코로나19가 재확산할 경우 중국 경제가 또다시 침체 나락으로 빠져들 가능성도 배제할 수 없다.

코로나19 환자가 가파르게 증가하는 유로존(유로화를 사용하는 19개 회원국)도 사정이 좋지 않은 것은 마찬가지다. 2020년 유럽 경제가 1929년 세계 대공황 이래 최악의 타격을 입을 것이라는 전망까지 나온다. 유럽연합(EU) 행정부 격인 집행위원회는 2020년 7월 발표한 '2020년 하계 전망'에서 "유로존의 2020년 실질 GDP가 전년 대비 8.7% 감소할 것"이라고 밝혔다. 2009년 글로벌 금융위기 당시 4.5% 역성장보다 더 심각한 수준이다. 코로나19로 수많은 일자리가 사라지면서 EU 내 실업률도 2019년 7.5%에서 2020년 9.6%로 증가할 전망이다. 국가별로는 이탈리아, 스페인 상황이 심각하다. 2020년 각각 11.2%, 10.9% 역성장할 것이라는 관측이 나온다. 프랑스 역시 경제성장률이 10.6% 하락할 전망이다. 4억4000만명 인구를 보유한 EU 경제가 타격을 받으면 세계 경제에도 악영향을 미칠 수밖에 없다.

다만 2021년에는 유로존 경제가 다소 회복세를 보일 전망이다. EU 집행위원회는 유로존의 실질 GDP가 2021년 6.1% 증가할 것으로 내다봤다. IMF의 2021년 유로존 성장률 전망치는 5.2% 수준이다. EU 회원국들이 코로나19 사태 이후 침체된 경기 회복을 위해 7500억유로(약 1020조원) 규모의 기금을 조성하는 데 합의한 만큼 2021년 경제 여건은 예상보다 나아질 것이라는 전망도 나온다.

일본 스가 총리 경제 정책 변수

일본 경제 타격도 심각하다. 2020년 4~6월 기준 일본 GDP 성장률은 -28.1%를 기록했다. 2008년 글로벌 금융위기 당시 17.8% 떨어졌던 것보다 더 큰 하락폭이다. 코로나19 여파로 외국인 관광객이 급감한 데다 국내 소비가 위축된 영향이 컸다. 개인 소비는 7.9%, 외국인 관광객 소비는 18.5% 줄었다. IMF는 2020년 일본 GDP 성장률이 -5.3%에 그치고 2021년에는 2.3%로 회복할 것으로 내다봤다. 스가 요시히데 신임 일본 총리가 아베노믹스로 불리는 확장적 재정, 통화 정책을 얼마나 잘 이어받아 위기를 극복할지가 2021년 일본 경제의 핵심 변수다. 도쿄올림픽 개최 여부도 일본 경제에 중요한 변수로 작용할 전망이다.

인도 경제 전망도 어둡다. 코로나19 신규 확진자가 하루 9만명씩 늘어날 정도로 전 세계에서 확산세가 가장 빠른 '코로나 핫스폿'으로 부상했기 때문이다. 인도 정부의 방역 실패로 2021년 경제적 타격이 더욱 커질 것이라는 평가가 나오면서 주요 경제 기관이 잇따라 전망치를 하향 조정하고 나섰다. 골드만삭스는 인도의 2020 회계연도(2020년 4월~2021년 3월) 경제성장률이 -14.8%에 그칠 것으로 전망했다. 2020년 4~6월 인도의 GDP가 23.9% 감소해 1996년 집계 이후 가장 큰 폭으로 떨어졌다며 전망치를 수정했다. 주요 국제기구도 2020년 인도 경제 전망을 어둡게 본다. 아시아개발은행(ADB)은 -9%, OECD는 -10.2%를 제시했다. 신용평가사 피치도 당초 -5.8%에서 -11.8%로 하향 조정했다. 2021년에도 코로나19 확산세가 이어진다면 마이너스 성장세를 피하기는 어려울 전망이다.

브라질 경제 사정도 좋지 않다. 브라질국립통계원에 따르면 2019년 2분기 대비 2020년 2분기 브라질 GDP 증가율은 -11.4%에 그쳤다. 2009년 글로벌 금융위기 당시와 비슷한 수준이다. 브라질 경제는 2015년 -3.5%, 2016년 -3.3% 성장률을 기록하며 침체에 빠졌다가 2017년과 2018년에 각각 1.3%씩 성장하며 회복세를 보였다. 2019년 성장률은 1.1%를 기록했지만 2020년에는 마이너스 성장률을 피하기 어려울 전망이다. IMF는 2020년, 2021년 브라질 경제성장률 전망치를 각각 -5.8%, 2.8%로 제시했다.

신흥국이 전반적인 침체에 빠진 가운데 베트남 성장세가 돋보일 전망이다. 국제신용평가사 피치솔루션은 코로나19 사태를 빠르게 진정한 덕분에 제조, 건설, 서비스 분야가 회복되면서 2021년 베트남 경제가 활기를 띨 것이라고 내다봤다. 베트남 실질 GDP도 2020년 2.6%에서 2021년 8.2%로 'V자' 반등할 것이라는 전망을 내놨다. HSBC 역시 기술 주도 회복과 안정적인 외국인 직접 투자 유입으로 2021년 베트남 경제성장률이 8.1%에 달할 것으로 전망했다. 실제로 베트남은 2020년 1~9월 170억달러 무역흑자를 기록했다. 2019년(70억달러)에 비해 2.3배가량 증가한 수치다. 미중 무역갈등이 심각한 상황에서도 대미 수출이 늘어난 데다 2020년 8월 유럽연합(EU)과 자유무역협정(FTA)을 맺은 것도 호재로 작용해 2021년에도 수출 증가세가 이어질 전망이다.

II

2021
매경 아웃룩

2021 10大 이슈

2021년 3분기 집단면역 가능
백신 효능·생산 능력·유통 변수

명순영 매경이코노미 기자

▶ 1.9%. 코로나19(신종 코로나바이러스 감염증) 악재로 2020년 1분기와 2분기 잇따라 뒷걸음질 쳤던 한국 경제가 3분기에 비로소 2% 가까이 반등했다. 3분기 국내총생산(GDP) 성장률이 직전 분기 대비 크게 올라선 것. 문재인 대통령은 성장률을 보고받고 "경제팀이 수고를 많이 했다"고 홍남기 부총리 겸 기획재정부 장관을 '특급 칭찬'했다고 전해진다. 이 같은 숫자는 문재인정부를 흥분시킬 만하다. 2분기가 −3.2%로 낮았기 때문에 이에 따른 기저효과가 있었다고 인정하더라도 꽤 괜찮은 성적표다. 그렇다면 한국은 코로나19를 극복하고 반전의 기틀을 마련한 것일까.

미국·유럽 재확산 조짐 뚜렷…스페인·이탈리아 봉쇄로 맞서

코로나19 발발 이후 경제 회복 시나리오를 점치기는 매우 어렵다. 무엇보다 확진자 숫자가 줄어들지 않아서다. 2020년 4분기 한국은 방역 수준을 1단계로 완화했지만 확진자 숫자가 두세 자릿수를 계속 오가며 불안감을 준다.

더 큰 문제는 미국과 유럽에서 재확산 양산을 보인다는 점. 미국 신규 확진자 수는 2020년 10월 7만~8만명대를 기록한다. 역대 최대 규모로 코로나19에 따른 입원 환자도 2개월 만에 최대가 됐다. 유럽 역시 심각하다. 프랑스 정부는 2020년 10월 25일 기준 신규 확진자가 5만명 넘게 늘어 역대 최대치 기록을 경신했다고 밝혔다. 프랑스 누적 확진자 수는 113만명으로 미국, 인도, 브라질, 러시아에 이어 세계 5위로 올랐다. 스페인과 이탈리아는 코로나19가 걷잡을 수 없이 퍼져 '봉쇄 카드'로 확산 저지에 나섰다. 스페인은 2020년 10월 오후 11시부터 다음날 오후 6시까지 이동을 제한하는 국가경계령을 발동했다. 지난 3월부터 6월까지 1차 봉쇄 이후 7개월 만이다. 이탈리아 정부 역시 음식점·주점 영업시간을 저녁 6시로 제한하고 영화관과 헬스클럽, 극장 등을 폐쇄하는 '준봉쇄' 조치로 맞섰다. 이런 재확산 양상이 반복된다면 코로나19 회복 시나리오는 점점 늦춰질 수밖에 없다.

중국·러시아 백신 접종하지만 신뢰 낮아…글로벌 제약사 임상 3상 성과 올인

확산세를 잠재울 확실한 카드가 백신과 치료제라는 데 이견은 없다. 특히 백신 등장 여부에 따라 코로나19 팬데믹 회복 속도가 달라진다.

그렇다면 백신과 치료제를 언제 상용화할 수 있을까.

중국과 러시아는 이미 자체 개발한 코로나19 백신을 잇따라 선보이고 내국인 대상으로 접종을 시작했다. 중국은 임상 3상에서 6만명이 백신을 맞았지만 큰 부작용이 없다고 성과를 자랑한다. 세계 최초로 코로나19 백신을 승인한 러시아는 최근 두 번째 백신까지 승인했다. 그러나 중국과 러시아 백신은 임상 3상을 완전히 끝낸 것이 아니라 신뢰성에서 의심받는다. 중국과 러시아 백신이 전 세계로 확대 공급할 가능성은 높지 않다는 뜻이다.

서방 국가에서는 2020년 10월 기준 다국적 제약사 아스트라제네카와 영국 옥스퍼드대 공동연구팀이 가장 앞선다고 볼 수 있다. 지난 9월 초 영국 내 참가자 가운데 한 명에게서 척추염증장애로 추정되는 질환이 발견돼 주요국에서 시험이 중단됐다. 전 세계 기대를 받았던 터라 충격도 컸다. 하지만 조사 결과, "관련 질환이 코로나19 백신 후보와 연관돼 있는지 충분한 증거가 없다"고 결론 났다. 이에 따라 영국, 인도, 브라질 등에서 임상이 재개됐다. 미국에서도 최종 임상을 다시 시작하며 아스트라제네카가 백신 개발 성공 후보로 강력하게 떠올랐다.

미국 제약회사 화이자는 독일 바이오엔테크와 개발하는 코로나19 백신 임상시험을 주요 국가에서 실행한다. 화이자는 부작용 우려로 임상 3상을 중단했던 다른 백신 업체들과 달리 임상에 문제가 없었다. 지금 추세라면 화이자와 바이오엔테크는 코로나19 백신의 효능을 입증한 첫 번째 업체가 될 수도 있다. 화이자는 안전성 검증이 끝나는 대로 미 식품의약국(FDA)에 긴급사용승인을 신청한다.

미국 모더나도 개발하는 코로나19 백신의 첫 결과가 좋으면 2020년 내 긴급사용을 신청하겠다고 밝혔다. 다만 충분한 효능을 보여주지 못한다면 일정표는 2021년 초까지 미뤄지게 된다.

셀트리온 · SK바이오사이언스 · 녹십자 등 국내 기업도 속도

국내 제약 · 바이오 수준은 글로벌 제약사에 비해 한참 뒤떨어진다. 그러나 코로나19 백신만 놓고 본다면 국내 기업도 해볼 만하다.

셀트리온은 코로나19 항체 치료제 'CT-P59'를 코로나19 예방용으로 개발하기 위한 임상 3.3상의 임상시험계획(IND)을 식약처로부터 승인받고 예방 임상시험을 시작했다. SK바이오사이언스는 자체 개발한 코로나19 백신에 대한 임상 1상 시험 승인을 신청했다. GC녹십자는 환자 치료용 혈장치료제의 두 번째 생산을 마쳐 병원에 투입한다. 문재인 대통령은 "개발 과정이 순조롭게 진행된다면 치료제는 2020년 안에 본격적으로 생산할 수 있고 백신은 2021년까지 개발 완료를 기대할 수 있게 됐다"고 말하기도 했다. 서정진 셀트리온 회장은 "코로나19 백신이 2020년 임상을 완료한다는 전제 아래 2021년 상반기 개발을 완료하고 상업화할 수 있을 것"이라고 밝혔다.

이 같은 국내외 제약사 백신 개발 속도를 고려하면 2021년 상반기 백신 등장을 점쳐볼 수 있다. 이를 계기로 전 세계가 경제 회복에 속도를 낼 것이라는 관측이 우세하다. 물론 백신이 개발됐다고 코로나19가 완전히 잡히는 것은 아니다. 백신에 대한 신뢰가 충분히 쌓여야 하고 집단면역을 이뤄낼 수 있을 만큼 넉넉하게 생산돼야 한다. 또한 유통에서 문제가 없어야 한다.

러시아가 세계 최초로 백신 개발에 성공했다고 주장하지만 많은 국가가 시큰둥한 반응을 보이는 이유도 신뢰가 쌓이지 않아서다.

백신을 충분히 생산할 수 있느냐도 코로나19 종식 시나리오의 주요 이슈다. 다행히도 국내에서는 셀트리온과 삼성바이오로직스 등 생산시설이 적잖이 마련돼 있다. 백신 개발사와 한국 내 공급 계약을 맺을 수 있는 만큼 수급에서는 안정적으로 평가된다. 그러나 미국이 백신을 먼저 선점하겠다고 밝히는 등 전 세계적으로 백신 확보전이 치열해질 전망이다. 백신이 1차적으로 소수에게만 접종되고,

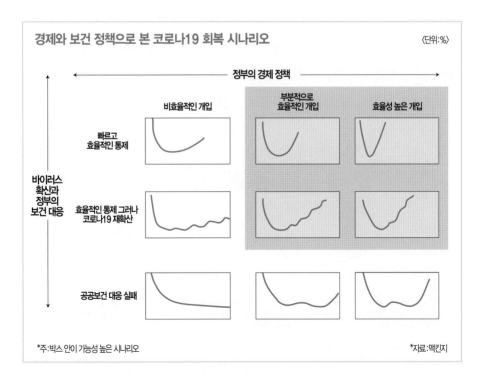

경제와 보건 정책으로 본 코로나19 회복 시나리오 〈단위:%〉

*주:박스 안이 가능성 높은 시나리오

*자료:맥킨지

대규모 유통까지 상당한 시간이 걸린다면 코로나19 종식 시기는 그만큼 늦어진다. 또한 2020년 국내 독감 백신 유통 과정 문제가 안전성 논란으로 이어진 만큼, 코로나19 백신 유통 과정에서도 '잡음'이 생길 가능성이 없지 않다.

아울러 재감염 가능성을 배제하기 어렵다. 세계 곳곳에서 코로나19에 감염된 뒤 음성 판정을 받았다 다시 양성 판정을 받는 사례가 발견되고 있어서다. 재감염은 백신이 해결할 수 없는 또 다른 경기 회복 장애물이 될 게 분명하다. 영국 정부의 전염병 관련 자문위원회장인 그레이엄 메들리 런던의대 교수는 블룸버그와의 인터뷰에서 "2~3차 감염이 1차 감염만큼 전염성이 높고, 1세대 백신의 효과가 크지 않다면 2022년까지 코로나19가 일상이 될 수 있다"고 우려했다.

코로나19 바이러스가 종식된다고 해도 곧바로 경제가 활력을 되찾지는 않을 것이라는 관측도 적잖다. 일례로 중국은 여름 이후 대부분 지역에서 이동 제한령을 풀었다. 그러나 내수 소비가 활성화한 것은 몇 개월 뒤인 10월부터였다. 코로나19가 사라져도 경제가 살아나기까지는 수개월의 시차를 보일 수 있다.

코로나19가 할퀴고 지나간 자리에 이미 깊은 상처가 났다는 분석도 있다. 실업률 상승, 불평등 심화, 탈세계화, 기업 파산, 투자 기회 누락, 기록적인 부채, 정신건강 악화 등이 코로나19 부작용으로 언급된다.

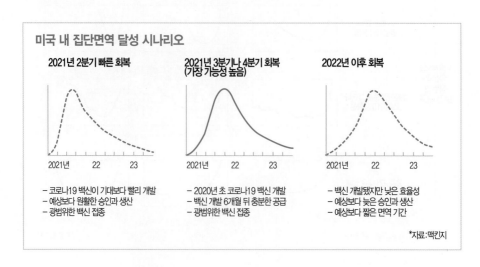

미국 내 집단면역 달성 시나리오

2021년 2분기 빠른 회복

2021년 22 23

- 코로나19 백신이 기대보다 빨리 개발
- 예상보다 원활한 승인과 생산
- 광범위한 백신 접종

2021년 3분기나 4분기 회복
(가장 가능성 높음)

2021년 22 23

- 2020년 초 코로나19 백신 개발
- 백신 개발 6개월 뒤 충분한 공급
- 광범위한 백신 접종

2022년 이후 회복

2021년 22 23

- 백신 개발됐지만 낮은 효율성
- 예상보다 늦은 승인과 생산
- 예상보다 짧은 면역 기간

*자료:맥킨지

코로나19 재확산 없다면 넓은 U자나 V자 반등

코로나19 경제를 점쳐보기 위한 유용한 기준은 각국 경제와 공중보건 정책이다. 맥킨지는 정부 경제 정책을 X축으로, 바이러스 확산과 보건 대응을 Y축으로 설정하고 회복 시나리오를 짰다. 경제 정책은 ▲비효율적 개입에 따른 경제 악화 ▲부분적인 경제 효과 ▲강력한 경제 회복 효과 등 3가지로 나눴다. 공중보건 정책은 바이러스 확산 정도에 따라 ▲광범위한 공중보건 실패 ▲효율적으로 대응했으나 재확산 ▲빠르고 효율적인 바이러스 통제 등으로 분리했다. 이에 따라 나올 수 있는 시나리오는 총 9가지다.

맥킨지는 이 가운데 경제 정책이 아주 비효율적이거나 공중보건 정책이 완전히 실패하는 사례를 제외한 4가지가 가능성이 높다고 했다. 4가지 사례는 모두 코로나19를 능히 극복하여 회복하는 희망적인 청사진이다. 다만 코로나19가 재확산한다면 경제는 '깔끔하게' 살아나지 않고 자잘한 굴곡을 보이며 상승하는 그림을 그릴 듯 보인다. 반면 코로나19 바이러스를 효율적으로 통제한다면 경제 회복은 넓은 U자형이나 V자가 될 공산이 크다.

경제 바닥을 찍는 시점은 국가마다 다르다. 한국 경제만 놓고 보면 이미 바닥을 찍고 올라섰다고 보는 견해가 다수다. 3분기 1.9%라는 전기 대비 성장률이 말해주거니와, 확진자 수가 미국이나 유럽과 비교해 상대적으로 낮기 때문이다. 반도체와 자동차 등 주요 제품 수출이 회복하고 있다는 점도 호재다. 미국 경제 회복은 전 세계 경제에 큰 영향을 끼친다. 맥킨지는 2021년 3분기나 4분기쯤 미국 내 코로나19 집단면역이 가능해질 것으로 내다본다. 2021년 초 코로나19 백신 승인이 나고 6개월 뒤쯤 백신이 충분히 공급될 수 있다는 예측이 지배적이다.

물론 2022년까지 집단면역이 늦춰질 수 있다는 시나리오도 있다. 백신이 생각보다 효율적이지 않거나 부작용 등으로 활용 범위가 낮은 경우 그렇다. 또한 백신의 대량생산이 늦어지는 경우에도 경제 회복은 늦어진다. 맥킨지는 "최악의 경우 2023년까지 코로나19와 싸워야 할 수도 있다"고 전망했다.

거리두기에 비대면이 뉴노멀
온라인 쇼핑·무인 매장 확산

노승욱 매경이코노미 기자

▶ '탈세계화' '케인스주의로의 회귀' 그리고 '비대면'.

롯데그룹이 코로나19 사태 직후 계열사 CEO들을 대상으로 배포한 경영 지침서 '코로나19 전과 후'에서 '포스트 코로나19 시대의 변화를 관통하는 화두'로 꼽은 세 가지다. 이에 따라 롯데쇼핑은 3년간 700개 점포 중 200개 매장을 정리하는 구조조정에 나섰다. 홈플러스 또한 점포 매각과 폐점을 진행하고 있다. 사회적 거리두기가 생활화되며 유통업계는 대면 소비 위축, 비대면 소비 증가 움직임이 갈수록 강화되는 추세다. 이에 익숙해진 소비자들은 2021년에 코로나19 사태가 완화돼도 일정 수준 배달, 포장, 온라인·모바일 쇼핑 등 비대면 소비를 이어갈 것이라는 게 업계와 전문가 중론이다.

'사회적 거리두기' '집콕'에 비대면 소비 폭발

"지난해보다 집에서 보내는 시간이 늘어난 것 같다."

시장조사 전문기업 엠브레인트렌드모니터가 2020년 6월 전국 만 19~59세 성인 남녀 1000명을 대상으로 설문한 결과, 전체의 절반가량(49.9%)이 이렇게 답했다. '2019년과 비슷한 수준'이라는 응답은 10명 중 4명(40.1%)이었으며 "오히려 집에서 보내는 시간이 줄어든 것 같다"는 응답은 드물었다(10%). 코로나19 사태로 '이불 밖은 위험해'라는 말이 현실화되면서 집에 머무는 시간이 증가하고 있음을 보여준다.

이 같은 '집콕' '방콕'으로 유통업계는 희비가 극명하게 엇갈렸다. 공연·찜질방·노래방·영화관·피트니스센터·스포츠 관람·단체 여행 등 대면 소비가 중심인 다중이용시설이 타격을 입은 반면 배달, 이커머스, 홈쇼핑, 홈트(홈트레이닝) 등 비대면 소비 산업은 가파른 성장세를 기록한다.

통계청에 따르면 2020년 8월 무점포 소매 판매액지수(2015년=100)는 207.9(잠정)로 1년 전보다 30.3% 증가, 관련 통계 작성이 시작된 2000년 이래 최고치를 기록했다. 무점포 소매는 매장 없이 인터넷, 홈쇼핑, 배달, 방문 등의 방법으로 상품을 판매하는 방식을 의미한다.

특히 근거리 배달 시장이 급성장했다. 앱·리테일 분석 서비스 와이즈앱·와이즈리테일이 2020년 1~9월의 소매 시장 업종별 소비자 결제금액 상승과 하락을 조사한 결과, 전년 대비 결제금액이 가장 크게 증가한 업종은 '배달'이었다. 배달의민족, 요기요의 총 결제금액이 같은 기간 74% 급증한 것으로 조사됐다. 갑작스러운 배달 수요 증가를 공급이 못 따라가 라이더 부족 사태가 빚어졌을 정도다.

근거리 소량 쇼핑채널로 성장하던 편의점도 배달업종으로 변모해간다. 소비자가 배달앱에서 주문하면 라이더가 도심 내 물류센터에서 픽업(Pick Up)해 30분 내로 갖다주는 초근거리 즉시 배달 서비스, 이른바 '퀵커머스(Quick-Commerce)'가 확산되고 있다. 배달의민족과 요기요가 운영하는 'B마트' '요마트'가 대표 사례다. 2020년 10월 기준 B마트는 약 30개 지점을 운영하며, 상반기에만 약 400억원의 매출을 올렸다. 요마트는 2020년 9월 1개점을 서울 강남에 오픈, 시범 운영에 나섰다. 요기요는 "1호점 시범 운영 후 취급 가능 물품과 지역을 순차적으로 확대해나갈 예정이다"라고 밝혔다.

이에 CU, GS25 등 편의점업계는 1㎞ 내 도보 배달 서비스를 도입, 퀵커머스와 경쟁에 나섰다. GS리테일이 내놓은 일반인 전용 배달 플랫폼 '우리동네딜리버리(우딜)'의 2020년 9월 배달 주문 건수는 전월 대비 71.5% 급증했다. 우딜 배달원인 '우친' 수도 2020년 10월 첫째 주 기준 2만8000명을 넘기며 새로운 배달 플랫폼으로 자리매김하고 있다.

오프라인 매장 패싱…온라인·홈쇼핑만 웃었다

결제금액 증가율이 두 번째로 큰 업종은 '인터넷 서비스'다. 구글, 넷플릭스, 넥슨, 오늘의집 등 OTT, 게임, 인테리어 관련 앱의 총 결제금액이 25% 증가했다. 이어 쿠팡, 이베이코리아, 네이버, 11번가 등 '인터넷 쇼핑'이 22% 늘었다. 나은채 한국투자증권 애널리스트는 "2020년 3분기 실적은 상반기와 유사한 트렌드로 언택트와 컨택트, 소비 품목에 따라 성과가 달라질 것"이라며 "온라인·홈쇼핑 등 무점포업태가 3분기 호조인 가운데 생필품 위주의 마트·슈퍼가 선방할 것이고, 백화점·편의점·면세점 등 오프라인업태는 부진할 것"이라고 분석했다.

이런 흐름은 2020년 4분기에도 이어질 전망이다. 대한상공회의소가 소매유통업체 1000개사를 대상으로 조사한 '2020년 4분기 소매유통업 경기전망지수(RBSI)'에 따르면 온라인·홈쇼핑업종만이 유일하게 경기전망지수 100을 넘겼다. 반면 1000개사 전체 평균 4분기 경기전망지수는 85로 집계됐다. RBSI 기준치 100을 넘을 때는 경기 호전에 대해 긍정적 전망, 이에 미치지 못할 때는 부정적 전망이 우세하다는 의미다.

홈트 열풍도 뜨겁다. G마켓에 따르면 2020년 초부터 7월 말까지 7개월간 헬스기구, 웨이트기구, 헬스·요가 용품 등의 판매량은 전년 동기 대비 20% 안팎 증가한 것으로 나타났다. 특히 트위스트운동기구(판매 증가율 120%), 윗몸일으키기보드(77%), 줄넘기(74%), 아령·덤벨(52%), 바벨(51%), 필라테스

링(41%) 등이 인기가 높았
다. G마켓 관계자는 "코로나
19 이후 외부 활동은 줄었지
만 식사량이 늘면서 홈트레이
닝 관련 수요가 급증한 것으로
본다. 가성비 좋으면서도 자
리를 많이 차지하지 않고 자주
사용할 수 있는 제품 인기가
높은 편"이라고 말했다. 미국
에서도 홈트레이닝 전문기업

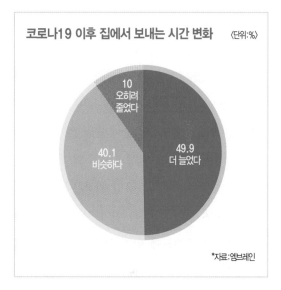

'펠로톤(Peloton)'이 '홈트계의 넷플릭스'라 불리며 승승장구하고 있다. 2020년
10월 23일 현재 주가가 88.8달러로 1년 만에 주가가 4배 이상 급상승했다.

반면 같은 기간 총 결제금액이 하락한 업종은 면세점(-75%), 극장(-73%),
항공(-70%), 여행(-62%) 순이었다.

'황금알을 낳는 산업'으로 불렸던 면세점은 코로나19 사태로 직격탄을 맞았다.
2020년 10월 인천국제공항 제1터미널(T1) 4기 면세점 사업권 3차 입찰마저
최종 유찰되며 공실 위기를 맞고 있다.

극장업계에서는 CJ CGV가 생존을 위한 극단의 자구책을 마련한다. 매출이
2019년 대비 70% 가까이 하락하자 3년 내에 119개 전국 직영점 중 35~40개
가량을 줄이기로 했다. 항공업계는 HDC현산의 아시아나항공 인수가 무산되며
시계 제로 상태다.

상황이 이렇자 오프라인업계는 대면 접촉을 최소화하고 인건비 절감을 위해 무
인 매장 확대에 집중하고 있다.

중소벤처기업부는 나들가게 육성 정책 이후 10년여 만에 무인 슈퍼마켓인 '스
마트슈퍼'를 도입했다. 낮에는 유인, 심야에는 무인 운영되는 혼합형(하이브리드

형) 무인 점포로, 무인 출입 장비·무인 계산대·보안 시스템 등 스마트 기술·
장비 도입과 디지털 경영을 기반으로 한 새로운 동네 슈퍼 모델이다. 2021년에
800곳, 2025년까지 4000개를 출점한다는 계획이다.

대만 샌드위치 프랜차이즈 홍루이젠은 코로나19 직후부터 무인 매장을 오픈,
2020년 9월 기준 70여개 매장을 운영한다. 송원섭 홍루이젠 대표는 "앞으로는
매출도 매출이지만 수익성과 점주의 워라밸을 향상할 수 있는 강소 무인 매장에
더 초점을 맞추려 한다. 무인 매장은 운영에 소요되는 시간이 하루 1시간 정도로
관리가 매우 쉽다. 저녁과 심야 시간대 추가 매출 확보에도 유리하고, 코로나19
시대 비대면 트렌드에 맞춰 안전성도 제고할 수 있다"고 말했다. 무인 정육점도
등장했다. '프레시스토어'는 냉장·냉동이 가능한 자판기를 활용해 24시간 육류
를 판매한다. 2020년 6월 경기 미사에 1호점을 연 뒤 반응이 좋아 8월 말 기준
매장을 5개까지 늘렸다.

비대면 로봇 서비스 출원 증가…" '온라인 퍼스트' 강화될 것"

기업들은 향후 오프라인 매장에서 무인화가 더욱 빠르게 진행될 것으로 내다본
다. 구인구직업체 '사람인'이 2020년 10월 공개한 설문에 따르면 조사 대상 기
업 265곳 중 87.5%가 "코로나19 이후 무인화는 더 가속화될 것"이라고 응답했
다. 조사 대상 기업의 67.2%는 "무인화로 인력이 필요 없어지면서 고용이 축소
될 것"으로 예상했다. 32.8%
는 "새로운 직무 창출로 관련
분야 고용이 늘 것"이라고 답
했다.

비대면 경제 활성화 전망은
특허 출원 건수로도 짐작할 수
있다.

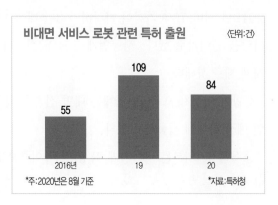

비대면 서비스 로봇 관련 특허 출원 〈단위:건〉

2016년	19	20
55	109	84

*주:2020년은 8월 기준 　　　　　*자료:특허청

특허청에 따르면 비대면 서비스 로봇 관련 특허 출원은 2011~2015년 연평균 21건에 그쳤으나 2016년 55건, 2019년 109건으로 급증했다. 2020년에는 8월 누적 기준 84건을 기록했다. 이런 추세라면 2020년 말에는 120건 넘게 출원돼 역대 최고치를 경신할 전망이다. 특허는 미래에 상용화될 기술에 대한 권리라는 점에서 관련 산업 활성화 전망을 나타내는 선행지표에 해당한다.

최근 10년간(2011~2020년) 비대면 서비스 로봇 관련 특허가 출원된 분야는 안내 · 접객 로봇과 관련된 경우가 254건(51.3%)으로 가장 많았다. 이어 물류 · 배송 로봇 161건(32.5%), 헬스케어 로봇 80건(16.2%) 순이다. 전일용 특허청 지능형로봇심사과장은 "코로나19로 야기된 사회 · 경제 전반의 변화를 극복하기 위한 해결책으로 서비스 로봇이 부상하고 있다"며 "인공지능이나 자율주행 기술과 접목한 서비스 로봇은 성장 가능성이 가장 큰 기술 분야 중 하나로, 관련 특허 출원이 이어질 것"이라 예상했다.

전문가들은 코로나19 사태를 계기로 향후 '온라인 퍼스트' 소비 패러다임이 더욱 강화될 것으로 내다본다.

주윤황 장안대 유통경영과 교수는 "온라인 쇼핑이 편리함은 물론, 안전하다는 인식이 확산하며 그간 온라인 쇼핑을 거의 안 하던 신규 이용자 유입과 기존 이용자 충성도 강화를 예상한다. 이에 기업은 온라인 서비스 투자에 속도를 내게 될 것"이라고 말했다. 강병오 중앙대 산업 · 창업경영대학원 겸임교수(창업학 박사)는 "이제 오프라인 점포들도 IT 기술을 도입해 앱 주문 · 배송 등 온라인 쇼핑 기능을 융합한 '옴니채널' 전략을 활용해야 생존할 수 있다"고 강조했다.

중후장대 산업 시대 기울고
콘텐츠·헬스케어 시대 온다

고태봉 하이투자증권 리서치센터장

▶ 코로나 재앙은 지구상 모든 사람에게 극한의 공포를 준 것은 물론, 삶의 방식과 우선순위에 있어 많은 것을 변화시켰다. 이뿐 아니라 향후 해결해야 할 많은 고민거리도 던져줬다.

그중에서도 굵직한 몇 개만 살펴보면 총 5가지 유의미한 변화를 파악할 수 있다.

첫째, 인간 편의를 위해 훼손한 자연이 주는 엄중한 경고의 메시지가 처음으로 심각하게 들려왔다. 도시화, 환경오염으로 비롯된 신종 바이러스로 세상 그 어느 곳도 안심할 수 없게 됐다. 변종 바이러스는 앞으로도 계속될 것이라는 암울한 예고가 나오고 있다. 이뿐 아니다. 이 기간에 한국 면적의 20%에 달하는 미국 서부 지역이 이상 폭염과 건조, 강풍으로 대화재에 시달렸고, 산샤댐 붕괴가 우려될 만큼 기록적인 폭우가 중국에서 나타났다. 진지하게 지구의 영속성에 대해 고민을 하게 된 계기가 된 것이다. 테슬라의 엘론 머스크는 지구 멸망의 두려움으로 SpaceX의 화성 이주 프로젝트를 진행한다고 말한다. 처음에 조롱했던 시각도 점차 진지해지고 있다. 친환경·탄소제로 사회로의 전환, 지속 가능한 에너지를 추구하는 산업들이 선택의 여지없이 성장할 수밖에 없다. 한국에서도 그린 뉴딜 정책이 때마침 발표돼 신재생 에너지 관련 수혜가 거론되고 있고, 내연기관 차를 대체할 전기차, 수소연료전지차의 차량 구매 지원금과 충전소 건설에 막대한 자금이 투입될 것으로 본다.

둘째, 코로나19 확진자 확산과 사망자 증가 공포는 의료와 건강을 우선순위의 최상단으로 올려놨다. 마스크, 소독제, 진단키트는 물론이고, 팬데믹 상황을 벗어나기 위한 다양한 백신과 치료 후보물질에 대한 전 지구적인 관심을 불러왔다. 일회성으로 끝날 전염병이 아니라 앞으로도 예상치 못한 변종 바이러스가 계속 나올 수 있다는 불안감은 바이오테크 분야에 대한 관심으로 이어질 것이다. 비상 상황인 만큼 각국 정부 지원이나 통상적인 프로세스 대비 빠른 승인 절차 등을 기대할 수 있다. 의료보험 체계가 잘 갖춰진 한국에서는 제한적이지만 많은 국가에서 비대면이면서 저렴하게 접근할 수 있는 원격진료, 디지털 헬스케어(Digital Healthcare), 온라인 Drug store 등에 대한 니즈가 커지고 있다. '락다운(Lock down)' 상태에서 비대면으로 운동할 수 있는 펠로톤(Peloton)

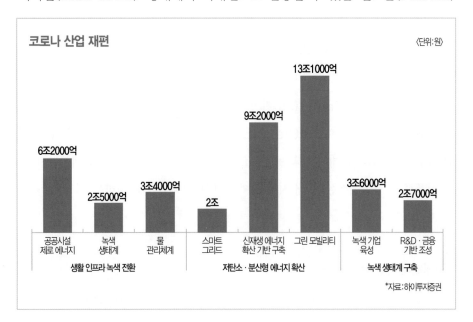

코로나 산업 재편 〈단위:원〉

- 6조2000억 — 공공시설 제로 에너지
- 2조5000억 — 녹색 생태계
- 3조4000억 — 물 관리체계

생활 인프라 녹색 전환

- 2조 — 스마트 그리드
- 9조2000억 — 신재생 에너지 확산 기반 구축
- 13조1000억 — 그린 모빌리티

저탄소·분산형 에너지 확산

- 3조6000억 — 녹색 기업 육성
- 2조7000억 — R&D·금융 기반 조성

녹색 생태계 구축

*자료:하이투자증권

같은 홈트레이닝업체의 성장 가능성도 매우 크기에 눈여겨봐야 한다. 한국에서도 유사한 서비스가 등장할 것으로 예상한다.

셋째, 최소한 접촉으로 살아가되 효율을 높이는 삶의 방식을 고민할 수밖에 없다. 이런 고민은 디지털 전환(Digital Transformation), 4차 산업혁명과 맞닿아 있다. 또한 변화의 당위성을 높여줄 뿐 아니라 변화 속도 역시 가속화할 것으로 전망한다. 물리적 접촉은 디지털 공간을 활용해 최대한 회피하되, 현실 세계에서의 활동은 지속할 수밖에 없다는 측면에서 O2O(Online to Offline), CPS(Cyber Physical System)와 일맥상통한다. 비대면으로 업무(재택근무·클라우드컴퓨팅), 생산(Smart factory·산업용 로봇), 쇼핑(온라인쇼핑·e-Commerce), 물류(Smart WMS(Warehouse Management System)), 음식(Food delivery·배달 로봇), 금융거래(핀테크), 행정(전자정부), 의료(원격의료·e-Health), 이동(Mobility), 배송·운송(Logistics) 등 다양한 활동을 처리해야 하므로 코어기술 도움을 받아 변화할 수밖에 없다.

온라인 사업의 핵심은 디지털과의 접점인 '플랫폼'이다. 이번 코로나19 사태로 사람들은 가장 먼저 떠오르는 플랫폼을 클릭하기 시작했다. 플랫폼은 말 그대로 수요와 공급을 매칭해주는 마켓플레이스 역할을 담당한다. 전 세계적으로 플랫폼 기업의 기업가치(Valuation)가 크게 상향된 이유기도 하다. 수요와 공급이 집중될수록 네트워크 이펙트(Network effect·많은 사용자와 연결될수록 사업가치가 커짐)와 롱테일 이펙트(Long-tail effect·오프라인상에서는 비주류 상품도 온라인에서는 틈새 시장을 개척하며 건재함을 과시하는 현상)는 커지기 마련이다.

빅데이터, AI 더욱 진화
플랫폼에서 확인된 다방면의 수요는 또한 빅데이터(Bigdata)의 근거가 된다.

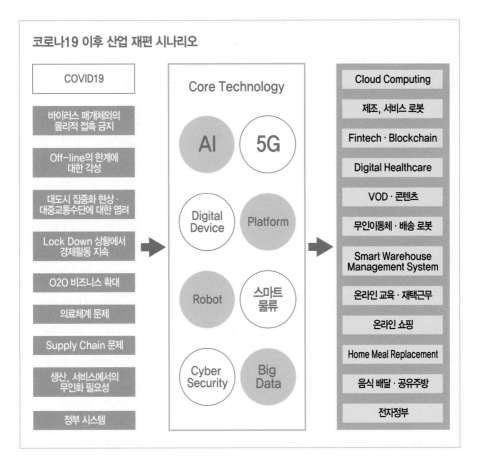

이는 AI를 통해 다시 디지털 마케팅의 훌륭한 자원(Source)이 된다. 개인정보나 금전거래에 따른 사이버 보안시스템도 반드시 필요하며, 결제에 필요한 다양한 핀테크와의 연계도 필요하다. 통신서비스는 O2O에서 당연히 필요한 인프라로 5G의 본격화, 지능형 반도체, 스마트 센서가 모듈로 구현된 MEC, IoT의 보급으로 더 적극적인 서비스가 가능할 것으로 본다.

예를 들면 스마트 냉장고에서 달걀이나 우유 같은 일상적인 식자재가 떨어졌을 경우, 사전에 입력된 제품으로 스스로 주문을 할 수 있을 것이다. 오프라인은 지금으로서는 인력에 의존하고 있다. 배달의민족 배민라이더나 쿠팡의 쿠팡맨, 카카오모빌리티 크루 등이 이에 해당된다. 하지만 자율주행, 로봇 등이 보급되기 시작하면 빠른 속도로 무인화될 것이다. 이 분야의 성장에 자본 시장의 에너지가 많이 투입될 것으로 예상한다. 현대자동차그룹도 2030년의 비즈니스 포트폴리오를 자동차 50%, 도심형 항공모빌리티 30%, 로보틱스 20%로 선정한 이유가 이 분야의 밝은 전망 때문이다. 미국의 아마존도 전기트럭인 Rivian, 자율주행 기술업체인 Zoox, 드론업체인 타이탄에어로스페이스, 로봇회사인 Scout, Kiva 등을 인수한 이유도 같다. O2O에 대한 다양한 서비스 시도에서 많은 비즈니스 기회와 투자 기회가 발생할 것임을 짐작할 수 있다.

넷째, 온 세상이 한두 달 집에만 격리돼 있는 락다운을 경험하면서 가장 주목받은 것이 사람들과 어울리고 싶다는 소속과 애정의 욕구(Belongingness & Love needs), 인지적 욕구(Cognitive needs), 심미적 욕구(Aesthetic needs) 충족을 위한 다양한 콘텐츠 소비였다. 구글 애드센스의 수익 연계로 다양한 콘텐츠가 끝없이 생성되는 유튜브의 가파른 상승세는 말할 것도 없고, 페이스북이나 틱톡, 카카오톡 등의 SNS 트래픽도 계속해서 높아지고 있다. 게임도 대화를 나누면서 만남의 장으로 활용되기도 했다. 사람의 운집이 불가피한 연극, 오페라, 음악 극장, 콘서트홀, 영화관 등이 폐쇄되면서 문화적 욕구에 목말라했던 사람들이 온라인에서 그 탈출구를 찾기도 했다. 넷플릭스의 독점구조에 디즈니플러스, HBO Max를 비롯한 OTT(Over The Top) 서비스업체들이 도전장을 내미는 이유도 이런 맥락이다. 음원에서도 스포티파이, 애플뮤직, 아마존뮤직 등이 특수를 누렸다. 한국도 멜론, 지니뮤직이 집콕의 무료함을 달래줬다. 이런 플랫폼을 채울 수 있는 콘텐츠도 할리우드로 대변되는 미국 일변도에서 남미, 인도, 한국 등 다양한 국가로 확산되고 있다. 특히 한국 영화와 드라마는 보편적 공감대를 얻으며 인기 콘텐츠로 자리 잡고 있다. 음악도 K-Pop이 세계화의 길을 착실히 걷고 있고, 대중적 지지가 확산되고 있다. 한국의 소프트파워도 비즈니스 기회나 자본 시장에 상당한 영향력을 미칠 것으로 본다.

결론적으로 대한민국 시가총액 10위권에 안착하고 있는 산업군은 앞서 언급한 코로나19로 필요성이 부각된 반도체, 배터리, 바이오제약, 플랫폼, 모빌리티, 게임이다. 중후장대 산업이 중심이 되던 예전의 구성과 확연히 달라졌다. 여기에 신규 상장한 바이오, 게임, 엔터테인먼트 기업들이 얼마나 높은 위상으로 변모할 지 지켜볼 필요가 있다. 시대의 요구에 자본 시장은 상당히 빠르게 반응해왔다. 주가는 미래가치의 현가화를 기초에 두고 움직이기 때문이다.

코로나로 뜬 증시, 거품 꺼지나

유동성 장세 잇는 실적 장세
코로나 잡히면 코스피 2800

조용준 하나금융투자 리서치센터장

▶ 2020년 코로나19가 전 세계로 확산되며 글로벌 경제가 위기를 맞이했다. 경기를 부양하기 위해 한국과 미국을 비롯한 주요 국가는 완화적인 통화 정책 즉, 제로금리와 사상 최대 규모 양적완화를 단행했다. 그럼에도 국내외 경기는 코로나19 충격을 완전히 피해가지는 못했다. 국제통화기금(IMF) 등 주요 기관 전망치에 따르면 미국은 2020년 경제성장률 -4.4%를 기록할 것이라 예상한다. 2019년 수준 GDP를 회복하는 시기는 2022년이 될 전망이다. 미국 내부에서도 경제 상황에 대한 걱정이 크다. 2020년 9월 미국 중앙은행인 연방준비제도(Fed)가 2023년까지 제로금리를 유지하겠다는 방침을 밝혔다는 점은 이를 여실히 보여준다.

한국 역시 팬데믹 여파가 크다. 한국은행은 2020년 8월 연간 경제성장률을 -1.3%로 낮췄다. 종전 -0.2%보다 부정적인 전망이다. 국회예산정책처는 -1.6%, 하나금융경영연구소는 -1.1%를 예상한다. 2020년은 경제 쇼크와 이를 최소화하기 위한 대규모 유동성 공급으로 요약되는 한 해라고 해도 과언이 아닐 정도로 불황의 시기였다.

하지만 증시는 실물경제와 다른 움직임을 보였다. 아시아 지역에서 주로 발생하던 코로나19 바이러스가 전 세계로 확대되며 3월 글로벌 증시가 폭락했지만 이후 빠르게 반등했다. 2020년 1월 2100~2200선을 오르내리던 코스피지수는 3월 19일 1457.64를 기록하며 연중 저점을 찍었다. 이후 상승을 거듭해 8월 2400대까지 올랐다. 2020년 10월 기준 2300~2400선 사이에서 움직인다.

증시가 빠르게 회복된 것은 IT 기업 실적이 가파르게 성장한 덕분이다. 학교 수업, 회의, 쇼핑 등 기존에 오프라인에서 하던 활동이 온라인으로 전환되면서 이를 뒷받침하는 서비스와 인프라 수요가 급증했고 이는 실적 개선과 증시 상승으로 이어졌다. 역대 최대 규모 유동성 역시 증시가 우상향곡선을 그리는 데 크게 기여했다.

투자자 유입도 이어졌다. 국내에서는 개인투자자가 대거 시장에 발을 들이며 증시를 떠받쳐 '동학개미 운동'이라는 말이 나왔을 정도다. 미국에서도 '로빈후드'라 불리는 개인투자자가 주식 시장에 대규모로 진입했다. 유동성 장세, 즉 '금융장세'가 펼쳐진 것이다. 이론적으로나 과거 경험에 비춰볼 때 2020년처럼 위기 이후 경기 침체기에 유동성을 바탕으로 주가가 선제적으로 상승한 뒤에는 실제로

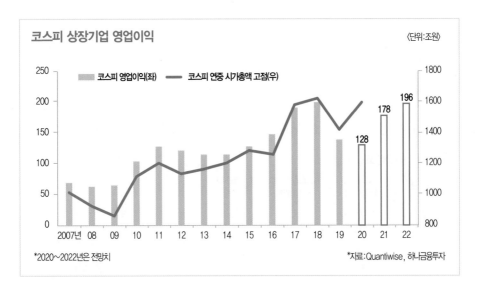

코스피 상장기업 영업이익 〈단위:조원〉

■ 코스피 영업이익(좌) — 코스피 연중 시가총액 고점(우)

*2020~2022년은 전망치   *자료:Quantiwise, 하나금융투자

경기가 회복되는 초기 시장인 '실적 장세'가 된다. 금융 장세와 실적 장세가 펼쳐지는 시기는 일반적으로 강세장이다. 2021년에는 유동성을 바탕으로 한 시장이 아니라 실제 실적 개선과 초기 경기 회복을 바탕으로 한 실적 기반 강세장이 올 확률이 높다는 뜻이다.

2분기 고점 찍고 조정받는 '상고하저' 흐름 예상

2021년 증시 관련 긍정적인 전망이 나오는 가장 큰 이유는 기저효과다. 2021년 상반기는 경제 회복의 기저효과가 가장 큰 시기가 될 가능성이 크다. 기업 실적이 전년 동기 대비 가장 크게 개선될 가능성이 높다. 중국은 2020년 1분기에 -6.8%, 미국은 2020년 2분기에 -31%의 경제역성장을 기록했다. 반대로 2021년 1분기와 2분기는 중국과 미국 경제성장률 기저효과가 극대화될 수 있는 시기다. 미국과 중국의 전년 대비 성장률이 가장 크게 증가할 수 있다는 점은, 경제성장의 수출 의존도가 높은 한국에는 매우 중요한 사안이다. 실제 한국의 수출 증가율도 2021년 2분기 12%대 회복을 예상할 정도로 높은 성장성을 기대한다. IMF는 2020년 선진국은 -5.8%, 신흥국은 -3.3%, 세계 경기 전체는 -4.4%의 역성장을 기록할 것으로 내다본다. 반면 2021년 선진국은 3.9%, 신흥국은 6%, 전체 세계 경기는 5.2% 성장할 전망이다.

2020년 증시와 관련, 경제는 불황인데 주가가 상승하는 현상을 두고 실물경기와 주식 시장의 괴리가 크다는 분석이 나온다. 하지만 주식 시장이 경기를 선행한다는 점은 오래전 검증된 사안이다. 경제의 선행지표 중 하나로 주가지수를 사용하기도 한다.

결국 관건은 2021년 상반기 경기 회복 여부다. 미국과 중국의 경제 기저효과를 감안하면 한국 경제도 2021년

2021년 시나리오별 코스피 상단

단위:조원

시나리오	코스피 영업이익	코스피 시가총액	코스피 상단
최상	178	1860	2800
기본	163	1715	2600
최악	136	1430	2200

자료:Quantiwise, 하나금융투자

상반기 상대적으로 높은 회복세를 보일 전망이다. 특히 수출 증가율에 크게 영향을 받는 기업의 이익 증가와 이를 바탕으로 한 증시 상승세가 나타날 것이라 본다. 다만 그 이후 실제 경기 회복 속도는 상대적으로 더디고 시중금리가 점진적으로 상승할 가능성이 있다. 2021년 증시는 2분기 고점을 찍고 조정을 보이는 '상고하저' 형태가 될 가능성이 크다.

주가가 기업가치의 함수라고 하면, IT와 자동차를 비롯해 수출이 중심인 국내 주요 상장기업 영업이익 추정치는 수출이 기저효과를 기반으로 개선될 때 상향조정 폭이 가장 크다. 2021년 코로나19가 대규모로 재확산되는 등 글로벌 증시를 흔들 만한 위기가 다시 발생하지 않고 기업 실적 역시 큰 폭으로 반등하는 최상의 시나리오의 경우 코스피 영업이익 추정치는 178조원이다. 이를 반영한 코스피지수 전망치 상단은 2800이다.

팬데믹 재확산 등 추가 위기가 발생하지 않지만 기업 실적 회복세가 예상보다 더디면 코스피 상장기업 영업이익은 163조원을 기록할 것이라 예상한다. 이 경우 코스피지수 상단은 2600으로 추정한다.

코로나19가 다시 한 번 세계 곳곳에 확산되거나 이에 준하는 리스크가 발생한다면 코스피 기업 영업이익은 136조원까지 감소할 가능성이 크다. 코스피 상단은 2200까지 내려갈 것이라 본다. 단 이 경우에도 2021년 하반기에 시장이 회복될 가능성이 크다.

글로벌 금융위기 직후 외국인 투자자 유입 현상 재현될 듯

2020년 하반기 달러는 중기적인 약세 흐름에 들어섰다. 오랜 기간 제로금리가 유지됐고 사상 초유의 양적완화, 재정적자 확대 등 유동성 공급을 위한 정책이 이어져서다. 미국 연준이 2023년까지 제로금리를 유지할 계획인 만큼 달러가 추세적 약세를 보일 가능성이 크다. 2008년 금융위기 때도 미국 연준은 기준금리를 0~0.25%로 낮추고 이를 장기간 유지했다. 동시에 세 차례에 걸친 양적완화를 통해 달러 유동성을 공급했다. 이로 인해 달러는 추세적인 약세 흐름을 보였다.

2020년 2분기 코로나19로 인한 경제 충격 이후 미국 연준은 타국 중앙은행에 비해 빠른 속도로 사상 최대 규모의 유동성 공급을 진행했다. 또 경기 부양을 위한 대규모 경기 부양책 즉, 재정적자도 지속했다. 이 같은 정책이 이어지자 달러는 상대적으로 경제 상황이 양호한 중국의 위안화나 한국의 원화에 비해서 약세를 나타냈다. 이 추세는 과거 사례와 중국 경제의 빠른 회복을 감안할 때 2021년 1분기까지 이어질 가능성이 높다.

선진국의 적극적 통화 완화 정책과 달러 약세는 신흥국 금융 시장으로 자금이 유입되는 요인으로 작용할 가능성이 높다. 과거 금융위기 당시에도 미국 연준의 공격적인 금리 인하 단행 효과와 달러 약세가 외국인의 신흥국 비중 확대와 신흥국 시장 주가 강세 기조로 연결됐다. 일례로 2009년 이후 1~2년간 한국과 중국을 비롯한 주요 신흥국에는 외국인 투자자 자금이 유입됐다. 2009년 금융위기 이후 코스피와 미국 시장 주가 상승률을 비교하면 2012년까지 코스피는 77.6% 뛴 반면 S&P500지수는 57.9% 상승하는 데 그쳤다. 외국인 투자자

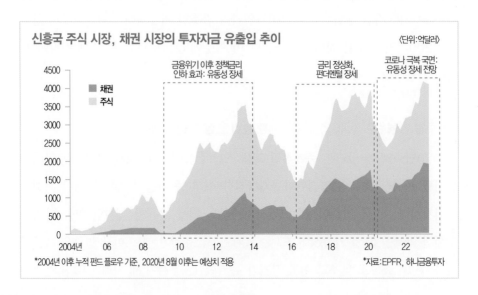

신흥국 주식 시장, 채권 시장의 투자자금 유출입 추이 〈단위:억달러〉

*2004년 이후 누적 펀드 플로우 기준, 2020년 8월 이후는 예상치 적용 *자료:EPFR, 하나금융투자

가 한국 시장에 지속적으로 유입된 결과다. 미국이 사상 최대 규모로 달러 유동성을 공급하는 가운데 한국과 중국이 상대적으로 양호한 경제 회복 기조를 보인다는 점을 감안하면 2021년에도 비슷한 상황이 재현될 가능성이 크다.

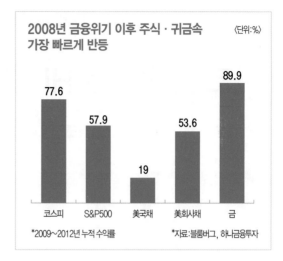

2008년 금융위기 이후 주식·귀금속 가장 빠르게 반등 〈단위:%〉

*2009~2012년 누적 수익률   *자료:블룸버그, 하나금융투자

미국 정부가 일자리 창출을 목표로 대규모 인프라 투자에 나설 공산이 크다는 점 역시 긍정적인 사안이다. 미국과 중국 간 갈등이 변수로 작용할 수는 있지만 2016년 대비 미중 무역갈등이 증시에 미치는 영향은 약화됐다. 2016년과 달리 저금리, 약달러, 중국의 내수 의존 경제 회복이라는 환경은 국내 증시가 선진국 대비 상대적으로 선방할 수 있는 여건이 될 가능성도 있다.

코로나 시대 HR '5대 트렌드' 악수의 종말·원격 리더…

박형철 머서코리아 대표

▶ 코로나19는 기업 근무 형태와 조직 문화, 그리고 인사에 큰 변화를 불러일으켰다. 과거 선택적·제한적으로 활용됐던 재택근무와 화상회의는 '뉴노멀'로 빠르게 정착하는 모습이다. 혼란스러운 상황에서 리더의 역할과 조직원이 원하는 바도 달라졌다. 이런 양상은 코로나19 종식 여부와는 별개로 꾸준히 이어질 것으로 본다. '위드코로나(With Corona)' 시대 변화할 조직 문화와 인적자원(HR) 관리 5대 트렌드를 살펴본다.

① 언택트 : 악수의 종말과 디지털 역량 강화

코로나19로 모임과 이동이 제한된다. 이동의 약화는 필연적으로 비대면 활동 확대를 수반한다. 단기간 코로나19 사태를 계기로 많은 기업이 비대면 업무 방식을 경험하게 됐고 시행착오를 보완해가며 정착에 애쓰고 있다. 물론 아직은 낯설다는 의견이 더 많다. 하지만 원했든 원하지 않았든 비대면이라는 새로운 방식을 경험하는 사람이 점점 많아지면서, 변화에 대한 저항은 줄어들 것이다. 재택근무가 일상화하면서 최근 모니터 받침대, 키보드 등을 찾는 고객이 크게 늘어나는 현상이 그 방증이다. 컴퓨터 사용에 따른 신체 피로감을 낮추기 위해서다.

재택근무가 보편화될 것이라는 신호는 여기저기서 나타난다. 최근 미국 기술 시장 연구업체인 기업기술연구소(ETR)가 지난 9월 전 세계 기업 최고정보책임자(CIO) 1200명을 설문조사한 결과 2021년 전 세계 영구 재택근무자가 코로나19 전의 2배로 늘어날 것으로 답했다. 이들은 자사의 영구 재택근무자 비율이 코로나19 사태 전 16.4%에서 내년 34.4%로 늘어날 것으로 예상했다.

앞으로 비대면 방식은 대면 방식에 뒤지지 않는 주류 경영활동 방식으로 자리 잡을 것으로 본다. 비대면 활동에 필요한 것은 결국 디지털 역량이다. 쉽게는 화상회의 소프트웨어를 통한 협업에서부터 이를 능숙하고 적극적으로 활용해 많은 소비자를 대상으로 판매를 하는 데 이르기까지, 다양한 디지털 역량이 업종과 관계없이 필수 공통 역량으로 각광받을 전망이다.

디지털 역량이란 단순한 디지털 엔지니어링 전문 역량만을 말하는 것은 아니다. 디지털 환경 이해도, 디지털 도구 활용도, 디지털 감성, 디지털 커뮤니케이션 등 수많은 영역을 포함한다. 코로나19 이전에 강조됐던 역량이 비대면 환경

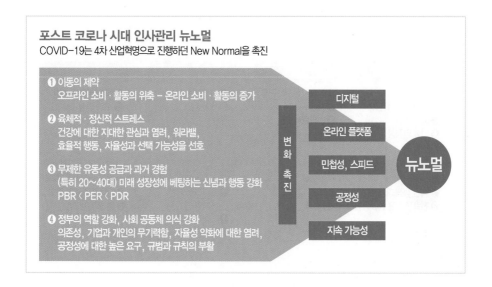

포스트 코로나 시대 인사관리 뉴노멀
COVID-19는 4차 산업혁명으로 진행하던 New Normal을 촉진

❶ 이동의 제약
오프라인 소비·활동의 위축 – 온라인 소비·활동의 증가

❷ 육체적·정신적 스트레스
건강에 대한 지대한 관심과 염려, 워라밸,
효율적 행동, 자율성과 선택 가능성을 선호

❸ 무제한 유동성 공급과 과거 경험
(특히 20~40대) 미래 성장성에 베팅하는 신념과 행동 강화
PBR 〈 PER 〈 PDR

❹ 정부의 역할 강화, 사회 공동체 의식 강화
의존성, 기업과 개인의 무기력함, 자율성 약화에 대한 염려,
공정성에 대한 높은 요구, 규범과 규칙의 부활

변화 촉진

디지털

온라인 플랫폼

민첩성, 스피드

공정성

지속 가능성

뉴노멀

에서는 어떤 디지털 역량으로 진화되고 대체돼야 하는지, 기업 입장에서는 연구와 고민이 시급하다.

② Less Mobility : 현지 인재와 스마트팩토리의 부상

이동이 제한되는 것은 국가와 국가 사이에서도 마찬가지다. 들불처럼 번졌던 글로벌라이제이션 움직임에 급제동이 걸렸다. 코로나19가 종식되기 전까지는 각국 정부에 의해 상당 기간 이동 제약이 지속될 전망이며, 정부 규제가 완화된 후에도 이전과 같은 수준의 자유로운 이동이 일어나기까지는 꽤 시간이 걸릴 것이다.

개인은 물론 기업 입장에서도 다른 지역과 국가로의 이동을 꺼리게 됐다. 기업 생산과 소비를 책임지는, 전 세계적으로 촘촘히 얽혀 있던 공급망과 판매망은 되려 큰 위험 요인이 돼버렸다. 글로벌 기업들은 이미 새로운 관점과 방식의 공급망 재편과 판매 방법 변화를 고민하고 있다.

뉴노멀은 본국 주재원에 의존하던 해외 법인 관리를 '현지 인력' 중심으로 전환하는 것이다. 비록 각국 정부 고용 유지에 대한 의지와 압박이 매우 강함에도 불

개인과 조직의 민첩성(Agility) 강화를 위해 글로벌 기업이 집중하는 전략

개인 조직 구성원	그룹	리더십	공급업체 & 고객
❶ 자기 관리 ❷ 시간·공간 유연성 ❸ 고객 직원 ❹ 기술 안정성	❶ 투명성 & 지식 공유 ❷ 채팅 시스템 ❸ 스마트사무실	❶ 코치하는 보스 ❷ 권한 위임	❶ 파트너 공동 개발 ❷ 고객 중심

가치	프로세스 & 시스템	구조	거버넌스
❶ 직원 성장 마인드 ❷ 전략적 접근	❶ 빠른 실패 ❷ 지속적인 재학습	❶ 프로젝트 기반 애자일 팀 ❷ 제어 범위 축소 ❸ 실시간 형성	❶ 자유로운 기업 문화 ❷ 분산형 피드백

*자료:머서

구하고 기업들은 사람에게 덜 의존하는 스마트팩토리로의 전환, 그리고 온라인 플랫폼이나 채널 등 비대면 방식의 판매 채널 비중을 빠르게 늘려나갈 것이다. 기업도 바빠졌다. 새로운 트렌드와 관련된 각종 엔지니어, 인공지능(AI) 전문인력, 데이터 분석가에 대한 확보와 유지가 인재 관련 최우선 투자 영역으로 거듭날 전망이다.

③ 강한 정부, 그리고 엄격한 규칙 사회

코로나19 사태로 기업은 각종 기업 활동을 영위하는 데 있어 정부의 강한 규제와 지침, 가이드라인을 적용받게 됐다. 기업 자체 활동뿐 아니라 기업 내 조직 구성원이 정부 가이드라인을 벗어나지 않게 관리해야 하는 책임 또한 기업이 지게 됐다.

코로나 시대 기업은 이전보다 훨씬 높은 수준의 직원 모니터링과 관리 시스템을 갖춰야 하는 상황에 처했다. 일하는 방식 역시 더욱 세밀하게 규정하고 보다 상세한 사내 규칙을 마련해야 한다.

기업 조직 문화 패러다임 전체가 변환될 가능성이 높다. 그동안 선진 조직 문화 핵심으로 여겼던 권한 위임, 자기주도형 성장, 실패에 대한 장려, 애자일(Agile) 운영 등이 위축될 수 있다. 기업 자율성 자체가 축소됐기 때문이다.

사내 인사 담당자들은 상당히 어려운 과제를 떠안게 됐다. 정부 통제·관리 강화에도 불구하고 자기주도형 인재에 대한 권한 위임과 육성, 활기찬 조직 문화 등을 유지하는 방법을 시급히 강구해야 한다.

④ 우수자 인센티브보다는 '생존'이 먼저

1980년대생 이른바 밀레니얼 세대는 2008년 글로벌 금융위기로 사회 첫발을 내딛는 데 다른 세대에 비해 많은 어려움을 겪었다. 기업 투자는 움츠러들었고 고용은 자연히 감소했다. 밀레니얼 세대는 극심한 취업 경쟁과 상대적 박탈감,

구조적 불평등에 시달릴 수밖에 없었다. 밀레니얼 세대의 쓰디쓴 경험은 그들에게 '공정성'을 매우 중요한 판단 가치로 인식시켰다. 인사 관리에서도 공정성에 큰 가치를 둘 것을 요구하고 있다.

현재 사회초년생에게도 비슷한 위기가 닥쳤다. 코로나19 사태가 지속된다면 향후 '코로나 세대'가 생기지 않으리라는 보장이 없다. 코로나19 사태로 촉발된 기본소득 논쟁과 고용 안전망 확대 이슈 등은 결과적으로 개별 기업 내부의 보상·평가·퇴직 정책에 영향을 줄 수 있다.

화두는 '생존'이다. 공정한 평가를 넘어 각 구성원에게는 '일단 생존'하는 것이 가장 중요해질 테다. 서열화, 등급화라는 과정을 거쳐 일부 우수성과자에게 보상과 고용 재원의 상당 부분을 몰아주는 방식에 대한 반발이 커질 수 있다. 고용 안정성에 대한 요구가 그 어느 때보다 높아지는 가운데 새로운 패러다임의 평가 보상 체계로 전환을 고민해볼 필요가 있다.

⑤ 디지털 역량 갖춘 '원격 리더십'

코로나19 사태 이후 조직은 새로운 형태의 리더십을 요구한다. 같은 사무 공간, 우리 조직 내부 구성원에게만 효과적인 리더십의 시대는 이제 갔다. 코로나 세대 '뉴 리더'가 함양해야 할 역량은 이전과 다르다.

핵심은 '원격 리더십'이다. 언제 어디든 어느 조직에 있든 어떤 주제와 과제를 해결하는 데 필요한 다양한 전문성을 잘 조합하고 시너지를 창출할 수 있는 리더의 시대가 왔다. 디지털 역량을 바탕으로 비대면 커뮤니케이션 방식에 능하

코로나 시대 '뉴 리더' 핵심 역량

미래 지향성 (Focus on futures)	조직 구성원이 현재와 미래에 동시에 집중할 수 있도록 함께 일하라
재구축 (Race to reskill)	새로운 경제에 적응할 수 있도록 인력 체계를 바꿔라
과학적 감각 (Sense with science)	인공지능에 직관을 대입해 앞을 내다봐라
활력 불어넣기 (Energize the experience)	업무 경험을 통해 조직 구성원에게 영감과 활력을 불어넣어라

자료:머서

고 강한 신념과 가치를 가진 리더가 부상할 것이다.

　새로운 리더에게 요구되는 것은 더 많다. 당장 코로나19 위기 극복과 비용 절감에만 힘써서는 조직이 앞으로 나아갈 수 없다. 조직 비전을 새롭게 제시하고 구성원과 조직 역량을 새로운 환경에 맞게 재정비해야 한다. 의사결정 방식은 디지털화된다. 달라진 방식에 맞는 커뮤니케이션 능력을 갖춰야 한다. 멀리 떨어져 있는 조직 구성원 개개인의 성장 욕구를 자극하고 동기 부여에 집중할 수 있는 역량도 필요하다.

국제질서 · 다자주의 부활한다
미중관계 재정립은 시간 필요

신헌철 매일경제신문 기자

▶ 도널드 트럼프 미국 대통령은 미국이 세계의 '경찰'이 되지 않겠다며 고립주의 외교 전략을 선택했다. '아메리카 퍼스트(미국 우선주의)'를 내세워 20세기 이후 미국 외교의 근간이던 동맹 시스템을 의도적으로 흔들고 국제기구를 찬밥 취급했다. 그러나 트럼프 정부의 집권 4년은 역설적으로 미국이라는 세계 최강국의 영향력을 절감하게 만든 시기기도 했다. 트럼프 대통령이 SNS 트위터에 올린 말 한마디에 글로벌 금융 시장이 흔들리고, 그의 즉흥적 행동 방식을 예측 분석하느라 각국 정부가 식은땀을 흘렸다.

2020년 11월 치러진 미국 대통령 선거에서 미국은 트럼프 시대의 종언을 택했다. 조 바이든 정권의 탄생은 국제질서 측면에서도 물줄기의 대전환을 의미한다.

외교 정책에서 트럼프 정권과 바이든 정권의 가장 큰 차별성은 미국 예외주의(American Exceptionalism)에서 출발한다고 볼 수 있다. 미국 예외주의란 19세기 영국 사상가 알렉시스 드 토크빌이 미국을 유럽과 달리 예외적 성격을 지닌 국가라고 규정한 데서 비롯됐다. 미국 예외주의를 신봉하는 정치 세력은 미국은 특별한 소명을 지니고 있으며 주로 민주주의, 시장경제, 도덕성에 기반을 둬

전 세계의 리더가 돼야 한다고 믿는다. 20세기 이후 트럼프 정권이 들어서기 전까지는 정도의 차이가 있었을 뿐 공화당이든 민주당이든 미국 예외주의에 대한 공감대가 형성돼 있었다.

이런 관점에서 바이든 정권의 외교 정책은 '미국 예외주의'의 부활이

'美 리더십 회복' 내세운 바이든의 주요 외교 · 안보 정책
• 민주주의 국가 간 연대를 통한 리더십 강화
• 강력한 군사력 유지하되 선제적 사용 자제
• 아시아에서 한국 · 일본 · 호주 등 동맹 강화
• 북대서양조약기구(NATO) 군사력의 현대화
• 신전략무기감축협정(New START) 연장 등 군축
• 파리기후변화협약 재가입 · 국제기구 영향력 복원
• 이란 핵협정 복귀를 통해 중동 지역 갈등 완화
• 아프가니스탄 추가 철군, 예맨 전쟁 종식
• 국무부 체제 개편 · 해외 지원 예산 재검토

자 과거 민주당 정권이 견지했던 노선을 복구하는 데서 시작된다. 바이든 당선자의 대외 분야 공약 슬로건은 바로 '미국 리더십의 회복(America Must Lead Again)'이다.

바이든 당선인 핵심 공약은 '미국 리더십의 회복'

바이든 당선인의 외교 철학은 기본적으로 미국이 제도와 다자주의를 통해 적극적으로 글로벌 리더십을 발휘해야 한다는 것이다. 트럼프 대통령이 신(新)고립주의를 채택해 국제기구와 다자동맹을 경시하고 미국 국익을 극대화하기 위한 양자 협상에 집중한 것과는 대척점에 서 있다.

바이든 당선인은 외교 전문가를 자처해온 인물이다. 1973년 이후 6년 임기의 상원의원에 7번 내리 당선된 그는 외교위원회에서 주로 활동했고 상원 외교위원장을 두 차례 역임했다. 또 버락 오바마 정권에서 8년간 부통령을 하면서 외교 무대의 전면에 섰던 경험이 있다. 지금으로부터 40여년 전인 1979년에 이미 중국의 덩샤오핑, 옛 소련의 레오니트 브레즈네프를 직접 면담한 경험이 있다. 지금도 전 세계 주요 지도자 가운데 모르는 사람이 없다고 자부하고 있다. 그는 2020년 초 미국 외교 전문지 '포린어페어스' 기고에서 "가치를 공유하는 다른 나라와의 협력은 미국을 약하게 만들지 않으며 오히려 미국의 힘을 키우고 영향력

을 확대하는 바탕이 된다"고 강조했다.

민주당이 집권 시 청사진을 담아 2020년 8월 전당대회에서 확정한 정강 정책에서도 가장 눈에 띄는 대목이 바로 '아메리카 퍼스트'의 공식 폐기를 내세운 점이다. 이를 위해 민주당이 내세운 최우선 과제는 '동맹 재창조'다. 민주당은 트럼프의 동맹 폄하가 적성국들이 꿈꾸던 방식이었다면서 미국의 동맹 시스템이 냉전종식 이후 최대 위기에 처했다고 진단했다.

바이든 당선자는 유럽 안보의 핵심인 북대서양조약기구(NATO)의 군사적 능력을 유지하는 한편 사이버 테러 등 새로운 위기에 대응하기 위한 경쟁력을 강화하겠다고 공약했다. 명확히 밝히진 않았으나 트럼프 대통령이 추진했던 주독미군 감축 등 유럽 내 미군 병력의 재배치 계획도 재검토될 것으로 전망된다.

바이든 당선자는 또 아시아 지역에서 동맹 강화도 약속하면서 한국, 일본, 호주 등을 명시적으로 거론했다. 민주당은 정강 정책에서도 "한반도에서 핵위기가 계속되는 가운데 트럼프 대통령은 동맹국 한국을 대상으로 급격한 방위비 증액을 요구해 한국을 착취하려고 했다"고 비판한 바 있다. 한국과 일본의 방위비 협상은 순조롭게 풀려나갈 가능성이 크다.

다만 인도·태평양 지역의 역내 동맹을 중국 압박을 위한 수단으로 활용하려는 의도는 민주당도 마찬가지다. 민주당 중진 의원들이 최근 '아메리카 리드(America LEADs)' 법안을 상원에 상정한 것도 이런 기류를 반영한다.

한국, 일본, 호주, 태국, 필리핀 등에 대중 압박 외교에 동참하도록 촉진해야 한다는 내용도 들어 있다. 이들 국가에 강력한 안보 우산을 제공하면서 미국의 편에 서게 만들겠다는 의미로 트럼프 정부가 추진 중인 '쿼드 플러스(Quad Plus)' 구상과 크게 다르지 않다. 한국에는 바이든 정부가 들어서면 대중 포용전략으로 선회하고 미중 사이에서 한국의 입지도 넓어질 것으로 예상하는 시각이 있지만 희망적 사고일 수 있다.

동맹 재창조와 함께 대외 정책의 또 다른 축은 국제기구를 통한 주도권 회복이다. 바이든 당선자는 취임 첫날에 '파리기후변화협약(Paris Climate Accord)' 재가입을 약속했다. 세계보건기구(WHO), 유엔인권이사회(UNHRC), 유엔인구기금(UNFPA) 등에도 참여할 계획이다. 트럼프 대통령이 코로나19 바이러스 팬데믹이 터진 뒤 중국에 편향됐다는 이유로 WHO 탈퇴를 결정한 것과 달리 바이든 정부는 국제기구를 오히려 적극 활용해 코로나19 사태에 대한 국제적 공조를 꾀할 것으로 관측된다.

아울러 바이든 선거 캠프와 민주당 측은 미국이 먼저 핵무기 실험을 선제적으로 중단하고 포괄적핵실험금지조약(CTBT)을 비준하는 등 전 세계의 핵군축을 추진하겠다고 밝혔다. '신전략무기감축협정(New START)'의 연장도 공약했다.

이란과의 대결적 구도는 이른바 이란 핵협정, 즉 포괄적 공동행동계획(JCPOA) 복귀를 통해 해결하겠다는 복안이다. 트럼프 정부의 JCPOA 탈퇴 결정을 번복하겠다는 것인데 협정이 버락 오바마 정권 말기인 2015년 7월에 체결됐다는 점을 감안하면 자연스러운 조치다.

아프가니스탄 병력 감축 등 일부 정책은 트럼프 정권과 같은 방향

바이든 당선자의 외교 분야 공약 중 트럼프 정권과 유사한 대목도 있다. 아프가니스탄에서 병력을 줄이고 예맨에서의 대리전을 끝내겠다는 대목이다. 바이든 당선자는 상원의원 시절인 1991년 조지 H. W. 부시 정권의 걸프전 개전에 반대표를 던졌으나 2001년 아프가니스탄 전쟁에는 찬성했던 이력이 있다. 2002년에는 이라크의 독재자 사담 후세인 제거를 주장하면서 이라크전 개전에 동의했다. 부통령이던 2011년 5월 오바마 정권은 알카에다의 수장인 오사마 빈 라덴에 대한 사살 작전을 펼쳤다. 기본적으로 군사력 선제 사용과 핵능력 확대에는 부정적인 입장이지만 필요할 때는 미국이 선택적으로 군사작전을 펴야 한다는 소신도 있는 것으로 보인다.

물론 미국이 세계질서를 다시 주도하겠다는 바이든 당선자의 복안에 대해서는 다소 추상적이거나 미국의 국력 쇠퇴를 인정하지 않는 태도라는 비판도 따른다. 또 기후변화 문제 등에서 미국의 이익을 희생하거나 대외 원조 증가로 국가 재정에 부담이 커질 것이라는 우려도 있다. 이에 대해 바이든 당선자의 측근인 토니 블링큰 전 미국 국무부 부장관은 언론 인터뷰에서 "바이든 정부에서 미국의 역할은 세 단어로 압축할 수 있다"며 "리더십, 협력, 민주주의인데 이는 트럼프 대통령과 근본적으로 다른 부분"이라고 강조했다. 그는 "트럼프 정부 이전까지 미국은 전 세계 국가들을 조직화하고 규칙을 제정하고 국가 간 관계를 제도화했다"며 "우리가 관여하지 않으면 이끌 수도 없는 것"이라고 설명했다. 그러면서 "미국은 힘의 과시가 아니라 모범이 되는 것으로 세계를 이끌 수 있다"면서 "우리가 물러선 자리를 나쁜 세력이 채우게 되면 결과적으로 미국의 국익에 손해가 되는 것"이라고 덧붙였다.

그러나 국제질서 정상화를 위한 핵심 이슈인 미중관계에 대한 전망은 여전히 조심스럽다. 바이든 당선인도 중국에 대해서는 강경 자세를 유지하고 있다. 선거 과정에서는 민주당 집권 시 유화 정책으로 회귀할 것이라는 비판적 시선을 의식해 오히려 강공으로 나간 측면이 있기는 하다. 민주당은 정강 정책에서 "우리는 경제, 안보, 인권 등에서 중국 정부를 강력하고 지속적으로 압박할 것"이라면서 "다만 자멸적이고 일방적 관세전쟁이나 신냉전의 함정에 빠지지 않겠다"고 강조했다. 특히 인권을 중시하는 민주당의 노선을 감안할 때 홍콩, 신장위구르 문제 등에서는 오히려 경색 가능성도 배제할 수 없다.

이 같은 상황을 종합해보면 바이든 당선인은 집권 초기에는 중국과 원거리를 유지하며 탐색전을 펼칠 가능성이 크지만, 이후 중국과 대화를 통해 선택적 타협을 시도할 것이라는 관측이 나온다. 특히 기후변화와 북한 문제 등에서 협력의 고리를 찾을 수 있다.

바이든 당선자의 외교·안보 분야 3대 브레인은 토니 블링큰 전 부장관, 제이크 설리번 전 부통령 안보보좌관, 수전 라이스 전 백악관 국가안보보좌관 등이 꼽힌다. 상원의원 중에는 바이든 당선자의 델라웨어주 상원의원 자리를 물려받았던 크리스 쿤스, 코네티컷주 상원의원인 크리스 머피가 장관 후보로 거론된다. 이들이 국무부와 백악관의 외교·안보 라인을 장악할 전망이다. 이 가운데 블링큰 전 부장관, 설리번 전 보좌관 등은 중국 문제에 있어 매파적 태도를 취한다기보다는 대화주의자로 불리는 인물들이다.

스가 시대 '이전과 똑같다' 한일 정상회담이 분수령

양기호 성공회대 일본학과 교수

▶ 2020년 한 해 동안 한일 양국은 다양한 분야에서 지속해서 불협화음을 냈다. 2020년 3월 개관한 일본 산업유산정보센터에서 군함도 조선인 강제징용 피해 사실 왜곡 논란, 6월 미국이 제안한 G7에 한국, 러시아 등을 추가한 G11 체제 확대에 대한 일본의 반대, 존 볼턴 전 미국 백악관 안보보좌관 회고록에서 드러난 북미대화 방해 공작, 10월 후쿠시마 원전 오염수 방출 결정과 한국의 반발, 12월 한중일 정상회담을 둘러싼 강제징용 쟁점 등 양국 간 갈등이 누적돼왔다.

이런 흐름 속에서 스가 요시히데(菅義偉) 정권은 2020년 9월, 무려 7년 8개월에 걸쳐 연속 재임해 최장수를 기록한 아베 신조(安倍晋三) 정권의 뒤를 이어 출범했다. 아베 신조 전 총리는 코로나19 대책에 따른 격무에다 지병인 궤양성 대장염이 재발하면서 건강상의 이유로 사임했다.

사실 아베 정권의 역할은 이전부터 한계를 드러내고 있었다. 아베노믹스는 인위적인 통화량 증가와 엔저 정책으로 수출 확대를 추진하면서 일정한 성과를 거뒀지만, 성장 전략에서 거의 효과를 보여주지 못했다. 일본 경제를 떠받치던 수출과 관광이 급감하면서 2020년 2분기에는 −27.8%의 역성장이라는 심각한 위기를 맞이했다. 2018년 약 3120만명에 달하던 해외 관광객은 99.9% 감소해 내수 경제가 크게 침체됐다.

정권 교체로 한일관계 긴장이 다소 완화될까 세간의 기대가 모아졌다. 스가 요시히데 총리는 관방장관 시절인 2013년 12월 남수단 한빛부대에 일본 자위대 탄약 지원 논란, 2014년 6월 고노담화 재검증, 2015년 12월 한일위안부 합의 등 한일관계 주요 쟁점에도 막후 조정자로서 활동한 경력이 있다.

그러나 결론부터 얘기하면 스가 내각에서도 한일관계 개선은 쉽지 않을 전망이다. 스가 내각은 아베 2.0 내각에 가까울 정도로 정책과 이념 면에서 아베 정권을 승계하고 있기 때문이다.

스가 내각은 정권 출범 초기부터 위태로운 모습이다. 74%라는 역대 3위 지지율로 출발했지만 잇따른 정치적 실책으로 지지율이 크게 하락했다. 일본 학술회의에 추천된 진보 성향 학자에 대한 부당한 거부권 행사, 아베 정권과 다를 바 없는 야스쿠니 공물 헌납, 코로나19 방역 성과 부진과 경제 실적 부족으로 일본 유권자의 실망감이 더해지면서 2021년에도 하락세가 이어질 전망이다. 2020년 10월 후쿠시마 원전 오염수 방출 결정도 한국과 중국의 거센 반발을 불러일으켰다. 2020년 11월 미국 대통령 선거 이후 일본 총리의 외교적 리더십에서 가장 핵심적 요소인 미일 정상 간 신뢰 구축은 아직 가시화되지 않고 있다. 2020년

한일관계 주요 일지

2018년	10월	대법원, 일본 신일철주금에 일제 강제징용 피해자 배상 명령
	11월	대법원, 일본 미쓰비시중공업에 일제 강제징용 피해자 배상 명령
2019년	7월	일본, 반도체 소재 등 3개 품목 한국 수출 규제 발표
	8월	일본, '백색국가에서 한국 제외' 시행 한국, 백색국가 명단에서 일본 제외, 지소미아 종료 결정 발표
	9월	한국, 일본 수출제한 조치에 대해 WTO 제소 결정
	10월	이낙연 국무총리, 일왕 즉위식 참석차 일본 방문
2020년	8월	아베 총리, 2차 집권기 재임일만으로 전후 최장수 총리 기록 후 사의 표명
	9월	제99대 일본 총리로 스가 요시히데 선출, 취임
	10월	스가 총리, 야스쿠니신사에 내각 총리대신 명의로 공물 헌납

12월 한중일 정상회담에는 참석 조건으로 일본 기업 현금화 방지를 요구했다. 이를 두고 일본 국내에서조차 한일 정상회담을 외교 카드로 사용하는 것은 부적절하다는 지적이 나왔다.

상황이 이렇자 2020년 말 현재도 한일 정상 간 소통과 대화가 가시화되지 않고 있다. 2021년 한일관계는 이처럼 누적된 한일 간 불신과 갈등이라는 부정적 유산을 그대로 물려받게 됐다.

강제징용 사법 절차는 예정대로 진행될 듯

한일관계 개선을 위해서는 관계 악화의 시발점이 된 강제징용 배상 판결 문제 해결이 선행돼야 한다.

2018년 10월 대법원 판결은 '1965년 체결된 한일 청구권협정은 피해자 권리의 해결을 규정하고 있지 않으며, 한일 간 영토 분리에 따른 채권·채무 관계 해소일 뿐'이라고 판단했다. 따라서 일제 불법 점거하 침략전쟁 수행 과정에서 발생한 반인도적인 범죄로 인한 강제동원 피해에 대해 일본제철이 피해자에게 1억 원씩 위자료를 보상하라고 주문했다.

2019년 10월 외교부는 홈페이지에 강제징용 문제에 관한 사실 관계를 게재했다. "1951년 샌프란시스코 평화조약에 따른 전후 국제 질서를 위협한다는 일본 측 주장은 완전히 허구이며, 일제의 불법 점거하 침략전쟁 수행과 직결된 반인도적 불법행위 배상은 청구권협정에 포함돼 있지 않다"고 강조했다. 2005년 12월 유엔 총회 결의에서도 '피해자 중심주의' 원칙이 재차 강조됐고, 일본 외무성도 개인청구권이 유효함을 수차례 확인한 바 있다.

2020년 8월 일본 기업에 대한 공시송달 종료 후 자산 압류는 국내 사법 절차로 이행됐고, 한일 간 대립과 갈등이 더욱 깊어지고 있다. 한국 사법부는 일본제철이 서류 전달을 계속 거부하자 매각 명령 절차를 진행해왔다. 일본제철 관련 원고인 사건 3건에 대해 동시에 매각 명령을 위한 피고인 심문 절차를 공시송달했다.

2020년 12월 9일 매각 명령이 가능해지면서 한일 양국 간 긴장은 더욱 높아졌다. 매각 명령이 나온 뒤에도, 일본 외무성은 피고 기업인 일본제철에 전달하지 않고, 또다시 한국 사법부가 공시송달을 결정하는 연기 전술의 과정을 번복할 것으로 보인다. 일본제철은 매각 명령문을 받아본 뒤에도 즉시항고, 재항고 등의 절차를 밟으며 매각 집행을 지속적으로 연장할 수 있다. 한일관계 진전에 따라 외교당국 간 공동 해법을 찾는 것이 바람직하지만, 당분간 갈등과 긴장이 지속될 가능성이 매우 높아 보인다. 2019년과 2020년에 걸쳐 한일 양국 정치인과 외교부 국장급 협의가 이뤄졌음에도 불구하고 강제징용 문제에 대한 입장 차는 좁혀지지 않았다.

지금까지 압류 명령, 매각 명령 등에 소요된 과정을 감안하면, 완전한 현금화에 이르기까지 최대 2~3년이 더 걸릴 수도 있다. 결국 빨라야 2021년 상반기 매각 명령이 나오고 2022년이나 2023년에 일본제철 등 피고 기업 자산의 매각에 따른 현금화와 개인 배상금 지급이 실현될 수 있다. 그렇게 본다면 한일 간 갈등은 당분간 지속되고, 심지어 차기 정권으로 이어질 가능성이 높아진다. 최악의 경우 일본 정부가 다시 경제 보복을 감행하고 한국은 한일 군사정보보호협정(GSOMIA)을 파기할 수 있다.

일본의 추가 경제 보복 효과는 제한적…강행하면 서로 지는 게임

그러나 일본의 추가적인 경제 보복도 제한적인 효과에 그칠 수 있다. 일본이 엄포를 놓는 한국 기업 자산 압류나 한국산 수입품에 매기는 고관세 조치는 상징적인 수준에 불과하다.

일본계 은행이 한국 기업에 대출한 약 400억달러 가운데 일부 자금을 회수하겠다고 나설 수도 있다. 이 또한 일시적 충격에 그칠 전망이다. 한국 외환 보유고는 2020년 9월 기준 4205억달러에 달한다. 한미 간 600억달러 통화스와프를 비롯해 한중 간 560억달러, 한·캐나다 통화스와프협정 등이 맺어져 있다.

일본의 금융제재에 대해 관리 가능한 수준이다. 이렇게 되면 2021년 7월에 도쿄올림픽이 평화의 올림픽으로 개최되기 어렵다. 한일 간 극심한 갈등 속에서 심지어 한국 측은 올림픽 선수단 파견 거부 카드를 꺼낼 수도 있다. 결국 일본이 대응 조치를 취해도 한일 양국이 둘 다 손해 보는 루즈루즈(lose-lose) 게임으로 끝날 것이다.

문재인 대통령은 2020년 8·15 경축사에서 대법원 판결 이행을 전제로 "열린 상태에서 한일 간 논의가 가능하다"고 언급했다. 2020년 9월 24일 스가 총리와의 전화 회담에서는 "미래지향적인 관계를 구축해가자"고 제안했다. 한국 정부는 일본 기업의 대법원 판결 이행을 전제로 일본 측 손실을 보전하는, 한일 양국에 명분과 실익을 모두 충족할 수 있는 현실적인 방안을 제시한 바 있다. 또한 한국 정부가 참가하는 보상 기금이 설치돼, 이어지는 국내 소송과 원고 승소 판결에 대응할 수 있음을 추가 제안했다. 그러나 일본 정부는 이를 완강하게 거부하면서, 온전히 한국 정부 주도로 국내 대책으로 해결할 것을 요구하고 있다.

2021년 도쿄 올림픽과 한일 정상회담이 한일관계 분수령될 듯

한일관계 개선의 단초는 2021년 후반쯤부터 가시화될 것으로 보인다. 일단 스가 총리가 2021년 7월 도쿄올림픽을 성공적으로 개최하고 2021년 하반기 총선거에서 승리한다면, 아베 정권 2.0이 아닌 자신의 독자적인 정치 리더십을 발휘할 수 있다. 2021년 4월 서울과 부산시장 선출 등 지방선거, 2021년 7월 일본 도쿄도 지방선거 등에서 각각 승리할 경우 한일 양국은 안정적인 국내 지지 기반을 배경으로 진전된 해법을 모색할 기회를 맞이할 것이다.

한일 외교 당국 간 교섭이 지속적으로 진행돼온 점은 긍정적이다. 한일 각각 국가안보실(NSC) 수장인 서훈 실장과 기타무라 시게루 국장 간 빈번한 전화 회담이 유지되고 있다. 박지원 국가정보원장과 니카이 도시히로 자민당 간사장은 언제든지 의사소통이 가능한 관계다. 일본 현지에서 남관표 주일대사와 아키바 다케오 일본 외무차관 간 대화도 이어져왔다. 이를 바탕으로 2021년 가능한 빠른 시일 내에 한일 양국 정상회담이 열리고 각각 정치적 리더십을 발휘해 강제징용 해법을 도출하는 것이 바람직하다. 일본은 한국에 대한 수출 규제를 완전히 철회하고, 한국은 세계무역기구(WTO) 대일 제소 중지, 지소미아 공식 연장을 결정할 수 있다.

양국이 관계 개선에 힘써야 하는 또 다른 이유는 미중 갈등 심화다.

미일 양국이 주도하는 인도태평양 전략과 경제번영네트워크(EPN), G7에서 G11으로 확대 개편, 중국의 군비 확장과 남중국해 해양 분쟁, 화웨이 사태, 홍콩 국가보안법 적용과 대만 문제, 미국·일본·인도·호주가 참가하는 4개국 안보 대화(QUAD) 등으로 미국과 중국 간 대립 구도가 갈수록 두드러지고 있다. 여기에 코로나19 사태 장기화로 세계적인 생산라인 붕괴와 실업률 증가, 국가 재정 악화 등 경제위기에 대비한 국가 전략도 요구된다. 한일 양국은 미중 갈등과 북핵·미사일 공동 대응은 물론, 저출산 고령화와 생산력 인구 감소를 극복하기 위해 새로운 경제적 공동 권역을 모색해야 한다.

2020년 10월 동아시아연구원·겐론NPO 간 한일 공동 설문조사에 따르면, 한미일 안보 협력을 바라는 여론은 한국 55%, 일본 40%에 달한다. 따라서 대북 정책에 있어서도 한일 양국 정부와 국민 간 대화를 적극 추진해야 한다. 일본은 세계 유일 피폭 경험, 북한 핵과 미사일에 대한 위기 의식, 납치자 문제에 민감한 국민 정서 등이 있다. 반면 한국은 세계 유일의 냉전 체제하 분단국으로서 한반도에 반드시 평화 체제를 구축해야 한다. 그러면서 동시에 단계적 비핵화를 추진해가는 것이 문재인정부의 과제다. 이 같은 양국 입장 차를 해소하기 위한 대화와 소통이 필요하다.

상호 이해를 심화하고자 하는 한일 양국의 정상과 여야 정치인, 외교당국, 전문가와 언론인, 양국 국민 모두의 노력이 요구되는 시점이다.

혼돈의 부동산…그래도 오른다
집값 상승 점치는 5가지 이유

이은형 대한건설정책연구원 책임연구원

▶ 2020년 부동산 정책은 다주택자 등에 대한 일관된 규제, 3기 신도시와 도심 고밀도 개발을 통한 주택 공급으로 요약된다. 이를 근거로 일각에서는 그간의 정부 정책 효과가 가시화되면서 2021년부터 부동산 시장이 안정될 것을, 더 나아가서는 주택 가격 하락까지 주장한다.

하지만 2021년에도 부동산 시장 오름세는 지속될 것이라 본다. 이유는 많다. 코로나19로 인한 불황을 타개하기 위해 정부는 SOC 투자 등 적극적인 재정지출을 펼치고 있다. 세계적 양적완화와 저금리도 부동산 오름세 전망에 힘을 싣는다. 규제도 주택 가격 상승을 막지 못할 것으로 본다.

'투기라는 적폐를 누르면 왜곡된 시장이 정상화된다'는 논리를 근거로 단행했던 그간의 규제는, 현실에서는 오히려 부동산을 이슈화하고 군중심리를 가열하는 결과를 가져왔다.

2021년 주택 공급이 크게 늘어나기 어렵다는 점도 시장 안정에는 부정적이다. 정부가 수요와 공급의 문제라는 지적을 과감히 수용한 점은 훌륭하지만, 건설 사업이 단기에 실행되기 어렵다는 점에서는 아쉬움이 남는다.

① 코로나19가 부동산에 미치는 영향은 미미

2020년 초에는 코로나19로 인한 부동산 시장 침체 우려가 제기됐다. 코로나19 확산에 따른 하방경직성이 염려된다며 주택 가격 하락을 예상하는 주장이 끊이지 않았다. 하지만 코로나19에 대한 공포가 전국을 강타한 뒤에도 집값은 내려가지 않았다. 가격을 낮춘 일부 급매물은 순식간에 새 주인을 찾았다.

2020년 하반기에 들어서면서 사회적 거리두기 단계가 격상된 시기와 겹쳐 일시적으로 서울의 아파트 거래 건수가 감소하자, 일부에서는 재차 부동산 하락을 주장했다. 하지만 부동산, 특히 아파트 가격 상승세는 꺾이지 않았다.

외국처럼 도심주택에 대한 선호가, 인구 밀집도가 덜한 외곽으로 바뀔 것이라는 견해도 있지만 이는 일시적 현상일 뿐이다. 특히나 한국에서는 더욱 그럴 가능성이 없다. 마치 미국 할인 행사인 블랙프라이데이가 한국 실정에는 맞지 않는 것과 같다. 국토 면적뿐 아니라 근본적인 문화 차이를 감안해야 한다. 또한 생산성과 업무 효율성 때문에 재택근무 확산과 정착은 극히 한정적일 것이다. 비슷한 맥락에서 학군에 대한 수요도 변함없을 것이다.

코로나19의 관건은 치료제 개발 여부다. 하지만 백신 개발에 소요되는 통상적인 시간은 10~15년인데도 코로나19 백신의 목표 개발 기간이 1년 이내라는 점을 감안하면, 단기에 안정성까지 확보된 백신을 만들기는 어렵다. 따라서 2021년에도 코로나19와 연관된 부동산 하락 주장이 아예 일소되지는 않을 것이다.

② 부동산 상승을 이끄는 건설 투자

부동산 정책에 대한 정부 보도 자료에는 '투기 세력으로 인한 부동산 시장의…' 같은 표현이 종종 등장한다. 하지만 시장을 뒤흔드는 투기 세력 존재가 사실이더라도, 현실에서는 개발 호재가 선행하고 투기 세력이 뒤따른다. 즉 건설 투자 증가가 부동산 가격 상승으로 연결된다. 이는 현 정부의 주요 정책 기조인 국가균형발전에 비춰본다면 이해가 쉽다. 대규모 개발뿐 아니라 소규모 도시재생 대상지의 가격도 상승했다.

현 정부는 초기 2년간 SOC 등 건설 투자 축소를 공언하고 실행에 옮겼지만 이후 건설 투자 확대 방침으로 돌아섰다. 2019년 초에 발표된 국가균형발전 프로젝트, 생활SOC

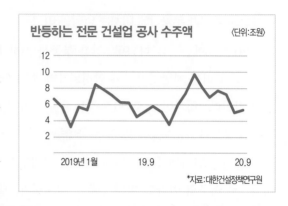

3개년 계획, 노후 인프라 개선 대책만 보더라도 투자 규모가 100조원을 넘었다. 그리고 이들 사업은 여전히 현재진행형이다. 2019년 10월에는 대통령이 국회 시정연설과 경제관계장관회의를 통해 정책 전환을 확인했다. 이후 정부는 경기 개선을 위해 재정 집행의 확대에 주력했다.

2020년 등장한 코로나19라는 돌발 변수는 건설 투자를 더욱 가속화했다. 정부 예산안에 따르면 2021년에는 총 16조6000억원이 국가균형발전에 투입되며 주요 내역은 광역교통망과 물류망 구축, 지역전략산업 육성, 문화·관광도시 확대, 특화산업에 대한 인프라 투자 등이다. 이런 인프라 중심의 건설 투자 확대는 결국 2021년의 부동산 가격을 이끄는 요인이 된다.

③ 단기 실현이 어려운 3기 신도시

현 정부는 부동산 시장에 대한 강한 규제를 지속하면서도 2018년 12월에 3기 신도시와 수도권 광역교통망 개선 방안을 함께 발표했다. 2020년의 '8·4 대책'에서는 도심의 고밀도 개발과 3기 신도시 용적률 상향 등을 제시하며 주택 공급 확대 방침으로 적극 돌아선다.

정책 방향은 긍정적이지만 당분간은 부동산 시장 안정에 별다른 영향을 끼치지 못한다. 주택 공급 계획이 늦게 제시됐기에 2021년에도 3기 신도시를 통한 입주 가능 주택이 시장에 공급되기는 어렵기 때문이다. 그간의 후분양 장려 기조와

어긋나는 3기 신도시 사전청약도 마찬가지다. 청약 당첨자들도 실물 주택이 완공되기 전까지는 어딘가에서 세입자로 살아야 하므로, 기존 임대 시장에 가해지는 부하는 경감되지 않는다. 3기 신도시 결과는 다음 정부 손으로 넘어갈 수밖에 없다.

이뿐 아니라 이런 주택 공급이 광역교통망 등의 SOC 사업과 맞물리면서, 그간 정부가 추진했던 수도권 인구의 지방 분산이나 지역균형발전 등과는 상충될 가능성도 무시할 수 없다.

장기적으로는 기존의 2기 신도시가 완성되지 않은 상황에서 이들보다 서울 접근성이 우월한 위치의 3기 신도시 공급이 초래할 결과도 고민해야 한다. 광역급행철도(GTX) 같은 사회기반시설로 수도권에서의 서울 접근성을 높이더라도 3기 신도시가 서울 인접지로의 인구 집중도 등을 심화시킨다면 2기 신도시에는 부정적인 영향을 끼칠 것이기 때문이다. 더구나 3기 신도시가 서울의 주택난을 근본적으로 해소하기도 어렵다.

④ 첩첩산중의 도심 고밀도 개발

3기 신도시로 수도권 주택 문제를 해결하기 어렵다는 주장이 계속 이어지자 정부는 8·4 대책에서 '고밀도 개발'을 통해 서울의 주택 공급을 늘리는 방안을 제시했다. 하지만 이런 계획이 단기간 사이에 효과를 나타낼 가능성은 높지 않다. 무엇보다 신규 주택을 건립할 부지를 찾는 것부터가 어렵다. 지자체 반발로 인해 국·공유지도 사정은 같다. 설령 계획대로 추진되더라도 단기에 고밀도로 대량의 주택을 공급하면서 수반되는 부작용도 무시할 수 없다. 일조권과 기반시설 수용 능력이 대표적이다. 오히려 이런 사안은 시간을 두고 점진적으로 과정상 부작용을 보완하면서 추진해야 한다.

고밀도 개발을 요구하는 재건축과 재개발 완화에 대한 시장의 요구는 꾸준하다. 하지만 현 정부는 이를 참여정부와 동일한 규제 기조로 다뤄왔기에 2021년에도 수용되기는 어려운 사안이다. 참고로 국내 도시재생사업이 재건축과 재개발을 배제하는 것도 이런 상황을 무시할 수 없다.

정부가 대안으로 제시한 것은 '공공 재건축'과 '공공 재개발'이다. 하지만 2021년에도 이를 통한 주택 공급이 원활히 추진되기는 어렵다. 무엇보다도 제도의 최대 장점으로 제시된 빠른 사업 추진의 구체적 방안이 모호하고 사업성도 부족하기 때문이다.

공공 재건축은 층수와 용적률을 상향하는 등의 인센티브를 제시했지만 그 반대 급부로 더욱 많은 임대주택 비율을 요구한다. 서울의 경우 재건축을 추진하는 아파트 단지는 새로 짓기만 한다면 사실상 100%의 완판이 예정돼 있기 때문에 이런 조건으로는 사업성 측면에서 별다른 장점을 찾기 어렵다. 재건축 초과이익환수가 어떤 식으로든 적용된다면 더욱 그렇다.

공공 재개발 상황은 비교적 낫다. 민간이 주축이 돼 진행하는 이권 사업에 보수적인 공공이 참여한다는 자체는 동일하지만, 공공이 제시하는 빠른 사업 추진과 분양가상한제를 면제하는 등의 사업성 개선이 종전과 다른 전환 국면이기 때문이다. 때문에 그간 사업 추진이 지지부진하던 재개발 사업지들의 관심이 쏠리기는 한다. 하지만 재개발 사업에서 논란이 되는 보상, 주거와 상업시설, 지분율 차이 등의 해결 방안은 역시 추상적이다. 특히 사업 기간 단축은 공공을 공동 사업시행자로 지정하는 수준으로는 어렵다. 기존 재개발 사업 취약점인 낮은 원주민 정착률, 미분양 등의 상황에서 공공의 책임 분담 여부, 주택의 품질 수준에 대한 가이드라인도 마찬가지다. 때문에 사업성이 높은 재개발 지역일수록 공공 참여를 허용할 이유가 없다. 진행되더라도 사업지와 인근 부동산 가격 상승은 필연적이다.

⑤ 매매 시장의 하락은 공염불

현 정부 규제 목표는 수요자 입장에서 점차 주택을 사기도, 갖고 있기도 어렵게 만드는 것으로 볼 수 있다. 여기에 대해서는 이견을 찾기 어렵다. 이처럼 부동산 거래를 억제하는 방침은 과거 참여정부 정책 기조를 그대로 계승한 것이다. 그간의 부동산 정책이 주로 LTV와 DTI 강화,

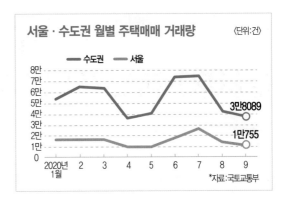

전매제한 기간 강화, 조정대상지역과 투기과열지구의 조정, 강남권을 대상으로 하는 토지거래허가제 같은 규제였다는 점이 이를 뒷받침한다. 종부세를 비롯한 보유세 등 중과도 같은 맥락이다.

그럼에도 불구하고 2021년에도 부동산 시장은 상승할 가능성이 높다. 서울과 주요 지역에서는 더욱 그렇다.

일각에서는 보유세를 걱정한 매물 증가가 매매 시장 하락을 이끌 것이라고 주장한다. 이론적으로는 그렇게 설명하더라도 현실은 그렇게 단순하지 않다. 현재로서는 양도세가 다주택자에 대한 징벌적 과세 수준이라는 점을 감안하면 그럴 가능성은 미미하다.

왜냐하면 양도세라는 당장의 큰 손실과, 장기적이지만 양도세에 비하면 적은 보유세 중에서 하나를 택하라고 하면 적지 않은 사람이 후자를 고를 가능성이 높기 때문이다. 추후 가격 상승이 예상된다면 더욱 그렇다. 이미 오른 시세가 오롯이 자신의 것이라고 생각하는 사람들의 '본전심리'도 간과할 수 없다.

일부는 매물로 나오겠지만 시장 수요가 이를 받아준다면 가격이 하락할 이유도 없다. 부동산 시장 가격 상승으로 쏠린 현재의 군중심리에서는 무주택자의 실거주용 또는 유주택자의 '똘똘한 한 채'로 흡수될 가능성이 높다. 기존 세입자의 계약갱신청구권 사용으로 당장의 실입주가 불가능한 주택이라도 종전의 급매 수준에 그칠 것이다.

2021 하반기 반도체 수요 회복
中 반도체 굴기 급제동 '반사이익'

노근창 현대차증권 리서치 센터장

▶ 2019년 미중 무역분쟁 과정에서 가장 상징적인 사건은 중국을 대표하는 화웨이 제재다. 2019년 화웨이 제재가 화웨이 제품 판매를 중국 시장에 국한한 조치였다면 2020년 제재는 화웨이를 완전히 시장에서 축출하는 것이 목적이었다. 2019년 제재에 동참한 기업은 구글뿐이었고 유튜브 등 구글의 주요 서비스가 화웨이의 신규 스마트폰에서는 서비스가 되지 못했다. 유럽과 중남미 등 주요 수출 시장에서 화웨이 스마트폰의 시장점유율은 조금씩 하락했다. 반면 중국 시장에서는 중국인의 애국 마케팅이 확산되면서 화웨이 스마트폰 시장점유율이 급상승했다. 화웨이는 2019년에 매출액과 영업이익 모두 2018년 대비 증가하면서 미국의 화웨이 제재는 외형적으로 실패로 끝났다.

하지만 2020년 제재는 먼저 TSMC가 제재에 동참하면서 화웨이 스마트폰에 들어가는 7나노 이하 첨단 프로세서 공급을 중단했다. 특히 2020년 9월 15일부터 한국과 일본 등 외국 반도체 업체도 화웨이에 관련 반도체를 공급하기 위해서는 미국 상무부 사전 승인이 필요하게 됐다.

화웨이 주력 제품인 스마트폰, 네트워크 장비, 서버가 작동하기 위해서는 수많

은 반도체가 필요하다. 미국
기업과 함께 미국 기술을 활용
하는 외국 기업까지 제재에 동
참하면서 화웨이는 더 이상 첨
단 스마트폰과 네트워크 장비
를 제조하지 못할 상황에 이르
렀다.

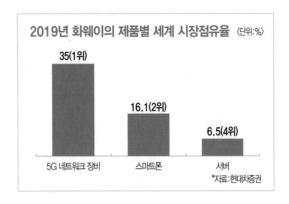

2019년 화웨이의 제품별 세계 시장점유율 (단위:%)

35(1위) — 5G 네트워크 장비
16.1(2위) — 스마트폰
6.5(4위) — 서버

*자료:현대차증권

화웨이는 2019년 기준 이동통신 네트워크 장비 시장점유율 1위, 스마트폰 2
위(물량 기준), 서버 4위(물량 기준) 업체다. 2020년 하반기부터 모든 제품 시
장점유율은 빠른 속도로 추락할 것으로 예상한다. 확보한 반도체 재고가 소진되
는 2021년 하반기부터는 기업으로서 생존 여부가 불투명할 것이라 본다.

반도체 수요 급감, 2021년 2분기 이후 극복 예상

화웨이 제재로 인해 삼성 스마트폰과 네트워크 장비는 반사이익을 받을 것으로
예상하지만, 반도체와 OLED 디스플레이는 주요 거래처 이탈로 인해 2021년
상반기까지는 어려울 것이라 예측한다. 샤오미, 오포 등 다른 중국 업체가 있기
는 하지만 화웨이 물량이 워낙 컸기 때문에 빠른 시일 내에 화웨이 자리를 대체
하지는 못할 것이라 본다. 물론 시간이 지나면 중국 시장에서도 샤오미, 오포가
화웨이를 대체할 수 있겠지만 최소 1년간 중국 프리미엄 시장에서 화웨이 빈자리
를 채우기는 어렵다. 프리미엄 스마트폰을 생산하는 화웨이 특성상 기기당 메모
리 반도체 탑재량이 경쟁 업체 대비 많았다는 점에서 화웨이 제재는 모바일 메모
리 반도체 수요에 부정적인 영향을 준다.

서버 시장 역시 마찬가지다. 서버의 경우 고객사의 제품 인증 절차가 필요하다
는 점에서 인스퍼나 레노버 등 다른 기업이 당장 화웨이를 대체하기 쉽지 않다.
이에 따라 모바일과 서버용 반도체 모두 최소 1년간 수요 감소가 불가피하다. 화

웨이에 메모리 반도체를 공급했던 삼성전자, SK하이닉스, 마이크론은 수요 감소에 직면할 것이라 예상한다. 중저가 비중이 높은 샤오미, 오포 등으로 공급 경쟁이 과열될 경우 메모리 반도체 가격에도 부정적인 영향을 줄 수밖에 없다.

2021년 상반기까지 메모리 침체

화웨이로 인한 반도체 수요 감소는 2021년 상반기까지 이어질 것이라 보며 이후 수요가 회복될 가능성이 높다. 모바일 D램의 경우 새로운 버전인 DDR5 비중이 확대된다. DDR5와 같은 새로운 반도체 수요가 늘어나면 화웨이 이탈에 따른 부정적인 효과가 사라질 수 있다. 즉 화웨이 제재로 인한 한국 반도체의 수요 감소는 일시적인 현상으로 단기적으로는 어려움을 겪겠지만 언제든지 수요 회복이 가능한 상황이다. 화웨이가 스마트폰, 서버, 비메모리 반도체, 네트워크 장비 등 모든 부문에서 침몰하면서 핵심 연구 인력들은 주요 국영 기업들의 자회사 등으로 이직할 전망이다. 그럼에도 화웨이의 차별화된 경쟁력을 재구축하기까지는 많은 시간이 소요될 것이라는 판단이다.

SMIC 제재 확대…중국 반도체 굴기 훼손

미국 정부는 중국 1위 파운드리 업체인 SMIC까지 블랙리스트에 추가하면서 중국의 반도체 굴기를 크게 위축시켰다. 중국은 '제조 2025' 완성을 위해 메모리 반도체 시장에 뛰어들었다. 하지만 푸젠진화는 미국 제재로 인해 기술 협력을 했던 대만의 UMC가 기술 제휴를 중단하면서 D램 사업에 제대로 뛰어들지 못했다. 여기에 중국 비메모리 반도체 굴기를 이끌고

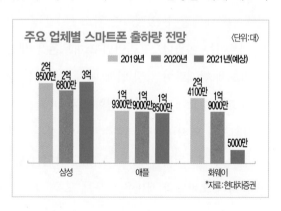

주요 업체별 스마트폰 출하량 전망 〈단위:대〉

2019년 2020년 2021년(예상)

삼성: 2억9500만 2억6800만 3억
애플: 1억9300만 1억9000만 1억8500만
화웨이: 2억4100만 1억9000만 5000만

*자료:현대차증권

있는 SMIC와 하이실리콘까지 제재에 포함되면서 중국의 반도체 굴기는 새로운 암초를 만나게 됐다. SMIC가 TSMC나 삼성전자와 경쟁하기 위해서는 EUV 등 핵심 노광장비 등을 확보해야 한다. 미국 제재로 인해 해당 장비 확보는 어려울 전망이다. 또 반도체 장비 기업인 어플라이드머티리얼즈와 램리서치 등도 증착 · 식각장비를 공급하지 않을 경우 14나노 이하 미세공정 전환 또한 어렵다고 본다. 만약 미국이 칭화유니그룹의 자회사인 낸드 제조업체 YMTC까지 블랙리스트로 등재할 경우 중국의 반도체 굴기는 완전히 약화될 것이다. 삼성전자와 SK하이닉스는 잠재적인 불확실성까지 제거된다는 점에서 호재로 작용할 수 있다.

초격차 통한 기술 우위 확대 필요

결론적으로 미중 무역분쟁 속에 중국 IT 하드웨어 굴기를 이끌었던 화웨이 침몰은 수요 관점에서 메모리 반도체 산업에 단기적인 불확실성으로 작용할 것으로 본다. 다만 2021년 2분기부터 세계적인 언택트 수요 증가에 힘입어 서버용 메모리 반도체 수요가 크게 증가하면서 화웨이 관련 수요 감소 영향은 대부분 해소될 수 있다. 여기에 삼성전자 스마트폰 시장점유율 상승과 샤오미와 오포 등 다른 중국 업체들의 출하량 증가에 힘입어 모바일 반도체 수요 감소도 2021년 하반기부터는 대부분 완화될 전망이다. 따라서 2021년 하반기부터 반도체 산업 본격적인 회복 국면으로 접어들 것이라는 판단이다.

이와 별개로 미국의 중국 제재는 결과적으로 중국 반도체 굴기에 부정적인 영향을 미칠 가능성이 높다. 당연히 한국 반도체 기업 입장에는 장기적 관점에서 호재로 작용할 수 있다. 최근 SK하이닉스가 인텔의 낸드플래시 사업부를 인수하면서 한국 반도체 기업의 낸드 시장점유율은 60%에 육박하게 됐다. D램은 이미 70% 이상 점유율을 유지하고 있는 만큼 메모리 반도체 시장에서 한국 기업 위상은 더 높아질 것이다. 여기에 지속적인 기술 개발을 통한 '초격차 전략' 유지는 중국 반도체 굴기에 대한 근본적인 해법이 될 수 있다.

전기차와 수소차의 미래

전기차 시작도 끝도 '테슬라' 수소차, 리더 기업 부재 한계

박철완 서정대 자동차학과 교수

▶ 2020년은 전기차 시대 문을 연 테슬라가 연간 생산량 50만대를 달성하는 뜻 깊은 해가 될 것이라 본다. 2020년 초 코로나19에 따라 생산량 감소가 우려됐지만 그것은 기우에 불과했다. 오히려 세계 배터리 전기차 시장을 흔든 것은 중국 배터리 전기차 보조금 삭감 가능성이었다. 중국 배터리 전기차 보조금 일몰이 유예되고 코로나19 사태에도 꾸준하게 전기차 수요가 유지됨에 따라 시장은 본격적으로 확대된다. 일각에서는 전기차에 들어가는 배터리를 가리켜 '차세대 반도체'라는 평가까지 내리기도 했다. 배터리 시장을 둘러싼 한국과 중국 기업 간 경쟁도 치열해지고 있다. 국가별 합산 점유율에서 한국과 중국은 1위를 놓고 엎치락뒤치락한다. 2020년 상반기 한국

테슬라 배터리데이 주요 발표 내용
· 향후 3년 내 배터리 원가 56% 절감 로드맵 발표
· 2022년까지 100GWh, 2030년까지 3TWh(테라와트 · 기가와트의 1000배) 규모 배터리 생산설비 구축
· 3년 내 내연기관보다 싼 2만5000달러(약 2900만원)짜리 전기차 생산
· 배터리 셀 디자인 · 셀 공장 · 실리콘 음극재 · 양극재 · 공정 개선, 배터리 공정 통합
· 용량 5배, 확대 출력 6배 향상된 '4880' 배터리 개발 중
· 향후 1년 내 10GWh 배터리 파일럿 공장 완공
· 1~2개월 내 베타버전의 완전자율주행차 공개

자료:테슬라

배터리 3사는 한국, 유럽은 물론 중국 시장에서도 나름 선전하며 세계 1위를 유지했지만 중국 기업의 거센 추격을 받고 있다.

한국 첫 배터리 국가 점유율 1위 달성

2020년 전기차 시장 중심에는 당연히 테슬라가 있었다. 현대·기아차, 유럽 완성차 제조사들은 사실상 거들 뿐이었다. LG화학, 삼성SDI, SK이노베이션 국내 배터리 3사 상반기 시장점유율이 급등한 요인 역시 현대·기아차, 유럽 완성차 제조사, 그리고 미국 테슬라 배터리 공급이었다.

점유율로 가늠해본 현재 시장 상황은 한국 기업이 간발의 차로 앞서고 있다는 주장에 힘이 실린다. 하지만 2020년 하반기와 2021년 이후 산업적인 전망이 마냥 밝지만은 않다.

먼저 한국 기업 간 분쟁이 본격화되고 있다는 점은 불안 요소다. 2020년 한국의 2차 전지 최대 이슈가 '배터리 1위 탈환'이 될지 아니면 'LG화학과 SK이노베이션의 무(모)한 분쟁'으로 기록될지는 알 수 없다. 분명한 것은 이 같은 집안 싸움이 장기화되면 글로벌 시장에서 한국 기업 위상이 추락할 수 있다는 사실이다.

한국 내 믿을 만한 완성차 기업이 현대·기아차 하나뿐이라는 점 역시 아킬레스건이 될 수 있다.

본격적으로 전기차 시장 뛰어든 미국

2021년에는 GM, 포드 등 미국 내연기관차 기업들이 본격적으로 전기차 시장에 뛰어들 전망이다. 상용차와 트럭 등도 전동화가 완료된 차량이 시장에 진입할 예정이다. 여기에 미국은 루시드에어 같은 전기차 스타트업 역시 출격을 준비한다. 테슬라가 발표한 배터리 제조 10년 로드맵은 실현 가능성에 논란이 있음에도 굉장히 혁신적이고 치밀한 계획으로 평가받는다. 2021년부터 미국 업체의 전기차 시장 지배력이 본격적으로 확대될 것으로 내다보는 이유다.

무섭게 달아나는 중국 CATL

미국뿐 아니다. 중국 기업은 이미 점유율 측면에서 상당히 위협적인 위치에 올라섰다. 중국 전기차 배터리 1위 기업인 CATL은 이제 단순히 부품을 공급하는 서브 벤더가 아니다. CATL은 신형 리튬인산철(LFP)과 셀투팩(CTP) 등 각종 기술을 기반으로 해 독자적으로 테슬라 모델3에 공급하고 있다. CATL은 2020년 8월 배터리 시장점유율 1위를 탈환하는 등 무섭게 성장한다.

신기술 도입에 열을 올리는 중국의 또 다른 배터리 기업 BYD도 만만찮다. 2020년 중국 배터리 기업 상당수는 삼원계 배터리 개발(리튬이온배터리는 양극재, 음극재, 분리막 등으로 구성되는데 이 중 니켈·코발트·망간 등 세 가지 물질을 섞어서 양극재를 만든 배터리)에 성공했다. 또 하이니켈 삼원계 배터리도 양산하는 등 중국 배터리 기술은 한 단계 업그레이드됐다는 평가를 받는다. 이에 따라 2021년 중국 전기차 배터리 기업의 영향력은 더욱 강화될 것으로 본다. 이들은 중국 내수 시장에서 벗어나 2021년 세계 시장 진출을 노릴 가능성이 높다.

결국 2021년은 한국과 중국 배터리 기업 간 고객 쟁탈전이 가장 큰 변수가 될 전망이다. 중국이 한국과 다른 점은 경쟁력 있는 전기차 스타트업이 등장하고 있다는 점이다. 니오, 샤오펑 등과 같은 자율주행차 전문 기업은 독자적인 플랫폼을 기반으로 가시적인 성과를 내기 시작했다. 특히 중국 배터리 기업이 중국 외 다른 국가의 고객사 확보에 적극 나서고 있다는 점은 한국 기업에게 위협이 될 전망이다.

전기차와 다르게 흘러가는 수소차 시장

전기차 시장이 본격적으로 개화하고 있는 상황에서 또 주목할 점은 바로 수소차 시장 확대 여부다. 기술적으로 수소차는 상용화가 가능한 수준으로 올라왔다는 평가다.

다만 충전 인프라 측면에서 전기차가 수소차 대비 아직은 절대적으로 유리한 상황이다. 여기에 수소차 확산에 가장 큰 문제는 바로 업계를 이끄는 리더 기업이 없다는 점이다. 스마트폰은 애플, 전기차는 테슬라 같은 기업이 이끌었지만 수소차는 그런 리더 기업이 없다. 한때 니콜라가 주목받았지

한국 배터리 3사 기술 개발 현황	
LG화학	· NCMA(니켈, 코발트, 망간, 알루미늄) 소재 기술 개발 중 · 니켈 함량을 85~90%로 높이고 코발트 비중을 기존의 10~20% 수준에서 5% 이하로 줄인 점이 특징 · 2021년 양산 목표
SK 이노베이션	· 2018년부터 NCM811 양극재 적용 배터리 양산 중 · 2019년 세계 최초로 NCM 91/2112 양극재 채택 배터리 개발 · 현재 차세대 배터리인 리튬메탈 배터리 개발 중
삼성SDI	· 전고체 배터리 개발 중 · 올해 상반기 역대 최대 규모 연구개발 비용 4092억원 집행 · 전고체 배터리 사용화 2027년 목표

자료:각사

만 회장 사임 등으로 인한 '사기 논란'에 휩싸였다. 2021년 전기차를 이끄는 테슬라처럼 수소차 시장에도 알맹이 있는 혁신적인 기업 등장 여부가 수소차 시장을 바라보는 관전 포인트가 될 전망이다.

신형 배터리 기업을 주목하라

전기차 배터리 3대 시장은 미국, 중국, EU다.

EU 시장에서 전기차 판매량은 꾸준히 상승하고 있지만 EU 자동차 기업은 한국 배터리 의존도가 높다. 뒤늦게 배터리 중요성을 깨닫고 스웨덴 노스볼트나 프랑스, 독일 등에서 배터리 내재화를 시도하고 있다. 하지만 2021년 당장 EU 내 리튬이온 2차 전지 내재화는 어려워 보인다. 반대로 한국 배터리 기업은 EU 시장을 적극적으로 공략할 필요가 있다.

테슬라는 2020년 소재, 배터리, 에너지 저장 시스템, 전기차를 아우르는 '테슬라 배터리 10년 로드맵'을 발표했다. 2021년 테슬라는 전기차 가격 대중화에 적극적으로 나설 것으로 본다. 기존 배터리 제조사나 전기차 기업 역시 테슬라 벤치마킹이 더욱 심화될 전망이다.

테슬라 독주 속에서 2021년은 유럽과 중국 등에서 새로운 전기차 기업이 본격적으로 시장에 진입할 태세다. 업계 판도가 흔들리는 상황 속에서 한국 배터리 기업은 시장 개척과 고객 확보에 힘쓰는 한 해가 될 것이라 예상한다.

III

2021
매경 아웃룩

지표로 보는 한국 경제

가계소득 본격 회복 기대?
2021 기술적 반등 수준

김천구 대한상공회의소 SGI 연구위원

▶ 2020년 상반기는 1998년 외환위기 이래 소비 둔화 폭이 가장 컸다. 부진했던 경제성장률 대부분을 수출과 함께 민간소비가 갉아먹었다.

업종별로 보면 사회적 거리두기 영향으로 대면 접촉 서비스업에 충격이 집중됐다. 교육, 운수, 숙박·음식 그리고 예술·스포츠·여가 등 대면 서비스업 소비가 급감했다. 이들 업종 생산이 연초 대비 한때 40% 이상 줄어들었다.

앞으로도 민간소비에 대한 전망은 밝지 않다. 물론 2020년 민간소비가 워낙 안 좋았기 때문에 2021년 민간소비 성장률 숫자 자체는 나쁘지 않을 것이다. 다만 이것은 2020년 민간소비가 성장률이 워낙 부진했던 것에 따른 착시일 뿐, 정상적인 성장 경로로의 회귀를 의미하는 것은 아니다.

무엇보다 민간소비 방향에 있어 가장 중요한 요소인 가계소득의 본격적인 회복은 당분간 기대하기 어렵다. 가계소득이 늘기 위해서는 최대한 많은 인구가 취업하고 이들 임금이 높아져야 한다. 그러나 노동 시장 회복은 더딜 것으로 본다. 과거 위기 시 고용 시장 충격을 살펴보면 위기 발생 2~3분기 이후 극대화하는 모습을 보였다. 고용 충격에서 벗어나 회복하는 것도 상당 기간이 필요하다. 외환위기 기간을 살펴보면 고용이 위기 이전 수준을 회복하는 데 31개월 걸렸다. 금융위기 때는 약 16개월이 소요됐다. 이번 위기에도 고용 시장이 회복되는 것을 기다리려면 오랜 인내심이 필요할 것이다. 물론 정부 재정지출 확대로 2021년에 공공 부문 일자리 증가가 나타날 가능성이 있지만, 민간에서 나타나는 고용 부진을 만회하기는 어렵다고 본다.

임금 상승률 역시 2021년에 높은 증가세를 기대하기는 어렵다

우선 최저임금 상승률 둔화가 눈에 띈다. 최저임금은 2018년과 2019년에는 각각 16.4%, 10.9% 늘었으나 2020년은 2.9%로 인상률이 낮아졌다. 특히 2021년에는 최저임금 인상률이 1.5%로 역대 최저다. 일반적으로 최저임금을 받는 계층은 평균소비성향(처분가능소득 대비 소비지출)이 높으므로 자신이 번 돈의 많은 부분을 소비에 투입한다. 2018~2019년 동안 최저임금의 가파른 상승은 고용 상태를 유지한 일부 가계의 소비 확대에는 도움을 줬으나 2021년에는 이런 효과를 기대하기 어렵다고 본다. 특히 최근 전반적인 경기 여건이 좋지 않아 대규모 기업의 수익성 저하로 인한 성과급 감소와 임금 상승폭 제약 역시 나타날 것으로 본다. 상반기 경기 부진으로 큰 충격을 받은 기업들은 당분간 비용 감축, 구조조정 등 보수적인 경영에 나설 것이다.

자산 시장도 소비에 우호적이지 못한 환경이다. 가계 자산 중 가장 큰 비중을 차지하는 부동산의 경우 시장에 풀린 풍부한 유동성과 낮은 금리 수준, 부동산 이외에 대체 투자 자산이 부족하다는 점이 가격 상승을 견인했다. 2021년에 아파트 입주 물량이 감소한다는 점 역시 가격 상승 요인이다. 물론 부동산 가격이 오르더라도 현재 정부의 양도세·보유세 등 세금 부담이 많이 늘어난 상황에서 자산 효과를 기대하기 어려운 상황이다. 오히려 청약 대기 수요는 높으나 입주 물량이 줄어들고 임대인의 월세 선호 등으로 전셋값이 불안정할 가능성이 크다. 이런 현상은 가계의 주거비 부담을 높여 소비를 위축시킬 수 있다.

가계소비를 제약하는 구조적 요인인 가계부채 문제는 2021년에도 여전하다. 물론 국내 기준금리가 사상 최저 수준인 0.5%로 낮아졌다는 점은 가계부채의 소비 제약 강도를 다소 완화해주는 역할을 한다. 한때 10%를 웃돌던 가계부채 증가율도 최근 4~5%대까지 낮아졌다. 다만 상당 기간 이어졌던 가계부채 급증세로 처분가능소득 대비 가계부채는 2020년 1분기 기준 163.1% 수준까지 늘어난 상황이다. 5년 전인 2015년 1분기(131.5%)와 비교해 약 31.6%포인트나 늘어났다. 앞으로 상환해야 할 원리금 부담이 지나치게 커져버린 상황에서 가계는 지출을 더욱 줄일 것이다.

인구 구조 변화도 소비 위축 요인이다. 결혼 적령기 남녀들은 육아와 주거 부담과 불확실한 경기 전망 등으로 결혼과 출산을 꺼리고 있다. 2019년 합계출산율은 0.92명까지 떨어졌다. 저출산 문제가 커지며 출산과 육아 그리고 교육을 위한 가계의 지출이 빠르게 줄어들면서 평균소비성향을 떨어뜨리는 요인으로 작용할 것이다. 주력 소비 연령층인 30~40대 인구가 지속해서 줄어들고 있다는 점도 염려스럽다. 음식료품, 주거비 등에 많은 부분을 지출하는 고령층과 달리 30~40대 연령층은 소득 수준이 높아 자동차, 전자제품 등 내구재를 중심으로 한 소비 규모가 크며 소비 시장의 트렌드를 이끌어가는 주축이다. 주력 소비 계층 감소는 앞으로의 소비재 시장을 어둡게 하는 요인이다.

한편 부진한 민간소비에 활력을 불어넣기 위해 정부는 2021년에도 확장적 재정 정책을 펼칠 것이다. 재정지출 증가율은 2019년 9.5%, 2020년 9.3%로 2년 연속 9%를 웃도는 높은 수준으로 편성됐다. 여기에 사상 최초로 추경이 4차례 이뤄졌다. 코로나19로 피해를 본 계층을 지원하고 경제 활력 제고를 위한 재정지출 확대 기조는 2021년에도 이어질 것이다. 단기적으로는 재정 확대는 부족한 내수 수요를 메우는 역할을 할 것으로 본다.

결론적으로 정부의 적극적인 경기 부양책 등 일부 소비에 긍정적 요인도 관찰되지만, 민간소비가 활기를 띠기에는 구조적 제약 요인이 아직 많다. 민간소비에

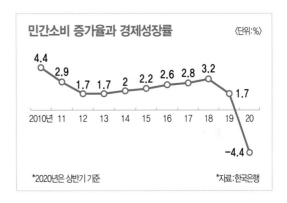

활력을 불어넣기 위해서는 어떤 노력을 해야 할까. 결국 가계가 소비를 늘리기 위해서는 쓸 돈이 많아져야 한다. 유휴 노동력이 없고 취업자 임금이 오르면 소비는 자연스럽게 회복될 것이다. 이런 선순환 구조를 만들기 위해 일자리 총량을 늘리는 정책도 중요하지만 결국 고용은 민간에서 창출돼야 한다. 민간 부문 성장동력 강화를 바탕으로 양질의 일자리가 창출돼야 소비 원천인 가계소득이 늘어날 수 있다.

가계부채에 대한 안정적인 관리와 주거비 부담 완화 등도 정부가 계속해서 신경 써야 할 부분이다. 채무 상환 부담 증가로 위험 가구의 채무불이행이 늘어날 경우 가계의 부실이 전반적인 소비 위축으로 이어지므로 이에 대한 제도적 지원 방안을 마련해야 한다. 원리금 상환 연체와 채무불이행 상태에 처한 부실가구의 경우 더욱 관심을 갖고 살펴야 한다. 상환 기간 연장, 채무 감면 등 채무조정 제도를 강화함으로써 가계부채 취약가구의 채무 부담 완화와 신용 회복을 지원해야 한다. 늘어나고 있는 주거비 부담에 대해서는 수급 안정에 바탕을 둔 부동산 정책 기조를 바탕으로 전·월세 가격 상승 부담을 낮춰줄 전략이 필요하다.

마지막으로 가구의 소비심리가 회복되도록 적극적인 경기 대응에 대한 일관된 메시지를 가계에 주는 것이 중요하다. 고용과 소득 개선을 통해 소비 여력을 확충하는 것도 시급한 사안이지만 유효 수요를 확충하고 경기 회복력을 강화함으로써 가구의 소비심리를 개선하는 방안도 필요하다. 특히 불확실성 확대는 가구의 자산 가치와 소득 리스크를 확대해 가구의 예비적 저축(Precautionary savings) 성향을 높일 수 있다. 따라서 민간소비 회복을 위해서는 정책 불확실성을 미리 방지할 필요성이 있다.

코로나에 쇼크 먹은 물가지수 낙폭 컸다…2021 소폭 회복

김상봉 한성대 경제학과 교수

▶ 2017년 이후 소비자물가지수는 꾸준히 하락하는 추세였다. 하지만 올해 코로나19 사태가 터지며 소비자물가지수는 더 급격하게 떨어지는 현상을 보였다. 2016년 이후 연도별 소비자물가지수 등락률을 살펴보면, 2017년이 약 2%로 가장 높았다. 2019년에는 0.4%로 낮아졌으며, 2020년 8월까지 누계는 전년에 비해 0.55% 증가하고 있다. 2020년 2월 20일에 코로나19 확진자가 급격히 늘어나며 본격적으로 국내에 영향을 미치기 시작했다. 사회적 거리두기 방침에 따라 3월 통계부터 국내 물가에 영향을 미쳤다. 즉, 코로나19 영향권 이전인 2020년 1월과 2월의 소비자물가는 지난해 같은 달 대비 1.55%, 1.11%로 현재 평균보다 높게 나타난다. 하지만 코로나19가 반영되기 시작한 3월부터는 1.05%, 4월 0.08%, 5월 −0.34%, 6월 −0.01%, 7월 0.3%로 낮아지는 추세를 보였다. 다행히도 8월에는 0.69%로 증가하는 모습을 보였다.

상품별 소비자물가지수도 눈에 띈다. 특히 4월과 6월 사이 상품 소비자물가지수는 지난해 같은 달 대비 마이너스 증가율을 나타낸다. 농축수산물 부문에서 축산물은 3월부터 4월 사이에 마이너스를, 공업제품 부문 소비자물가는 4월부터 지속적으로 마이너스 수치를 보인다. 내구재와 석유류가 각각 4월부터 6월 중, 4월 이후부터 큰 폭으로 음의 수치를 기록해 그런 것으로 파악한다. 공공서비스 증가율 또한 2020년 매달 좋지 않은 수치를 보인다.

2021년 소비자물가지수, 올해보다 좋을 것으로 전망

2020년 소비자물가지수 증감률은 약 0.6% 안팎, 2021년 소비자물가지수 증감률은 코로나19 진행 상황에 따라 달라질 수 있지만 1.2%가량이 될 것으로 예상한다. 2021년 소비자물가지수가 상승할 요인으로 코로나19 상황 변화와 기저효과에 따른 경제성장률 상승을 들 수 있다.

코로나19로 최근 국제기구들은 경제성장률을 대폭 하향 전망하고 있다. 세계은행은 2020년 세계 경제성장률을 1월 2.5%에서 -5.2%로 대폭 하향 전망했다. 전망의 주요 원인은 각국 봉쇄 조치로 인한 수요 둔화, 국제 교역량 감소, 금융 시장 변동성 확대 등이다. IMF는 비슷한 시기에 세계 경제 전망 수정치를 내놨다. 코로나19가 이미 유럽까지 퍼지고 있던 4월에 세계 경제성장률을 3%에서 -3%로 대폭 하향 전망했고 6월에 -4.9%로 전망을 보다 더 내렸다. 한국 전망치도 내려갔다. 4월 -1.2%, 6월에는 -2.1%로 하향 전망했다.

소비자물가지수 주요 품목성질별 증감률 (단위:%)

지수	2016년	2017년	2018년	2019년	2020년 1~8월
소비자물가지수	0.97	1.96	1.52	0.4	0.55
상품	-0.6	1.91	1.34	-0.3	0.79
농축수산물	3.84	5.7	4.02	-1.9	4.48
공업제품	-0.49	1.43	1.28	-0.16	0.1
석유류	-8.11	7.09	6.72	-6.01	-4.1
전기·수도·가스	-9.2	-1.28	-2.61	1.31	0.02
서비스	2.25	2	1.67	0.99	0.35
집세	1.86	1.65	0.64	-0.11	0.06
공공서비스	1.46	0.99	0.21	-0.5	-1.4
개인서비스	2.72	2.59	2.66	2	1.24
농산물과 석유류 제외 지수	1.6	1.5	1.21	0.92	0.69
식료품과 에너지 제외 지수	1.88	1.56	1.21	0.77	0.39
생활물가지수	0.67	2.47	1.63	0.22	0.7
신선식품지수	6.49	6.65	4.09	-6.01	5.87

주:전년비와 전년누계비　　　자료:통계청

이런 전망에 따라 2021년 경제성장률 예측도 달라진다. OECD는 2021년 재확산이 없는 경우에 세계 경제성장률은 5%, 재확산이 있는 경우에 2.8%로 보고 있다. 한국의 경우 재확산이 없을 때 3.1%, 재확산이 있을 때 1.4%로 보고 있다. 따라서 재확산 여부와 상관없이 2020년 -2.5~-1% 사이의 경제성장률이 나타난다면 2021년에는 1.4~3.1% 경제성장률을 나타날 가능성이 높다. 다른 변수를 감안하지 않고, 코로나19의 특수성을 제외하고 소비자물가지수 증감률과 경제성장률을 단순 비교할 수 있다. 즉, 2016년부터 2021년까지의 평균 소비자물가지수 증감률과 경제성장률을 단순 비교하면 2021년의 소비자물가지수는 0.6~1.37% 사이가 될 것으로 본다.

또 다른 변수로 실물경제와 다른 방향으로 움직이는 금융 시장을 살펴야 한다. 특히, 시중에 풍부한 통화량과 유동성으로 인해 물가 상승 압력이 존재한다. 2020년 6월 말 기준 현금과 현금성 자산을 의미하는 부동자금은 1174조6000억원으로 2019년 말 1037조9000억원에 비해 13.1% 증가했다. 부동자금을 포함하는 광의통화인 M2도 증가하는 추세다. M2를 본원통화로 나눈 통화승수는 2019년 말 약 15.3배로 지속적으로 하락하고 있으며 은행에서 민간으로 유통되는 통화량이 확대되지 못하고 있다. 또한, 여기에 명목 국내총생산(GDP)을 M2로 나눈 화폐의 유통 속도도 2000년 0.94에서 지속적으로 하락해 2018년 말 0.72로 역대 최저치를 기록했다. 즉 금리 인하 등으로 통화량이 증가하지만 소비나 투자로 연결되지 않기 때문에 경제성장으로 연결되지 않고 있는 셈이다. 돈이 돌지 않고, 고여 있는 '돈맥경화' 상태에 있으며 시중에 통화량은 늘어났지만 소비와 투자 등에 기여하지 못하는 유동성 함

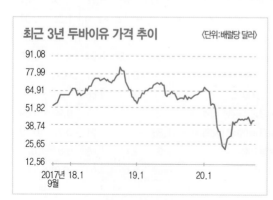

최근 3년 두바이유 가격 추이 〈단위:배럴당 달러〉

91.08
77.99
64.91
51.82
38.74
25.65
12.56
2017년 18.1   19.1   20.1
9월

정 구간에 있다고 볼 수 있다. 그러나 최근에는 부동자금이 국내 기업에 투자되면서 실물과 연결되고 있는 상황이므로 물가 상승 압력이 존재할 수 있다.

2020년 코로나19 치료제·백신 개발되지 않으면 물가 하락 가능성 있어

물가의 하방 요인은 소비 감소, 석유류 가격 변동, 농축수산물 가격 하락 등이 있다. 2020년 코로나19로 인해 상반기 월별 소매판매액지수를 보면 변동이 심하며 동시에 하락하는 경향이 있었다. 특히, 2020년 1분기에 전년 동기 대비 1.9% 증가했던 소매판매는 5월 1.7%, 6월 6.3% 증가했지만 7월에는 0.5% 증가하는 데 그쳤다. 코로나19가 약하게 이어지고, 2020년까지 치료제나 백신이 상용화되지 않아 오프라인 소비가 증가하지 못하면 물가 하락이 지속될 수 있다.

공급 측면에서 석유류 가격 하락이 지속될 경우에도 물가가 하락할 수 있다. 우리나라는 원유와 석유제품 순수입 규모가 GDP의 약 2% 규모로 크기 때문에 유가 변동은 경상수지뿐 아니라 물가에도 상당히 큰 영향을 미친다. 2019년 말, 유가는 배럴당 60달러대에서 거래되다 코로나19 이후 국제유가가 계속 하락하면서 4월에 배럴당 10달러대까지도 진입했다. 이후 일부 회복해 2020년 10월 말 기준 40달러대 초반에 있다. 석유류 수요 측면에서 코로나19로 인해 봉쇄 등으로 인해 무역이 어려워지는 효과도 있다. 또한, 유가 하락으로 인해 공급 과잉이 저장 용량 한계를 위협하는 시점에서 생산 중단이 발생하거나 경제성이 낮아지기도 한다. 이처럼 생산이나 무역효과에 의한 유가 하락과 더불어 금융 시장이 실물경제를 위축시켜 물가를 하락시킬 수도 있다.

코로나19로 인한 저유가 충격이 지속되면 해외 자산 매각과 투자 재조정 등으로 오일머니를 회수해 국제 금융 시장 불안과 글로벌 실물경제가 위축될 수 있다. 즉, 유가 하락이 산유국 경상 또는 재정수입을 감소시키고, 산유국 국내 자금 수요가 증가하게 돼 국부펀드의 자금 인출이 발생한다. 그로 인해 국제 금융 시장이 불안정해지면 글로벌 실물경제와 국내 경제가 위축돼 물가가 하락할 수 있다.

5%대 급반등···기저효과 탓
공공 인프라 투자도 확대 예상

박용정 현대경제연구원 선임연구원

▶ 2020년 상반기 전체 투자 규모는 2019년 같은 기간 대비 3.2% 증가했다. 2019년 상반기 −5.8%를 기록한 점을 고려해본다면 분명히 긍정적인 신호다.

2020년 상반기 투자 반등의 가장 큰 이유는 2019년 기저효과와 함께 코로나19 실물경제 충격으로 인한 정부 투자 확대다. 2019년 상반기 정부 총 투자 규모는 전년 같은 기간 대비 6.2% 증가했다. 2020년 상반기에는 13%로 증가폭이 확대됐다. 반면 민간 총 투자 규모는 같은 기간 −7.9%에서 1.1% 증가로 플러스 전환하는 데 만족해야 했다. 2020년 하반기 투자는 코로나19 재확산 등 대내외 불확실성 확대의 영향으로 불안한 흐름이 지속되고 있다. 코로나19 확산세가 좀처럼 꺾이지 않고 있고 경기 불확실성과 전반적인 기업 실적 악화는 설비 확장을 제한하는 요인으로 작용하고 있다.

세계 경기 반등 기대감 솔솔

2020년 상반기 설비 투자는 지난해 같은 기간 대비 5.6% 증가했다. 2019년 상반기 −12.3% 부진에 따른 기저효과가 작용한 측면이 있다. 2021년 설비 투

자 역시 증가세가 유지될 전망
이다. 첫 번째 이유로 우선 세
계 경기 반등에 대한 기대감이
다. 국제통화기금(IMF)의 세
계 경제 전망(10월)에 따르면
세계 경제성장률은 2020년
역성장(−4.4%)에서 2021년

건설 투자, 설비 투자, 지식재산생산물 투자 <단위:%>

*주:국민계정·실질 기준, 전년 동기 대비 증감률 기준　　　*자료:한국은행

5.2%로 크게 반등할 것이라 예상한다.

　코로나19 전개 상황과 각국의 정상적인 경제활동 재개 등이 전제돼야 할 상황
이지만 세계 경기 반등에 대한 기대는 설비 투자 확장에 긍정적인 신호를 줄 것
으로 본다. 불확실성 감소와 경기 개선 기대는 기업들의 투자 확대 유인을 높일
것이라 예상한다.

　다음으로 디지털 전환(Digital Transformation), 비대면 수요 확산에 따른
정보기술(IT) 산업 수요 확대다. 코로나19 여파로 우리 생활 전반에 비대면화 경
향이 심화하고, 기업들은 재택근무 도입 등을 통해 디지털화를 촉진하고 있다. 경
제·산업구조 변화의 흐름 속에 비대면 관련 산업 확장에 따른 반도체 관련 수요
는 지속될 것이라 예상한다. 이에 따라 향후 반도체 등 정보기술 관련 기업은 세
계 시장점유율 확대, 중장기 수요·기술 선도 등을 위해 투자를 지속할 가능성이
높다. 마지막으로 정부의 민간 투자 활성화 방안이다. 정부는 한국판 뉴딜 사업을
통해 신규 민자 사업을 발굴해 경제에 활력을 불어넣겠다는 계획이다. 종합해볼
때 2021년 설비 투자는 전년 대비 5%대 수준 증가세를 보일 것으로 전망한다.

구조적 불안 요인도 상존

　여러 긍정적 요소가 있지만 구조적 불안 요인도 상존한다.
　글로벌 금융위기 이후 설비 투자는 경기와 밀접하게 연관돼 있다. 미중 무역분

쟁, 코로나19 등 크고 작은 이슈에 따른 불확실성은 설비 투자에 부정적으로 작용할 가능성이 있다. 이에 따라 기업 투자 행태는 보수화되고 투자심리는 악화하고 있다. 2010~2014년 설비 투자 증감률은 국내 경제성장률을 2.3%포인트 웃도는 수준이었으나 2015~2019년 0.1%포인트까지 축소됐다.

기업소득 부진과 부실기업 증가는 설비 투자를 제약하는 요인이다. 제조업을 비롯한 국내 산업의 수익성, 성장성은 악화 추세다. 이는 기업소득 감소와 함께 투자 여력을 축소할 요인으로 작용할 가능성이 높다.

또 우려할 부분은 모든 제조업 매출액 증감률이 2020년 들어 급감하고 있다는 점이다. 국내 제조기업의 글로벌화 전략, 해외 시장 개척 등의 영향으로 투자 자본 순유출이 지속되고 있는 점도 걱정되는 대목이다. 우리 기업들은 2005년 이후 해외 시장 진출, 생산 비용 절감 등을 목적으로 해외 시장을 확대했다. 탈세계화, 보호무역주의, 글로벌 밸류체인(GVC) 변화 등의 파고 속에서도 국내외 기업 투자 유치를 위한 맞춤형 정책 지원, 규제 완화 등 투자 환경 조성이 절실하다.

마지막으로 비정보기술 부문 부진이다. 자동차 산업은 글로벌 수요 둔화, 석유화학·철강 산업은 채산성 악화와 전방 산업 등 부진에 직면한 상황이다. 관련 산업 업황 악화와 불확실성이 장기화한다면 중장기 투자 조정도 불가피할 것이다. 전반적인 설비 투자 규모 축소로 이어질 가능성이 크다.

기업 설비 투자 위축이 구조적으로 지속될 경우 경제 전반의 활력이 둔화하고, 잠재성장률에 부정적인 영향을 미칠 가능성이 크다는 점에서 설비 투자의 구조적 부진은 염려되는 부분이다. 신산업 주도권 확보, 신성장동력 발굴, 고부가가치 창출 등을 위한 선제적 투자 확대와 경쟁력 강화 전략이 필요한 이유다.

국내 경제성장률과 설비 투자 단위:%, %포인트

구분	경제성장률 (A)	설비 투자 증감률 (B)	차이 (B-A)
1990~1994년	8.6	13.5	4.9
1995~1999년	6	3	-3
2000~2004년	6	7.8	1.8
2005~2009년	3.8	2.8	-1
2010~2014년	3.9	6.2	2.3
2015~2019년	2.8	2.9	0.1

주: 국민계정, 실질 기준　　　　자료: 한국은행

건설 투자 2020년 대폭 개선됐지만…

건설 투자 부문은 2020년 상반기에 지난해 같은 기간 대비 1.7% 증가했다. 2019년 상반기 −5.2%와 비교하면 큰 폭의 개선이다. 정부의 SOC 예산 증가, 상반기 예산 조기 집행의 영향으로 토목 부문 중심의 개선이 크게 작용했다. 다만, 부동산 규제 강화에 따른 수요 억제로 민간 신규 분양이 축소되면서 건축 부문 투자 부진이 이어지고 있다.

2021년에는 건설 투자 증가폭이 확대될 것으로 전망된다. 유휴부지 활용, 용적률 상향, 미분양 주택 감소 등 정부의 공급 확대 정책으로 건축 부문의 주택 투자는 반등할 것으로 예상한다.

토목 부문은 한국판 뉴딜 정책 시행에 따른 공공 인프라 투자 확대, 국가균형발전 프로젝트 추진 등의 영향이 크게 작용하면서 전반적인 건설 투자 흐름은 양호할 것으로 전망한다. 이를 종합해볼 때 2021년 건설 투자는 전년 대비 2%대 수준의 증가에 이를 것으로 전망한다.

지식재산생산물 투자는 지속적으로 확대

2020년 상반기 지식재산생산물 투자는 전년 동기 대비 3.3%로 2019년 상반기 3.2%와 비슷한 증가세를 유지했다. 코로나19 여파로 인한 기업 매출액 감소 등 수익성 저하에도 불구하고 2021년에는 정부의 연구개발(R&D) 세액공제, 신산업 투자 확대 등의 영향에 기인하여 3%대 성장을 유지할 것으로 전망한다.

특히 정부 연구개발에서는 디지털, 비대면 혁신 기술에 대한 투자가 집중되고 있으며, 소프트웨어 개발에 대한 수요 역시 증가하면서 이는 지식재산생산물 투자 증가에 기여하고 있다. 비대면 산업 수요 확산과 산업 전반에 디지털 전환의 중요성이 증대됨에 따라 향후 지식재산생산물에 대한 투자 전망은 비교적 낙관적이다.

코로나19 극복하면
2021 하반기 금리 인상

천대중 우리금융경영연구소 경제 · 글로벌연구실 전문연구위원

▶ 2020년에는 코로나19 사태에 따른 경기 침체에 대응해 한국은행이 기준금리를 2회에 걸쳐 총 75bp 인하(1.25% → 0.5%)했다. 이에 따라 국고채 3년물 금리도 연초 1.33%에서 2020년 9월 말 기준 0.84%로 낮아졌다(2020년 8월 15일 사상 최저치인 0.79%를 기록). 선진국 국채금리도 연준, ECB 등 주요국 중앙은행의 정책금리 인하, 양적완화 확대로 급락했다. 이는 국내 채권금리 하락세에도 영향을 미쳤다. 정부의 대규모 추가경정예산(1~4차, 66조8000억원) 편성으로 국고채 발행 물량이 급증(2019년 101조7000억원 → 2020년 174조5000억원)했으나, 장기투자기관(보험사 · 연기금 등)과 외국인의 채권투자 수요에 더해 한국은행의 국고채 단순매입(1~9월, 8조원)에 힘입어 수급 불균형은 크지 않았다.

코로나19 때문에 금리 전망도 불확실성 내포

2021년 글로벌(한국 포함) 경제성장률 전망은 전 세계 코로나19 재확산과 봉쇄 조치 강도에 따라 상당한 불확실성을 내포하고 있다. OECD는 9월 수정 경제 전망에서 기본 가정(코로나19가 산발적으로 재확산되나 전면적인 봉쇄 조

치보다 선별적인 방역 조치로 대응) 아래 글로벌과 한국 경제성장률을 2020년 -4.5%(한국 -1%), 2021년 5%(한국 3.1%)로 전망했다. 그러나 코로나19가 광범위하게 재확산돼 전면적인 봉쇄 조치를 재도입하는 경우(하방 시나리오) 기업 파산과 실업이 늘어나고 소비·투자심리 회복이 지연되면서 2021년 글로벌 경제성장률이 2% 내외에 그치는 것으로 내다본다. 반면 코로나19가 효과적으로 통제돼 경제활동이 빠르게 정상화되는 경우(상방 시나리오) 2021년 글로벌 경제성장률이 7% 내외로 급등하는 것으로 가정했다. OECD의 기본·하방·상방 시나리오 모두 코로나19 백신이 2022년 초에 상용화되는 것으로 전제해 2021년 성장률 전망에는 크게 영향을 미치지 않는 것으로 평가된다.

코로나19 관련 불확실성을 감안해 한국 경제와 금리 전망도 기본 시나리오와 하방 시나리오로 나눠 살펴볼 필요가 있다. 최근 신흥국과 유럽을 중심으로 코로나19가 재확산되고 방역 조치도 선별적으로 강화되고 있어 상방 시나리오의 가능성은 희박한 것으로 판단한다.

일단 기본 시나리오를 가정해보자. 전 세계에 코로나19가 산발적으로 재확산되나 전면적인 봉쇄 조치보다 선별적인 방역 조치로 대응함에 따라 각국 내수가

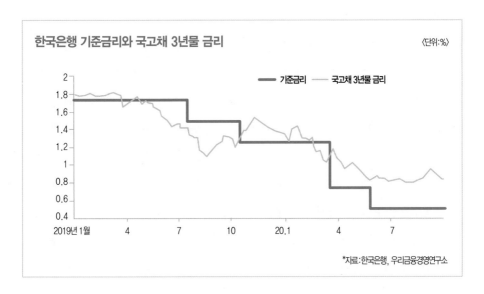

한국은행 기준금리와 국고채 3년물 금리 〈단위:%〉

*자료:한국은행, 우리금융경영연구소

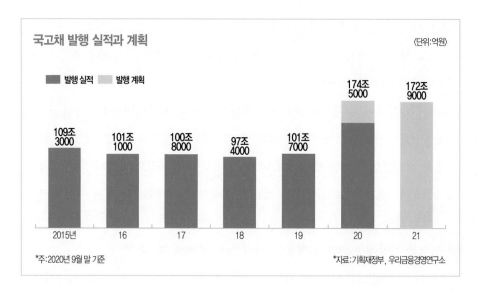

国고채 발행 실적과 계획 〈단위:억원〉

■ 발행 실적 ■ 발행 계획

- 2015년: 109조3000
- 16: 101조1000
- 17: 100조8000
- 18: 97조4000
- 19: 101조7000
- 20: 174조5000
- 21: 172조9000

*주:2020년 9월 말 기준

*자료:기획재정부, 우리금융경영연구소

점차 안정되고 교역 물량도 점진적으로 회복되는 동시에 기저효과가 크게 작용해 글로벌 GDP 성장률이 2020년 4%에서 2021년 5%로 높아지는 상황이 전제다. 이런 전제 아래 국내 GDP 성장률은 기저효과에 따른 소비와 수출 개선에 힘입어 2020년 -1.5%에서 2021년 3%로 높아질 전망이다. 금융 시장에서는 경기 회복에 따른 통화 정책 정상화 기대가 확산되면서 금리 상승과 원화 강세가 나타날 것으로 예상한다.

한국은행은 경기 개선과 금융불균형 위험을 감안해 통화 정책 여력을 선제적으로 확보하는 차원에서 2021년 4분기 기준금리를 25bp 인상(0.5% → 0.75%)할 것으로 본다. 2020년 기준금리가 역대 최저 수준(0.5%)으로 인하되면서 시중금리도 사상 최저(평균 예금금리 0.81%, 대출금리 2.63%, 8월 신규 취급액 기준) 수준으로 하락했다. 가계부채를 증가시키고 자산 가격 급등을 일으키는 등 금융불균형에 대한 우려를 낳았다. 2020년 8월 금융통화위원회 의사록에 따르면 금통위원들도 최근 급격히 늘어난 가계 신용대출이 주택 시장으로 유입되거나 주식 등 고위험 투자에 활용되고 있다는 점을 우려한 것으로 나타났다. 한편으로 기준금리가 실효하한에 근접해 있다는 점도 큰 부담이 될 것으로 본다. 코로나

19 장기화, 미중 갈등 심화 등 대내외 불확실성이 잠재해 있는 가운데, 한국은행은 경기 회복세가 시현될 경우 선제적 금리 인상을 통해 통화 정책 여력을 확보할 것으로 예상한다.

국고채 3년물 금리는 기준금리 인상 기대, 확장적 재정 운용에 따른 국채 발행 물량 증가를 반영해 소폭 상승(2020년 평균 0.98% → 2021년 1.1%)할 것으로 예상한다. 정부 예산안에 따르면 2021년 국고채 발행 규모는 172조9000억원(적자국채 89조7000억원 포함)으로 2020년 174조5000억원에 이어 2년 연속으로 대규모 국채 발행이 불가피한 상황이다. 다만 수급 측면에서 한국은행의 국고채 단순매입, 장기투자기관과 외국인 투자자의 국채 수요가 상당하고 해외금리 측면에서도 주요국 중앙은행들의 완화적인 스탠스가 2021년에도 지속될 것으로 보여 국내 시장금리의 상승폭은 제한될 것으로 판단한다.

하방 시나리오가 현재화된다면

하방 시나리오의 전제는 코로나19가 전 세계에 광범위하게 재확산된다는 것이다. 각국이 전면적인 봉쇄 조치를 재도입해 내수가 부진하고 교역 물량 회복도 지연돼 글로벌 GDP 성장률이 2020년 −4%에서 2021년 2%로 소폭 반등에 그치는 상황을 가정했다. 이런 가정 아래 국내 GDP 성장률은 내수 개선이 미약하고 수출 감소세가 이어져 2020년 −1.5%에서 2021년 1% 내외로 소폭 반등에 그칠 것으로 예측한다. 이 경우 금융 시장에서는 내수·수출 회복 지연으로 통화 정책 정상화에 대한 기대가 약화되면서 금리 하락과 원화 약세가 나타날 가능성이 크다. 즉, 한은은 경기 회복 지연에도 불구하고 기준금리 수준(0.5%)이 실효하한에 근접함에 따라 美 연준이 정책금리 수준(0~0.25%)을 마이너스로 인하하지 않는 한, 현 수준에서 장기간 동결될 것으로 예측한다. 국고채 3년물 금리는 확장적 재정 운용에 따른 국채 발행 물량 증가에도 불구하고, 경기 회복 지연과 기준금리 동결 장기화를 반영해 하락(2020년 평균 0.98% → 2021년 0.8%)할 가능성이 크다.

상반기 1185원 정점
4분기에는 1160원대

서정훈 하나은행 자금시장영업부 박사

▶ 2020년 환율은 꽤 큰 폭으로 요동쳤다. 연초만 해도 미중 1단계 무역합의 서면합의 등 외환 시장에 대한 긍정적 영향으로 달러당 1150원대로 하락하며 출발했다. 여기에 전년도 국내 경제성장률이 2%대를 유지한 점도 원화 강세에 영향을 미쳤다.

그러다 코로나19 추세가 유럽과 미국으로 확산되면서 글로벌 안전자산에 대한 선호가 빠르게 높아지며 원달러 환율은 3월 초부터 급속도로 상승했다. 이후 WHO가 코로나19에 대한 팬데믹을 선언하면서 글로벌 금융 시장은 일대 혼돈 양상으로 접어들었다. 이로 인해 국내외 증시가 크게 폭락하며 외국인 증시 자금이 코스피에서 썰물처럼 빠져나갔고, 모든 세계 금융 시장 참가자들이 달러 매수에 열을 올리게 되면서 원달러 환율도 장중 1296원까지 가파르게 올랐다.

이에 미 연방준비제도는 2차례에 걸쳐 1.75% 수준이던 기준금리를 0~0.25% 수준으로 낮춤과 동시에 추가 자산 매입 정책을 실시했다. 우리나라 금융통화위원회도 1.5% 기준금리를 0.5%까지 낮추며 부족한 달러 유동성을 확충하고자 미국과의 통화스와프를 체결, 달러 부족에 대한 시장 우려를 낮쳤다.

　2021년 원달러 환율은 어떻게 될까. 코로나19에 의한 영향이 여전히 지배적인 요인이 될 것이다. 그럼에도 글로벌 저금리, 달러 유동성 등에 따라 달러 약세가 위험 선호 요인으로 작용할 가능성이 보인다. 2020년이 워낙 최악의 상황이었기에 경기 회복 신호가 보이는 것도 달러 약세의 불을 지필 것이다.

　덩달아 주요국 경기도 반등하는 식의 기저효과를 보여줄 것으로 예상한다.

　2021년에도 백신 개발이 쉽지 않겠지만 코로나19가 세계적으로 재유행하기보다는 취약 국가들에서 부분적으로 확산하는 정도의 발생 가능성이 높을 것으로 판단된다. 이 영향에 대해 국내외 금융 시장은 1차 때와 같은 변동성 충격을 받기보다는 세계적 재확산만 없다면 오히려 시장 참가자들은 경제 재개 등의 긍정적 효과에 주목할 가능성이 높아질 것이라 판단한다. 아마도 코로나19로 인한 금융 부문 충격은 피로감 누적 등에 따라 상당히 감소할 것으로 전망한다.

　이런 상황이 우리 경제에도 연결되면서 2020년에 비해 우리나라 경제 체질이 다른 국가 대비 상대적인 우위를 보일 가능성이 높다. 다만 얼마나 우위를 보이느냐가 환율 수준 결정에 관건이 될 것으로 예상한다.

　변수는 우리나라 정부의 재정 정책 여력이다.

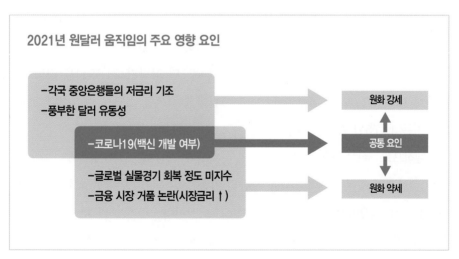

2021년 원달러 환율 전망   단위:원

구분	1분기	2분기	3분기	4분기	연간
2020년	1195	1220	1188	1185	1197
2021년	1185	1180	1175	1160	1175

주:2020년 4분기부터는 전망치   자료:하나은행

 2020년에 비해 더 많을 돈을 쓰기가 쉽지 않을 것이다. 이런 점을 고려하면 증시 등 금융 부문에 비해 상대적으로 느리고 약한 회복을 보일 것으로 예상되는 실물경기가 달러 약세를 제약하는 요인이 될 수 있다. 더불어 2021년 한국이 플러스 성장으로 돌아선다고 하더라도 근본적인 경제 체질까지 개선되지는 못할 소지가 높다. 오히려 내수 침체는 빠른 속도로 회복하기 어렵다. 이럴 경우 안전자산 선호 현상으로 전환할 여지도 있다. 그러다 보면 '표면적으로는 성장, 내부적으로는 위험 회피 혹은 대비' 움직임이 상충하면서 달러 약세 폭이 크지 않을 수 있다.

 미국 등 주요국 내수 침체가 빠른 회복으로 돌아서기 쉽지 않다는 점 등도 마냥 달러 약세를 자신할 수 없는 변수다. 뉴욕 증시가 제로 수준 기준금리 영향 등으로 팬데믹에서 빠른 회복을 보이며 위험 선호를 강화하는 역할을 하고 있으나, 미국의 코로나19 상황이 나아지지 않으면서 추가 재정 정책 등의 영향이 국채금리 상승으로 이어질 수 있다. 이는 뉴욕 증시 거품 논란을 꾸준히 야기하며 안전자산 선호 심리를 강화, 달러 강세 요인으로 작용할 수 있다.

 이런 점을 감안한 원달러 환율 예상치는 2021년 상반기 1185원을 정점으로 꾸준히 내려가 2021년 4분기에는 1160원대를 기록할 것으로 예상한다. 연간 평균치는 1175원 정도로 예상한다.

 결론적으로 코로나19 위험과 여기에서 파생된 저금리, 달러 유동성 효과, 국내외 실물경기 회복 미지수, 금융 시장의 거품 논란 등이 2021년 외환시장을 움직이는 주요 동인(動因)으로 작용할 것으로 예상한다. 여기에 미 대선 이후 중국에 대한 미국의 재압박 가능성과 여기에 대응한 중국 위안화 향방 등이 원화의

수준을 결정짓는 주요 변수로 꼽을 수 있을 것이다.

　문제는 상기 요인들이 어느 시점에 복합적, 또는 독립적으로 나타날 것인가다. 이를 예측하기는 불가능에 가깝지만, 적어도 앞서 설명한 상황을 감안했을 때 원 달러 환율 수준은 2020년보다 다소 낮은 수준을 보일 것으로 전망한다. 더불어 초반보다 후반부에 더 낮은 수준으로 떨어질 것으로 예상한다.

국제수지

상품수지 흑자 가능?
수출입 비용 상승 부담

홍준표 현대경제연구원 경제연구실 동향분석팀장

▶ 국제수지는 일정 기간 한 나라의 거주자와 비거주자 사이에 발생한 모든 경제적 거래를 체계적으로 기록한 표다. 한 가정에 가계부(家計簿)가 있듯, 국가 단위에서 소득과 지출을 기록한 '국계부(國計簿)'인 셈이다. 국제수지 흐름의 핵심은 다른 국가와의 교역과 투자다. 수출입에서 흑자를 많이 낼수록, 투자에서 투자금이 많이 유입될수록 국제수지의 흑자폭이 커진다. 국가 경제의 기초체력이 견고해 해외에서 국내로 유입되는 자금이 많을수록 국제수지 흑자폭이 커지고, 취약할수록 자금이 국내에서 해외로 유출되며 국제수지 흑자폭이 축소된다.

2020년 국제수지는 흑자폭이 2019년 대비 소폭 축소될 것으로 예상한다. 사실 국제수지 흑자는 이미 2019년에 2018년 대비 많이 감소했다. 그 이유는 우리나라의 제1위 수출 시장인 중국에 대한 수출이 예전만큼 활발하지 않기 때문이다. 수출 부진 배경에는 중국의 경기 둔화세도 있고, 중국의 제조업 경쟁력이 향상되면서 부품과 중간재를 자국 제품으로 많이 대체해 이전까지 한국에서 수입하던 수입량이 줄었기 때문이기도 하다.

코로나19 충격이 작용했던 2020년 국제수지가 여전히 흑자인 이유는 수출이 줄었지만 수입도 줄었기 때문이다. 교역으로 발생하는 상품수지는 여전히 흑자지만 흑자폭은 2019년 대비 2020년에 소폭 줄어들면서 전체적인 국제수지 흑자폭에 영향을 주고 있다.

2020년 국제수지의 가장 큰 이슈는 2012년 4월 이후 9년간 지속된 국제수지 흑자 행진이 중단된 사건이다. 경상수지와 금융계정이 큰 적자폭을 보이며 2020년 4월에 발생한 일이다. 경상수지 적자는 수출 부진 때문에 생겨났다. 금융계정은 기타 투자 적자폭이 일시적으로 크게 발생해 적자가 났다. 기타 투자는 직접 투자, 증권 투자, 파생금융상품과 준비자산에 포함되지 않는 거주자와 비거주자 간의 모든 금융거래를 기록하는데, 여기에는 대출·차입, 상품 외상 수출·수입에 따라 발생하는 무역신용, 현금과 예금 등의 금융거래가 포함된다.

9년간 지속된 국제수지 흑자 행진 중단

첫 번째 관심사는 그동안 경상수지 흑자 유지의 효자 역할을 했던 상품수지가 흑자를 보일 수 있을까 하는 점이다. 또 흑자가 난다고 해도 규모가 큰 흑자일까 작은 흑자일까 의문이 생길 수 있다. 이에 대한 답은 상품수지에 영향을 미치는 수출입 성적에 달려 있다고 볼 수 있다.

코로나19 팬데믹 이후 교역에 변화가 생길 것으로 전망한다. 규모에 더해 교역 트렌드에도 많은 변화가 찾아올 것이다. 교역 규모는 글로벌 경제 사이클에 따라 등락이 있어, 코로나19 팬데믹 이후 글로벌 경제가 반등한다면 예전 수준에 근접할 정도로 회복될 수 있다. 그러나 팬데믹 이후에는 비대면 활동이 강화되는 추세가 수출입 과정에서도 나타날 것이다. 이는 수출입 비용 상승을 야기할 가능성이 높다. 과거와는 다른 시스템을 적용해야 하기 때문에 단기적으로는 혼돈과 새로운 매뉴얼 적용 비용이 발생해서다. 수출입 물류나 통관 과정에서도 차질이 발생할 가능성이 높다. 전에 없던 혼란으로 생길 수 있는 불확실성을 최대한 완화할 수 있는 방법은 계약서에 명시하는 것이다. 계약금 등 신뢰 비용이 상승

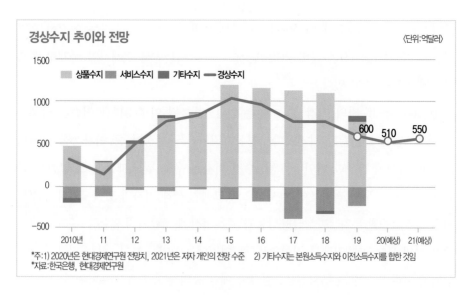

경상수지 추이와 전망 〈단위:억달러〉

■ 상품수지 ■ 서비스수지 ■ 기타수지 — 경상수지

600 510 550

2010년 11 12 13 14 15 16 17 18 19 20(예상) 21(예상)

*주:1) 2020년은 현대경제연구원 전망치, 2021년은 저자 개인의 전망 수준 2) 기타수지는 본원소득수지와 이전소득수지를 합한 것임
*자료:한국은행, 현대경제연구원

할 가능성이 있다. 만약, 이와 같은 절차상 비용이 상승한다면 이는 상품 가격으로 전이될 가능성이 높고 전반적인 교역 규모가 감소하는 결과로 이어질 것이다. 2021년에 팬데믹 상황이 호전되거나 경제 주체들이 코로나19에 대해 무뎌진다면 경제활동은 2020년에 비해 활발히 전개될 것이다. 이런 결과는 수출 경기에 긍정적인 영향으로 이어지면서 경상수지 흑자 확대에 크게 기여할 것으로 본다.

그런데 코로나19 팬데믹이 완화되거나 경제활동이 활발해진다는 것은 해외여행이 다시 시작된다는 것을 의미한다. 이런 상황이 전개된다면 경상수지 중 서비스수지 항목에서 적자폭이 커질 것이다. 2020년 국내 서비스수지는 적자를 보이고 있지만 이전에 비해 적자폭이 절반 수준에 머무르는 데는 이전처럼 많이 해외여행을 가지 못하게 된 이유가 크다. 2020년 가을 시점에 예상하기로는 2021년에는 의료 측면에서 바이러스의 확산을 억제할 수 있는 수단이 2020년에 비해서는 더 많을 것 같고, 이런 연유로 해외여행은 시간이 지날수록 자유로워질 것으로 예상한다.

결국 국제수지를 결정하는 가장 결정적인 요인인 경상수지, 그 하위 항목에서도 상품수지와 서비스수지는 서로 반대 방향으로 자기 몫을 크게 할 것으로 예상한다. 상품수지는 흑자폭이 조금 더 클 것이라 예상하는 반면, 서비스수지는 해외여행의 재개로 인해 적자폭이 조금 더 발생할 것이라 예상한다는 의미다. 결과적으로 2021년의 경상수지는 2020년과 유사한 수준의 흑자를 보일 것으로 전망한다.

금융계정에서는 순대외금융자산이 증가할 것이라 전망한다. 금융계정에서의 핵심은 투자다. 순대외금융자산이 증가한다는 것은 먼저 직접 투자 부문에서 내국인의 해외 투자는 증가하는 반면, 외국인의 국내 투자는 그에 비해 느리게 증가하거나 감소함을 의미한다. 팬데믹 상황이 완화된다는 것을 전제로 할 때 국내 기업의 해외 투자 증가 트렌드는 지속될 것이라 예상해서다. 각종 기업 규제와 노동 시장 경직성 등으로 기업의 국내 경영 환경이 어려워지기 때문이라 판단한다. 해외 투자에 상응하는 외국 기업의 국내 투자 확대가 이뤄지지 않는다면, 직접 투자 부문에서 자금 유출과 유입차는 더욱 심화될 것이다.

증권 투자 부문 전망은 쉽지 않으나 코로나19 팬데믹 상황에서도 자산 증가가 부채 증가보다 많은 현상이 지속됐던 점을 고려해, 팬데믹 상황이 진정되는 여건을 전제하면 자산 순증가 현상은 지속될 것이라 예상한다. 국내에서 해외로 유출되는 자금은 늘어나는 반면, 국내로 유입되는 외국인 자금 흐름은 유출 규모에 못 미치거나 정체될 것이라는 의미다. 우선 한국 경제가 2021년에 반등하는 힘이 미약해 저성장 기조가 지속된다는 시각이 외국 자금을 끌어들이기 어려운 요인으로 작용할 것 같다. 여기에 더해 북핵 리스크, 한반도 주변국과의 정치·경제적 마찰 가능성이 또 다른 불확실성 요인으로 작용하며 글로벌 투자자의 투자 유입을 저해할 수 있다.

결론적으로 2021년 국제수지는 흑자를 보이며 흑자 규모는 2020년 대비 확대될 것으로 본다. 그러나 확대 폭은 그다지 크지 않을 것이라 예상한다. 즉, 대내외 경제 여건이 여전히 녹록지 못한 가운데 한국의 기초체력이 당장 개선될 여지가 적다는 것을 고려할 때, 2021년 한국의 국계부에는 들어오는 돈보다 나가는 돈이 더욱 빈번히 기입될 수도 있다.

고용 한파 속 택배업만 호황
2021 실업률 3.7%…소폭 개선

이진영 강원대 경제·정보통계학부 교수

▶ 코로나19 사태에 따른 경기 침체는 2020년 고용지표에서 확연히 드러난다. 2020년 1분기 고용률은 59.9%로 전년 동기와 비슷한 수준이었으나, 코로나19 감염증이 본격 확산한 이후인 2분기 고용률은 전년 동기 대비 1.3%포인트 하락한 60%를 기록했다. 최근 3년간 2분기 고용률이 전기에 비해 약 1.7%포인트 증가했던 것과 대조적이다. 절대적인 취업자 수도 전년 대비 부진을 면치 못했다. 2020년 1분기 취업자 수는 전년 동기 대비 29만명 증가한 2675만명을 기록했다. 그러나 코로나19 사태가 본격화된 2020년 2분기 취업자 수는 같은 기간 41만명 감소해 2685만명에 그쳤다.

산업별로도 희비가 엇갈렸다. 방역 일환인 단계별 사회적 거리두기 지침 시행으로 인해 사람 간 접촉이 제한되면서 도·소매업, 숙박·음식점업 등 대면 서비스 업종의 고용이 가장 큰 타격을 입었다. 2020년 1~8월 도·소매업의 취업자 수는 전년 동월 대비 내리 감소했다. 시간이 지날수록 감소폭이 줄어들기는커녕 오히려 커지고 있는 점도 걱정스럽다. 2020년 9월 이후에도 도·소매업 고용 상황이 여전히 좋지 않을 것이라 예상하는 이유다. 1월과 2월에 증가세를 유지했던 숙박·음식점업 취업자 수는 3월 이후 지속해서 급격한 감소세를 보이고 있다. 건설업 취업자 수는 시간이 지날수록 감소폭이 줄어들고 있으나 제조업 취업자 수는 감소폭이 유지되고 있다. 한국 경제가 제조업 비중이 큰 점을 감안하면 염려스러운 대목이다.

선방한 곳은 운수·창고업이다. 비대면 서비스 활성화로 인해 택배업 등이 호황을 이루며 2020년 취업자 수가 전년 동월 대비 증가 추세를 보였다. 그러나 운수·창고업에 코로나19 사태로 큰 피해를 입은 업종 중 하나인 항공운수업이 포함돼 있어 증가폭은 제한적이었다.

고용 줄고 실업 늘어…구직단념자도 급증

코로나19발 고용 시장 위기는 실업자 수 증가에서도 확인된다.

일반적으로 실업자 수는 계절적 요인에 따라 1분기에 가장 높고 4분기로 갈수록 점차 낮아진다. 그런데 2020년은 1분기 실업자 수가 116만명, 2분기 실업자 수는 123만명으로 2분기에 오히려 더 증가했다. 코로나19 사태가 본격화되며 노동 시장에 큰 충격을 줬음을 단적으로 보여준다. 실업률 추세도 실업자 수 추세와 마찬가지로 1분기에 4.2%, 2분기 4.4%를 기록하면서 2분기에 더 높은 '역행' 현상이 나타났다.

청년(15~29세) 실업자 수는 1분기 31만명, 2분기 42만명이었고 청년 실업률은 1분기 8.8%, 2분기 10.1%였다. 청년실업지표가 2019년에 비해 나아졌으므로 언뜻 보기에 2020년 상반기 청년 고용 시장은 전년 상반기에 비해 개선된 것으로 비춰질 수 있다. 하지만 이는 비경제활동인구로 분류되는 구직단념자가 불황기에 늘어났기 때문으로 풀이된다. 구직단념자는 취업 의사는 있으나 구직활동을 하지 않아 실업자 수에 집계되지 않는다. 실제 2020년 3월 이후 구직단념자 수는 전년 동월 대비 증가세가 뚜렷하다. 2019년에 볼 수 없었던 큰 증가폭이 2020년 4월과 8월에 관측됐고, 8월에는 이례적으로 높은 68만명을

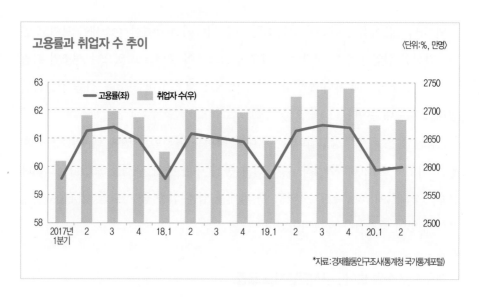

고용률과 취업자 수 추이

(단위:%, 만명)

고용률(좌)　　취업자 수(우)

*자료:경제활동인구조사(통계청 국가통계포털)

기록했다.

2021년 고용 시장, 코로나19 상황 진정되며 회복될 듯

고용 상황이 나아지려면 무엇보다도 코로나19 상황이 진정 국면으로 접어들어야 한다. 그러기 위해서는 백신 개발이 필수적인데, 문제는 효과적이고 안전한 백신 개발이 언제 이뤄질지 불확실하다는 점이다. 그러나 백신 개발이 당장 이뤄지지 못한다고 해도 2021년은 예상하지 못한 코로나19 충격을 그대로 받아야만 했던 2020년에 비해 경제와 고용 상황이 더 나아질 것이라 기대한다. 한국이 우수한 코로나19 방역체계를 갖추고 있다고 평가받고 있다는 점도 2021년에는 경기가 회복될 것이라는 전망에 긍정적인 신호다. 한국은행은 2021년 경제성장률이 2020년에 비해 4.1%포인트 상승한 2.8%일 것으로 예측했다. 이런 경기 회복 전망은 2021년 고용 시장이 전년에 비해 낙관적일 것이라는 기대를 높인다.

다만 경기와 고용 시장 회복 속도는 완만할 것이라 예상한다. 일단 백신이 개발된다 해도 백신이 대다수 사람에게 보급되기까지 오랜 시간이 걸리기 때문이다.

2021년 고용 시장이 더딘 회복세를 보일 것이라 예상하는 또 다른 이유는 세계 각국의 코로나19 상황이다. 미국과 유럽의 여러 선진국은 2020년 하반기 현재 코로나19 일일 확진자 수가 한국에 비해 월등히 많고 지속적으로 증가하고 있는 추세를 보이고 있기 때문에 코로나19 종식까지 걸리는 시간이 한국에 비해 길 가능성이 크다. 이는 대외 무역 의존도가 높은 한국 경제 회복에 큰 걸림돌로 작용할 것이다. 코로나19 대유행 상황 이외에도 한일 간, 미중 간의 무역 갈등이 2020년에 이어 2021년에도 지속될 가능성이 크다는 점과 2020년 11월 대선을 치르는 미국의 정치 상황 또한 한국 고용 시장의 불확실성을 높인다.

2020년 6월 국제통화기금(IMF)은 2020년 세계 경제성장률 전망치를 −4.9%, 2021년 세계 경제성장률 전망치를 5.4%라 발표했다. 5.4%라는 수치만 보고 판단하면 꽤 높은 수준이나, 전년도 세계 경제성장률이 −4.9%임을 감안하면 IMF의 전망치는 2021년의 세계 경제가 2019년 수준으로 회복될 것이라 예측한 전망치라 해석할 수 있다.

한국은행은 2021년 연간 취업자 수가 2020년에 비해 20만명 증가할 것으로 예측했다. 이를 2020년 취업자 수가 2019년과 대비해 13만명 감소할 것이라는 예측과 결합하면 2019년 취업자 수에 비해 2021년 취업자 수가 7만명 증가할 것이라는 예측이라 해석할 수 있다. 즉, 한국은행 예측치는 취업자 수만을 고려하면 2021년의 고용 시장은 코로나19 사태 이전으로 복귀한다는 것을 의미한다. 또한 한국은행은 2021년 연간 실업률은 2020년 연간 실업률보다 0.4%포인트 하락한 3.7%, 2021년 연간 고용률은 2020년 연간 고용률보다 0.1%포인트 상승한 60.4%일 것이라 예측했다.

대내외 여건을 종합해서 고려해볼 때 코로나19 사태로 인한 불확실성의 완화와 2021년 말쯤 백신 개발에 성공해 코로나19 사태가 진정될 것이라는 기대가 적잖다. 이는 2021년이 아닌 2020년을 최악의 고용 상황을 기록한 해로 만들 것이라는 예측에 힘을 싣는다.

노사관계

코로나에 '갈등' 수면 아래로
정부는 기존 기조 유지 예상

정흥준 서울과학기술대 경영학과 교수

▶ 최근 2년 동안 노사관계는 급변했다. 2019년 말로 돌아가 살펴보면 노사관계는 잠재적인 갈등 요인이 적잖았다. 무엇보다 공공 부문 노사관계에서 쟁점이 많았는데, 정규직 전환을 둘러싼 처우 개선이나 전국교직원노조 법외노조 해결 등의 사안이 논쟁적이었다. 민간 부문은 제조업 쇠퇴 등 산업 변화에 따른 구조조정 등이 거세져 비정규직의 고용 불안과 함께 기존 정규직의 고용 불안도 높아져갔다. 이외에도 고용 형태 다양화와 함께 늘어나기 시작한 특수고용 노동자, 플랫폼 노동자의 노동기본권 보호와 ILO 기본협약 비준 등 처리를 둘러싸고 노정 간 긴장도 높아져갔다. 전문가들이 2020년 노사관계를 예사롭지 않게 내다봤던 배경이다.

그런데 이런 2020년 노사관계는 두 가지 측면에서 예상을 빗나갔다.

첫째, 노사관계가 갈등 양상으로 전환되지 않았다. 2020년 초부터 코로나19 감염이 확산되면서 노사관계를 포함한 사회적 논쟁 대부분이 중단됐다. 둘째, 그럼에도 그전까지 간과된 취약계층의 사회안전망 사각지대에 대한 전면적인 논의가 시작됐다. 이 역시 코로나19가 주효했다. 경기 둔화로 실업이 늘고 고용보험 수요가 늘어나면서 노사정이 특수고용 노동자, 임시 · 일용직 등 실업급여의 사각지대를 확인할 수 있었기 때문이다. 결과적으로 2020년 예년에는 기대하기 어려웠던 노사 간 양보가 코로나19와 경제위기 속에서 빛을 발했다. 2020년 7월 경제위기를 극복하기 위해 고용 안정 등 사회적 대타협에 합의하고, 이어 9월 현대자동차 노동조합이 기본급 동결에 합의한 것이 대표적이다.

노동계 · 정부, 법 · 제도 개선 노력…경영계, 지나친 '親노동' 견제

2021년 노사관계는 어떻게 흘러갈까. 노동조합, 사용자 그리고 정부의 노사 관계 전략을 각각 살펴볼 필요가 있다.

우선 노동조합은 조직화 경쟁과 함께 노동자 권리 향상을 위한 법 · 제도 개선에 전력을 다할 것으로 본다. 한국노총의 경우 최근 제1노총의 지위를 민주노총에 내어주면서 기존 조직화에 대한 반성과 함께 대안 찾기에 많은 노력을 기울이고 있다. 이에 따라 한국노총은 2021년 조직화를 주된 목표 중 하나로 삼아 비정규직 조직 지원 활동 등을 강화할 것으로 예상한다. 민주노총은 2021년 위원장 선출 등을 통한 조직 정비와 함께 대정부 교섭을 강화할 것이다. 두 노총 모두 현 정부에 유리한 국회의 환경을 활용해 ILO 협약 비준, 전국민 고용보험, 노동법 개정 등 노동자의 권리 보호에 주력할 것으로 예측된다.

사용자 전략은 정부 정책이 지나치게 '친노동'으로 기울어지지 않도록 견제하는 데 주력할 것으로 본다. 다만, 경영계의 적극적인 활동에도 불구하고 기업 친화적인 정책은 많지 않을 것이라는 판단이다. 이는 현 정부가 진보 성향이기 때문만이 아니라 사회 전반적으로 '공정'에 대한 관심이 높아져서다. 예를 들어 개인 권리를 중시하는 문화가 확산되면서 기업의 개별 직원에 대한 갑질과 기업 간 공정거래 위반, 그리고 노동조합에 대한 부당노동행위에 대해서는 처벌과 규제가 불가피하다는 여론이 다수다. 행정부와 국회가 이런 여론을 수렴해 제도화를 하고 있기 때문에 2021년도 반전의 상황을 기대하기 어려울 것으로 예상한다.

마지막으로 정부는 기존 정책 기조를 유지하는 전략을 이어갈 것으로 본다. 무엇보다 여당이 국회를 주도할 수 있는 상황에서 정부는 노사관계 관련 법·제도 개선을 중심으로 하는 개혁 정책을 추진할 것이다. 실제 21대 국회가 새롭게 출범하고 상임위원장 모두를 여당이 맡으면서 국회에서의 노동법 개정 논의가 활발하게 이뤄지고 있으며 2020년 국민취업제도, 예술인 고용보험 적용 방안이 의결됐다. 정부 역시 고용노동부를 중심으로 노조법 개정안에 주력하고 있어 2021년 개정안이 현실화될 가능성이 높다. 노조법 개정안을 보면 해고자·실업자의 노조 가입, 노조 간부의 자격, 근로시간면제 심의위원회 등의 내용을 담고 있다. 이 외에도 고용보험, 산재보험 등 취약계층을 위한 사회보장보험 적용 등을 확대, 개정하는 방안들이 2021년 법제도 개정으로 추진될 가능성이 높다.

2021년 노사관계 전망

지금까지 살펴본 코로나19 상황에서의 노사관계에 대한 평가, 정치·경제·사회적 환경과 노사정의 전략적 방향 등을 참조해 2021년 노사관계를 다음과 같이 전망해볼 수 있다.

첫째, 국가 수준에서 노사정은 경제위기 극복을 위한 협력을 이어갈 것으로 예상한다. 다만 협력 정도는 정부 지원과 약속 이행에 따라 달라질 수 있다. 이는 코로나19로 인한 감염병 확산 위험이 지속된다는 전제에 기초한 것인데 코로나19로 인해 경제위기가 지속, 심화되는 상황에서 노사 간의 전면전을 예상하기는 어렵다. 오히려 노사정은 노사 협력과 정부 지원을 통한 위기 극복에 초점을 둘 것으로 본다. 사회적 대화 기구인 경제사회노동위원회도 다양한 역할을 할 수 있다.

둘째, 기업 수준에서 노사는 구조조정을 둘러싼 산발적인 갈등에 직면할 수 있다. 코로나19는 식품, 온라인, 배달 등 특정 산업에는 기회를 제공하고 있으나 대면서비스, 관광 등의 산업에는 매우 부정적인 영향을 미치고 있다. 2021년까지 이런 상황이 장기화될 경우 서비스, 관광 분야에서 한계기업이 등장할 수 있으며 정리해고를 둘러싼 노사 갈등이 나타날 수 있다. 따라서 안정적인 노사관계

2021년 노사관계 전망

구분	노사관계 전망	노동 시장 전망
국가 수준	노사정의 위기 극복을 위한 협력과 공조	공공 부문과 민간 부문의 격차 확대
기업 수준	고용조정을 둘러싼 산발적 갈등 발생	대기업과 중소기업 간 격차 확대
개인 수준	취약계층을 중심으로 한 보호 확대	정규직과 임시·임용직 간 격차 확대

와 위기관리를 위해서는 정부 차원으로 구조조정이 예상되는 산업과 갈등 사업장에 대한 위기관리 대응 팀을 구성해 이에 대한 대응을 하는 것이 필요하다.

셋째, 개인 수준에서 노동자에 대한 사회적 보호는 강화될 것으로 예상한다. 2020년부터 논의하기 시작한 고용보험 확대, 산재보험 적용제외 개정 등이 2021년에 다양한 방식으로 마무리가 될 것으로 예상한다. 고용보험의 경우 정부가 특수고용 노동자와 자영업자로의 확대 방안을 구체적으로 검토 중이며, 산재보험 적용 제외 조항도 개정 작업에 착수한 상태다. 이런 결실이 2021년 맺어질 가능성이 높으며 그에 따라 개별 노동자의 권리도 향상될 수 있을 것이다.

마지막으로 노사관계와 매우 밀접한 관계를 갖고 있는 노동 시장은 현재의 문제점이 오히려 더 확대될 가능성이 높다. 무엇보다 원·하청, 대·중소기업, 정규직·비정규직 간 격차가 더욱 확대될 것이다. 코로나19 같은 위기 상황에서도 일부 산업을 제외하면 대기업은 비교적 견고하게 위기를 극복하고 있지만 중소기업은 그렇지 못하다. 원청과 하청 노동자 간에도 고용 안정 등에서 차이가 확대되고 있으며 정규직에 비해, 임시·일용직의 고용 안정은 크게 위협받고 있는 상황이다. 이는 노동 시장 내 취약계층과 그렇지 않은 계층 간 격차를 확대할 것이다.

공공 부문과 민간 부문 격차도 확대될 가능성이 크다. 위기 상황에서도 공공 부문은 고용을 유지할 수 있으나 민간 부문은 그렇지 못한 상황이다. 더욱이 공공 부문은 비정규직의 정규직화 등으로 고용 안정 토대를 구축하기도 했으나 민간 부문에서는 정규직화가 거의 이뤄지지 못했다. 따라서 2021년에는 공공과 민간 부문 간 격차가 더욱 확대되고, 따라서 노동 시장 이중구조 해소와 격차 축소는 차기 정부 주요 과제가 될 것으로 본다.

계속 늘어만 가는 가계부채
'재정건정성' 사회 이슈 부상

주원 현대경제연구원 경제연구실장

▶ 2020년 우리나라 가계부채 규모는 전년 대비 5%대 정도 증가해 1700조 원에 조금 미치지 못하는 규모가 될 것으로 추정한다. 증가율로 본다면 2019년 (4.1%)보다 2020년이 더 높다. 부문별로는 주택담보대출 등 부동산 관련 대출이 가계부채 증가를 견인했다. 또한, 자영업자 등 취약계층에 대한 공적 대출도 높은 증가세를 보였다. 반면 극심한 소비 침체로 판매신용 부문은 상대적으로 낮은 부채 증가세를 보였다. 즉, 주택담보대출과 공적 대출 두 분야를 제외하면 사실상 2020년의 가계부채 증가 속도는 2019년보다 낮은 수준이었다고 판단한다.

2020년 재정수지는 최악의 상황일 수밖에 없었다. 예상하지 못한 코로나19로 경제위기가 재정지출의 급격한 확대를 이끌었다. 원래 2020년 예산은 재정지출 512조3000억원, 재정수입 481조8000억원으로 30조5000억원 규모의 수지 적자로 방어한다는 계획이었다. 그러나 4차례에 걸친 추가경정예산 편성으로 약 69조원의 추가 적자 요인이 발생했고, 일부 규모를 국채 발행으로 충당하면서 4차 추가경정예산 기준 최종 2020년 재정수지로 약 84조원의 적자를 추정한다. 이에 따라 재정적자의 국내총생산(GDP) 대비 비율은 본예산 기준 3.5%에서 최종(4차 추경 기준) 4.4%로 급증했다.

2021년 가계부채 전망

　2021년 가계부채 방향성을 결정짓는 요인으로는 경제 상황, 금리 수준, 부동산 시장 등이 있다. 그중에서도 가장 중요한 것은 경제 상황이다. 일반적으로 경제 상황이 나쁘면 가계자금 여력이 악화된다. 가계는 지출이 급격하게 변동하는 것을 좋아하지 않아 소득이 줄어들어 생긴 구매력 감소를 부채를 통해 충당하려고 한다. 즉, 경제가 침체되면 부채는 빠르게 늘어난다. 그러나 실제 통계를 보면 경제 상황과 가계부채의 이런 역(逆)의 관계는 나타나지 않는다. 오히려 두 변수는 정(正)의 관계로 동행성이 강하다. 특히 통상의 경기 사이클상 침체 국면보다 더 심한 경제위기급의 상황에서 이런 동행성이 강하게 나타난다. 글로벌 금융위기와 재정위기가 본격화됐던 2009년과 2013년 국면에서 가계부채가 낮은 증가세를 보였던 것이 그 대표적인 예다. 불황 강도가 예상치를 넘어버리면 가계의 미래에 대한 불확실성이 극대화되면서 심리적 공황에 빠진다. 이렇게 되면 대부분 가계는 지출을 급격하게 줄인다. 즉, 자금 수요인 가계대출 증가율이 낮아진다. 그러나 경제위기 이후 이어지는 회복 국면에서는 가계부채 증가세가 높아지는 경향이 나타난다. 2020년이 코로나19 경제위기의 최악의 국면이라 한다면 2021년은 반등이든 회복이든 경제 상황이 2020년보다는 개선될 것이다. 따라서 가계부채도 증가 속도가 빨라질 것으로 생각한다. 가계 부문 내에서도 자영업 대출 수요가 빠르게 증가할 가능성이 높아 보인다. 만약 2021년 경기 상승이 본격적인 회복이 아닌 기술적 반등 수준이라면 더더욱 자영업 가구의 생활안정자금이나 운영자금 수요가 높아질 가능성이 크다고 본다.

　한편 늘어나는 대출 수요에 공급량은 충분할 것으로 본다. 시중금리가 낮은 수준을 지속할 것으로 보여서다. 미 연방준비제도이사회(Fed) 등 주요국 중앙은행의 제로금리가 상당 기간 유지될 것이고 이에 따라 한국은행 기준금리도 인상되기

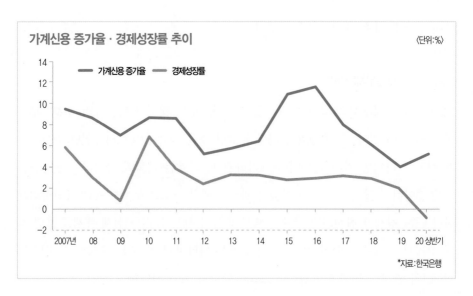

가계신용 증가율 · 경제성장률 추이 〈단위:%〉

— 가계신용 증가율　— 경제성장률

*자료:한국은행

는 어렵다고 본다. 기본적으로 시중 유동성 공급은 충분할 것으로 예상한다.

　2021년 가계부채 방향성에 큰 영향을 미칠 요인 중 하나는 부동산 시장이다. 부동산 시장과 관련된 부채는 다른 대출에 비해 상대적으로 규모가 크다. 현재 여건들로 보면 정부의 부동산 대출 규제 강화 기조가 크게 후퇴할 가능성은 높지 않다. 따라서 부동산 관련 가계대출은 낮은 증가율 수준에서 안정화될 것으로 본다. 그러나 대통령 선거(2022년 3월)가 가까워져 오면서 하반기 부동산 시장 불안정성이 증폭될 가능성이 있다. 실제 정부의 부동산 시장 규제에 큰 변화가 없어도 과거 정권 교체기 '학습효과'로 규제가 완화될 것이라는 시장 기대감은 확산될 것이다. 이 경우 부동산 관련 가계대출이 급증할 가능성도 배제하기는 어렵다.

2021년 재정수지 전망

　정부 재정수지는 경제 상황에 따른 재정지출 소요, 세수입 여건이 핵심이다.

　우선 재정지출 측면에서 보면 2021년 예산안은 확장적으로 편성됐다. 코로나19로 인한 취약계층에 대한 지원 등 복지 정책에 대한 예산 투입 수요가 빠른 증가세를 지속하는 가운데, 뉴딜 등 경기 부양책에 대한 지출 수요까지 가세하고 있기 때문이다. 정부가 국회에 제출한 2021년 예산안상 재정지출 규모는 555조8000억원에 달한다. 그러나 현실적으로 본다면 실제 재정지출 수요는 2021년 본예산 규모보다 더 필요할 것으로 보는 것이 타당하다. 즉, 2021년 경제 상황이 2020년에 비해 크게 개선되기 어렵다는 가정이라면 2020년에도 그랬듯 추가경정예산이 편성될 가능성이 높다. 특히, 대선 정국에 진입하면서 여당이든 야당이든 재정지출 확대를 통한 경기 부양 유인을 가지기 때문에 추경 편성은 불가피하다고 본다.

조세 수입은 예상치보다 낮을 가능성이 있다. 2020년 본예산에서의 세수입 규모는 481조8000억원이었으나, 4차 추경 최종 세수입 규모는 470조7000억원으로 크게 낮아졌다. 이는 경기 부양책의 일환인 감세 정책 영향도 있으나 불황이 장기화되면서 경기적 요인에 의한 세수 감소도 크게 영향을 미쳤기 때문이다. 따라서 정부가 계획하고 있는 2021년 재정수입 규모 483조원도, 경제 상황이 빠르게 개선되지 않는 한 목표로 하는 규모가 달성되지 못할 가능성이 높다고 본다. 이에 따라 2021년 재정수지 적자 규모는 정부 목표치인 72조8000억원(GDP 대비 5.4%)에서 방어할 수 있을지 의문이다.

한편, 재정수지 적자 급증으로 일부에서 증세 필요성을 주장하면서 '재정건전성'이 사회 이슈로 부상할 것이다. 해결 방법은 사회적 합의에 의한 증세다. 그러나 경제위기로 대부분 민간 경제 주체들이 어려움을 겪을 것이기 때문에 조세 저항에 부딪히게 될 가능성이 높다. 따라서 재정수지 적자 보전을 위한 증세 정책은 쉽지 않을 것으로 예상한다. 이 경우 임시방편적 차선책인 국채 발행으로 충당하려는 유인이 커져 국가채무가 빠르게 커질 수 있다. 정부 자료에 따르면 2020년만 해도 원래 예산에서의 국가채무는 805조2000억원으로 GDP 대비 39.8%에 머물렀으나, 4차 추경 기준으로 846조9000억원, GDP 대비 43.9%에 달했다. 2021년에도 본예산 기준으로 국가채무는 945조원으로 GDP 대비 비중은 46.7%로 급증할 전망이다.

지역 서비스업 갈수록 위축
수도권으로 인구 이동 심화

이상호 산업연구원 국가균형발전연구센터 지역산업 · 입지실장

▶ 2020년 지방 경제는 코로나19 확산으로 인한 국가적 경제위기 속에서 더욱 어려운 상황에 직면했다. 경제 비중이 높아지고 있던 지역 서비스업 활동이 코로나19로 인해 크게 줄었고, 의지했던 제조업 활동 역시 그동안의 부진한 모습에서 탈피하지 못한 채 크게 위축됐다.

2020년 지방 경제…코로나19로 제조업 · 서비스업 모두 큰 타격

지방 경제 부진은 코로나19 확산 이전에도 염려됐던 점이다. 경기 회복기에도 지방 경제는 침체 모습을 보였다. 공식적으로 우리나라는 2013년 3월부터 2017년 9월까지 경기 확장기에 있었지만 해당 기간에 지방 경제는 수도권보다 낮은 2.3%대의 저성장을 기록했다. 경기가 하락세로 진입했던 2017년부터는 더욱 악화됐다. 비수도권 지역 중 대경권, 동남권, 호남권의 경우 경제성장률은 2017~2018년 중 매우 저조한 평균 0.9%의 성장률을 기록했고, 수도권에 인접한 충청권(3.7%)조차 수도권(4.2%)에 비하면 미미했다.

낮은 지역 경제 성장의 배경에는 제조업 활동 부진이 있다. 대경권과 동남권,

호남권의 제조업 부가가치 증가율은 2011~2015년 각각 1.7%, 0.1%, 0.3%였고, 2016~2018년에는 더욱 악화돼 각각 1%, 0.8%, -1.3%를 기록했다. 그리고 2020년 들어 제조업 생산지수 증가율은 1~8월 동안 지난해 같은 기간에 비해 8% 감소했다. 지역 제조업 경기는 더욱 악화된 것으로 추정한다.

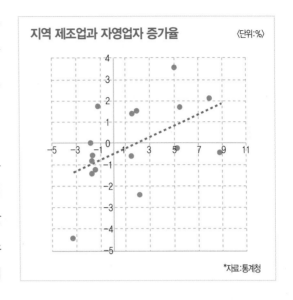

지역 제조업과 자영업자 증가율 〈단위:%〉

*자료:통계청

 과거부터 지속되던 지역 제조업 부진은 지역 경제 내 서비스업 비중 강화로 이어졌다. 지역 제조업 부진으로 생산시설의 해외 이전과 사업 축소 등 현상이 나타나면서 지역 제조업에 대한 노동 투입은 감소했다. 이는 서비스업으로 노동 공급이 몰리는 계기가 됐다. 지역 제조업 증가율과 자영업자 증가율 간의 비례적 관계는 이를 반영한다.

 서비스업은 부진한 지역 경제활동을 지탱하는 버팀목이었다. 대경권 · 동남권 · 호남권 이외에도 충청권과 강원 · 제주권 역시 2011~2015년 3% 초반대 견조한 성장세를 보였고, 2016~2018년 중에도 부진하지만 2~3%대 성장세를 보였다. 하지만 지역 서비스업 성장은 지역 제조업에서 고용 감소로 인해 증가한 노동 투입에 따른 영향이 크다. 만일 지역 서비스업이 높은 생산성을 보였다면 성장세는 이보다 컸을 것이다. 결국 지역 서비스업 성장의 이면에는 제조업 부진이 맞닿아 있는 셈이다.

 그나마 서비스업으로 겨우 맥을 유지하던 지역 경제는 2020년 코로나19 확산으로 인해 큰 타격을 받았다. 2020년 2분기까지 비수도권 서비스업 생산 활동이 지난해 같은 기간에 비해 3.7% 감소했다. 서비스업이 그나마 지역 경제를 이끌어왔다는 점에서 서비스업의 부진은 단순히 서비스업만의 문제가 아니다.

2021년 지방 경제, 2020년에 비해 성장하나 정부 지원 정책 없다면 빈 껍데기

2021년 지방 경제는 타격이 컸던 2020년에 비해서는 성장할 것으로 본다. 다만 코로나19 확산 영향이 여전히 큰 성장의 제약 요인으로 작용할 것이다. 당장은 노동 투입에 의해 유지했던 서비스업 생산 활동 제약이 가장 큰 애로사항이다. 지속적인 방역 활동에도 불구하고 백신 개발 이전까지 예상되는 간헐적인 코로나19 확산세는 지역 내 서비스업 활동을 제한할 것이다.

더 큰 문제는 코로나19로 인한 지역 서비스업 활동 부진이 수도권으로의 지역 인구 이동을 부추길 가능성이 있다는 점이다. 2020년에도 서비스업 활동이 급격하게 낮아진 상황에서 비수도권 인구가 수도권으로 대규모로 이동한 바 있다. 이러한 인구 이동은 지역 경제가 위기를 극복하는 데 잠재적인 걸림돌로 작용할수밖에 없다. 수도권으로의 지역 인구 이동 경향은 도시의 규모와 산업의 다양성과 직결돼 있다. 도시 규모가 클수록 코로나19 확산에 대응한 언택트 사업의 규

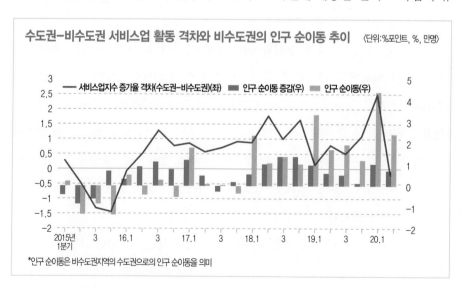

수도권-비수도권 서비스업 활동 격차와 비수도권의 인구 순이동 추이 〈단위:%포인트, %, 만명〉

*인구 순이동은 비수도권지역의 수도권으로의 인구 순이동을 의미

모의 경제 영위가 가능하다. 이는 연관 일자리와 소득 창출의 기회를 제공하기 때문이다. 특히 여러 분야가 집적화된 경제권에서는 언택트 사업을 창출할 수 있는 기회가 많고 관련 기술과 정보에 대한 습득도 훨씬 유리하다.

지역 제조업은 2021년에 다소 개선된 환경 아래서 전년 대비 성장을

권역별 성장률 추이				단위:%
권역별	기간별 지역내총생산 증가율			
	2001~2005년	2006~2010년	2011~2015년	2016~2018년
수도권	5.2	4.6	3.4	4.2
비수도권	4.7	4	2.6	1.7
충청권	6.1	5.7	3.7	3.7
대경권	5.2	3.7	2.6	0.5
호남권	3.4	3.9	1.5	1.9
동남권	4.8	3.3	2.1	0.4
강원·제주권	3	3.5	3.9	3.2

자료:통계청, 지역계정

전망한다. 성장 크기는 교역 여건과 경제 여건 변화 정도에 따라 좌우될 것이다. 즉, 코로나19와 미중 갈등에 따른 대중국 교역 장벽과 세계 수요 감소 등은 여전히 지역 제조업의 제약 조건으로 작용하겠다. 2021년에는 이들 여건의 완화와 회복세를 예상한다. 내수가 개선될 것이라는 점도 제한적 수준 아래서 제조업 성장에 긍정적인 요소다. 그러나 지역 내 기존 주력 산업 분야의 초과 공급과 단가 하락 압력, 지역 내 인구 고령화 문제, 생산 소득의 수도권 이전 문제 등은 지역의 투자 제약으로 작용해 생산 회복세를 가중할 여력은 크지 않다.

종합해보면, 2021년에 지역 경제가 보다 건강한 성장 경로로 진입하기 위해서는 정책 대응이 필수다. 코로나19 확산에 따른 영향이 지역 경제 성장 경로에 영향을 미치지 않도록 정부의 세심한 관심이 요구된다. 지방 도시가 경제의 구심력을 확보할 수 있도록 일자리 창출을 위한 지역 정책이 동반돼야 하는 상황이다. 동시에 재정 정책이 지역 산업 발전 기반을 다질 수 있는 방향으로 수행돼야 한다.

지역·국가별로 회복 속도 차이 2021년 미중관계가 핵심

김경훈 한국무역협회 동향분석실 연구위원

▶ 2020년 코로나19 확산과 함께 전 세계를 덮친 경제위기는 경제 시스템 내부 문제가 아니라 감염병으로 인한 인적·물적 이동의 제한이 직접적인 원인으로 작용했다. 초기 영향은 주로 물류와 공급망에 대한 충격으로 발생했다. 그 뒤 수개월간 이어진 봉쇄 조치로 소비와 투자 등 수요가 급격히 위축되면서 고용과 생산에도 연쇄적인 침체가 발생했다.

그러나 2020년 2분기를 지나면서 각국은 봉쇄 조치를 점진적으로 해제했다. 코로나19와의 공존이 일상화되면서 경제활동은 차츰 회복되는 추세다. WTO에 따르면 2020년 2분기 세계 상품 교역은 금액 기준으로 전년 동기 대비 21% 감소해 금융위기 기간(-33%)보다 감소폭이 작았다. 교역량도 금융위기 때에 비해 빠른 회복세를 보이고 있다. 2020년 5~6월 2개월간의 교역량 증가율은 2008~2009년의 경제위기 당시 13개월간의 회복세와 비슷한 수준이다.

부정적 전망과 다르게 선방한 글로벌 교역

코로나19로 인한 경기 침체 초기에는 세계 상품 교역이 대공황 이후 가장 큰

폭의 하락을 겪으면서 보호무
역주의 강화, 해외 공급망 재
편 등으로 세계화가 영구적으
로 후퇴할 것이라는 전망이 이
어졌다.

세계 교역물량지수(위기 이전 100 대비)

■ 코로나19위기 ■ 2008년 금융위기

90.63

99.75

*자료:Kiel Institute
*주:코로나19의 경우 2020년 2월=100, 금융위기의 경우 2008년 9월=100 기준

그러나 이런 예측은 현재까
지만 놓고 볼 때 지나치게 비

관적이었던 것으로 나타나고 있다. 2020년 4월 WTO는 2020년 세계 교역량이
최대 31.9%까지 감소할 수 있다고 내다봤지만, 10월에는 9.2% 감소로 전망치
를 수정했다. 실제 코로나19 충격이 가장 컸던 2020년 2분기에도 세계 교역량은
전기 대비 14.3% 감소하는 데 그쳤다. 또한 전 세계 38개국의 수출 신규 수주에
대한 구매자관리지수(PMI)를 조사한 결과, 2020년 6월에는 불과 4개국만이 기
준선(50)을 웃돌았으나 8월에는 미국, 중국, 독일 등 14개국에서 신규 수주가 증
가(50 이상)한 것으로 나타났다. 세계 물동량 통계에 따르면 미국, 아시아, 유럽
항만의 선박 운항이 정상화된 가운데, 일부 노선에서는 상품 수요가 코로나19 이
전보다 증가하면서 컨테이너 운임이 사상 최고치를 기록하기도 했다.

중국·한국·독일 교역 회복세 빨라

다만 이런 회복세는 지역별, 국가별로 불균등하게 나타나고 있다. 상품 교역은
2020년 5월 이후 유럽 봉쇄 조치가 완화되고 중국, 한국 등 아시아 국가 경제가
완만한 반등세를 보이면서 감소세가 완화되고 있다. 반면 서비스 교역은 4~7월
중 20%대 이상 감소세가 지속되면서 침체에서 벗어나지 못하고 있다.

중국, 한국, 독일 등 교역 회복세가 상대적으로 빠른 국가들은 코로나19 방역
에 성공한 국가이기도 하지만 서비스보다는 상품 교역에 대한 의존도가 높은 국
가다. 특히 중국은 6월 이후 수출이 지속적으로 증가세를 보이고 있으며 주요국

중 유일하게 2020년 경제성장률이 플러스를 기록할 것으로 예상한다. 제조업이 강한 한국과 독일 역시 서비스 산업 비중이 높은 미국, 이탈리아, 스페인 등에 비해서는 훨씬 양호한 성적표를 받을 것으로 전망한다. 또한 교역단가에 있어 에너지 가격은 2분기 중 전년 동기 대비 35.1% 하락한 반면 비에너지 원자재 가격은 4.1%, 기타 상품의 가격은 1.2% 하락에 그쳐 에너지 수출 의존도가 높은 국가들이 보다 큰 경제적 타격을 입을 것으로 예상한다.

코로나19로 인한 경제위기는 감염병 확산이 직접적인 원인인 만큼, 위기 종식도 경제 정책보다는 치료제 또는 백신 출현에 달려있다. 효과적인 치료제나 백신이 개발되는 데까지 최소 1년 이상의 시간이 걸린다고 가정할 때, 2021년까지는 코로나19의 산발적인 확산과 봉쇄 강화가 기업과 소비자의 심리를 불시에 위축시킬 가능성이 있다. 또한 각국 경기 부양 프로그램이 종료되면서 어렵게 유지되던 교역 회복세가 다시 꺾일 가능성도 상존한다.

그렇지만 코로나19 확산 초기 같은 경제 봉쇄는 더 이상 어느 국가도 감당할 수 없기 때문에, 신규 확진자 수가 계속 늘어나도 경제활동은 지속될 것이며 코로나19가 경제에 미치는 영향도 점차 감소할 것이다. 이에 따라 세계 경제는 2021년까지 점진적으로 회복되겠다. 그러나 불확실성이 매우 높은 가운데 국가마다 양상이 상이하게 나타날 것이다. 특히 인도, 멕시코, 남아공 등 신흥국에서는 코로나19 확산이 지속되며 성장률 회복에 보다 많은 시간이 걸릴 것으로 본다.

2021년에도 미중 갈등 지속될 것으로 전망

코로나19라는 변수를 제외하면 2021년 글로벌 교역에 가장 큰 영향을 미칠 요인은 미중 갈등이다.

2021년에도 자국 우선주의와 중국에 대한 견제라는 미국 통상 정책의 큰 틀이 유지되는 가운데 보호무역주의 완화, 미중관계 개선 등 세계 무역 환경이 개선될 계기가 마련되기는 쉽지 않을 것으로 본다. 미국은 코로나19 확산으로 서

비스 수출에 제동이 걸리고 상
품 수입이 회복세를 보이면서
2020년 큰 폭의 무역적자를
기록할 가능성이 높아졌다. 빠
른 경제 회복세를 보이는 중국
에 미국이 보호무역주의적 조
치로 대응할 경우 미중 간 갈

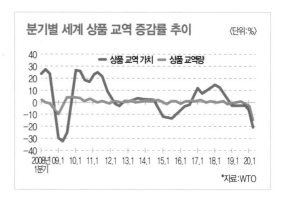

등은 2021년에 더욱 악화될 가능성을 배제할 수 없다.

특히 미국은 양자 간 무역협상과 제재에 의존하던 지금까지의 태도에서 벗어
나 동맹국과의 협력을 통해 중국의 불공정한 무역관행을 시정하고 첨단기술 분야
에서 가속화되는 중국의 굴기(屈起)를 저지하려는 노력을 강화할 것으로 예상한
다. 이 경우 한국 입장에서는 미국과 중국 사이에서 통상 정책 방향을 둘러싼 긴
장이 더욱 고조될 우려가 있다. 이미 코로나19 이전부터 보호무역주의가 심화되
고 WTO 상소기구 기능 마비 등 다자주의가 약화되고 있었지만, 코로나19 발
발로 세계화의 취약성이 드러나면서 세계화 둔화(Slowbalization)와 탈세계화
(De-globalization) 그리고 이에 따른 각국 리쇼어링(Reshoring) 등 공급망
재편 움직임까지 가속화되면서 세계 교역 둔화세는 향후에도 지속될 것으로 본다.

마지막으로 코로나19는 디지털 연결의 중요성과 의존성을 가속화하고 있다.
코로나19가 촉발한 온라인 비즈니스 성장에 따라 디지털 무역의 중요성은 더욱
주목받을 전망이다. 그렇지만 한편으로 많은 국가가 국경 간 데이터 이동에 대
해 조세 부과·데이터 현지화, 개인정보의 보호·활용, 사이버 보안·지식재산
권 등과 관련해 새로운 형태의 장벽을 높이고 있다. 이에 따라 그간 지지부진했
던 WTO 전자상거래 협상 등 디지털 무역에 대한 국제 규범 논의도 급물살을 타
게 될 것으로 본다. 동시에 새로운 무역 규범 주도권을 둘러싼 미국, 중국, EU
간 헤게모니 다툼은 더욱 치열해질 것으로 예상한다.

IV

2021
매경 아웃룩

세계 경제
어디로

中 회복이 달러 약세 불러
원화도 위안화 연동될 듯

오건영 신한은행 IPS본부 부부장('부의 대이동' 저자)

▶ 2021년 외환 시장을 예견해보기 위해서는 2020년 국제환율 흐름을 복기해볼 필요가 있다. 2020년은 상반기와 하반기 흐름이 사뭇 달랐다. 반기로 나누는 것보다는 코로나19로 인한 시장의 패닉 국면과 그 이후 통화, 재정 부양에 힘입어 시장이 빠른 회복세를 보이는 회복 국면으로 나누는 것이 맞을 것이다.

과거 연방준비제도(Fed) 의장을 역임했던 버냉키(B. Bernanke)는 코로나19 사태를 눈보라에 비유했다. 금융위기 등은 하나의 충격으로 인해 경제 주체가 무너져내렸기에, 그 충격이 가신 이후에도 하나하나 새롭게 재건을 하는 프로세스가 필요했다. 반면 코로나19 사태는 눈보라같이 코로나로 인해 경제가 잠시 멈춰섰을 뿐이라는 논리다. 눈보라가 사라지면 그때는 경제 주체들이 경제 현장에 복귀, 경제활동을 재개하면 된다는 의미다.

코로나19 사태 초기에는 코로나 눈보라가 얼마나 이어질지 알 수 없었기에, 그리고 전 세계적으로 워낙 부채가 많았기에 빚을 상환하기 위한 현금 수요가 커질 수밖에 없었다. 전 세계 금융 거래의 80%는 달러로 이뤄진다. 글로벌 금융 시장에서의 대출은 대부분 달러를 기반으로 이뤄진다. 대출 상환 역시 달러로 진행된

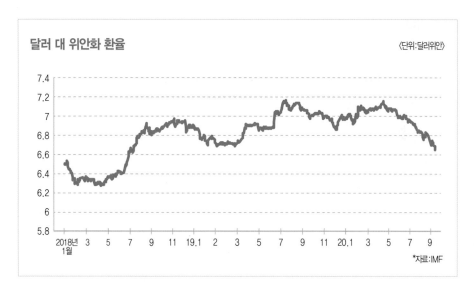

달러 대 위안화 환율 〈단위:달러위안〉

*자료:IMF

다. 코로나19 사태로 인한 불안감이 커지기에 대출 상환을 준비해야 하는 경제 주체들이 급증하고, 이는 달러 수요 증가로 이어진다. 코로나19 사태 한복판에서 달러는 이례적인 강세를 보였으며 원화를 비롯, 유로화와 엔화, 위안화, 이머징 통화 대부분이 달러 대비 크게 무너져내리는 모습을 보였다.

코로나19 사태를 맞아 중앙은행 역할은 코로나라는 눈보라가 사라질 때까지 경제 주체가 영구적인 충격을 받지 않도록 무제한 경기 부양을 하는 것이었다. 미국 중앙은행인 Fed는 시장 예상을 넘는 달러 유동성 공급 프로그램을 발표했다. 이로 인해 달러 공급이 크게 증가하며 달러는 2020년 5월 이후 약세로 돌아섰다.

한 국가의 통화 가치를 결정하는 요인은 워낙 다양하지만 주요하게는 두 가지를 들 수 있다. 바로 성장과 금리다. 특정 국가 성장이 워낙 강하게 나타나면 해당 국가 성장의 과실을 얻기 위해 외국 자본이 유입된다. 해당 국가 자산에 투자하기 위해서는 그 나라 통화를 사들여야 한다. 외국 자본이 들어오면서 외국 통화를 팔고 해당 국가 통화를 매입하는 과정에서 해당 국가 통화는 강세를 띤다. 금리 역시 마찬가지다. 특정 국가 금리가 높다면 그 나라 통화를 보유했을 때 얻을 수 있는 이자 보상 매력이 높아진다. 고금리 국가 통화에 대한 수요가 증가하면서 해당국 통화 가치는 강세를 보인다.

지난 2014년 이후 미국은 금융위기 파고를 제일 먼저 극복하고 본격적인 성장 가도에 올라섰다. 강한 성장세와 함께 Fed는 금리 인상을 진행했다. 이로 인해 미국은 강한 성장과 함께 높은 금리라는 두 마리 토끼를 모두 잡았다. 코로나19 사태 이전까지 달러가 강세를 보인 이유다. 그러나 코로나19 사태 이후 상황은 급변한다. 미국의 성장은 크게 위축됐다. 미국 기준금리는 다시금 0%로 인하되면서 대표적 시장금리인 10년 국채금리 기준 0.6~0.8% 수준까지 낮아졌다. 과거 2018년 독일 10년 국채금리가 0% 수준일 때 미국 10년 국채금리가 3% 수준을 유지했다. 2020년 4분기인 지금 독일 10년 국채금리는 −0.5% 수준인데 반해 미국 10년 국채금리는 0.6~0.8%까지 낮아지면서 양국 간의 금리 차가 크게 줄어들었다.

달러화 매력을 높여줬던 두 가지 요인, 즉 미국의 차별적인 성장과 높은 금리는 과거 대비 상당 수준 약화됐다. 이는 기타 통화 대비 달러의 차별적 강세를 무너뜨리는 핵심 요인이다.

반면 다른 국가들 상황은 어떨까. 미국 외 다른 국가들 성장세 역시 매우 약하다면, 그리고 해당 국가 금리가 지금 수준보다도 더 낮아질 것으로 보인다면 미국 경제 부진에도 불구하고 달러화는 강세를 이어갈 수 있을 것이다.

주목해서 볼 국가는 중국이다. 중국은 코로나19 사태 파고에서 가장 빠른 회복세를 보였다. 또 2020년 기준 전 세계 주요국 중 유일하게 플러스 성장을 나타낼 것으로 기대한다. 성장 측면에서 바라본다면 마이너스 성장이 확실시되는 미국 대비 중국의 성장세는 인상 깊다.

중국금리는 어떨까?

중국 10년 국채금리는 3% 수준을 넘어서면서 기존 미국 10년 국채금리와의 금리 차를 크게 벌렸다. 아울러 코로나19 사태 이후 전 세계 중앙은행들이 공격적인 금리 인하에 나섰기에 중국금리는 차별적으로 높은 수준을 형성한다. 한 가지 더 고려할 점은 중국의 공격적인 금융 시장 개방이다. 중국은 금융 시장 개방 속도를 높이고 있는데, 이는 중국으로의 자본 유입을 강화시켜 중국 위안화 강세를 촉발하는 요인이 될 수 있다.

위안화 흐름이 중요한 이유는 중국이 이머징 국가 대부분과 수출 경쟁국이면서 동시에 이머징 국가 물건을 수입하는 국가이기 때문이다. 위안화가 약세를 보이면 이머징 국가들은 중국 대비 낮은 수출 경쟁력으로 인해 수출 성장에 고전하게 된다. 아울러 위안화 약세로 인해 다른 나라 통화 표시 제품의 수입 가격이 상승하면 이머징 국가들은 중국 내수 시장에서 고전할 수밖에 없다. 반면 위안화가 강세를 보인다면 이머징 국가들은 중국 대비 수출 가격 경쟁력을 높일 수 있고, 중국에 수출할 때에도 낮아진 수입 물가로 인해 더 좋은 성과를 기대할 수 있다.

위안화 강세 흐름이 나타나면 이머징 국가들도 수출 경쟁에서 우위를 점할 수 있기에 자국 통화 강세를 일정 수준 수용할 수 있다. 원화가 위안화 강세에 연동되는 면이 강한 이유 역시 여기서 찾을 수 있다.

따라서 2021년 우리가 주목할 곳은 바로 중국이다. 중국의 성장이 지금과 같이 안정적으로 이어진다면, 그리고 중국 인민은행의 통화 정책이 과도한 부양에서 벗어나 일정 수준 금리를 유지해준다면 위안화의 완만한 강세 추세가 나타날 것이다. 그리고 위안화 강세는 이머징 국가의 제한적 통화 절상 요인으로 이어지며 전반적인 이머징 통화 강세를 만들어낼 것으로 본다.

글로벌 제로금리 기조 쭉~
美 디플레 압력 상당히 높아

홍춘욱 EAR리서치 대표

▶ 2021년 국제금리는 어떻게 될까? 결론부터 이야기하자면, 주요 중앙은행은 제로금리 정책 기조를 지속할 가능성이 높다.

주요국 중앙은행 중 미국 연방준비제도 이사회(이하 '연준')는 2021년에 더욱 강력한 통화 공급 완화 정책을 시행할 것으로 예상한다. 이런 예상을 하는 이유는 최근 미국 경제 디플레 압력이 상당히 높은 수준에 도달했기 때문이다.

2008년 이후 미국 소비자물가와 2%의 물가 상승이 실현됐을 때의 소비자물가를 비교해보자(표 참조). 참고로 연준은 경제의 완전고용과 함께 물가 안정을 목표로 하는데, 연준의 물가 목표 수준은 2%로 설정돼 있다. 그런데 2008년 이후에는 이 목표 수준이 지속적으로 떨어지는 것을 발견할 수 있다.

2020년 하반기 연준이 들고 나온 '평균 인플레 목표(Average Inflation Targeting · AIT)' 정책이 이 문제에 대한 해답이라고 볼 수 있다. 즉, 일시적으로 물가 상승률이 2%를 넘어서더라도 정책금리 인상을 인내하겠다는 약속이라 할 수 있다. 따라서 AIT 정책을 관철하는 한, 2021년에도 제로금리 정책이 실행될 가능성이 높다. 왜냐하면 2020년 8월까지의 미국 물가 상승률이 1.4%에 불과하기에, 2021년 물가가 3% 선을 크게 넘어서지 않는 한 2020~2021년의 평균 물가 상승률이 2% 선을 크게 웃돌 가능성이 높지 않기 때문이다. 특히 최근 국제 원자재 가격이 하향 안정되고 있는 점은 인플레 가능성을 크게 낮추는 요인이다.

일각에서는 대대적인 통화 공급 확대가 뜻하지 않는 인플레를 유발할 가능성이 높다고 주장하나, 최근 발생한 거대한 마이너스 GDP Gap(실제 GDP-잠재 GDP)을 무시해서는 안 될 것이다. 참고로 GDP Gap이란 공장 생산능력과 실제 판매량 차이로 비유할 수 있다. 예를 들어 100만대 생산능력을 가진 공장을 가정해보자. 이 기업이 2020년 코로나19 쇼크로 60만대를 파는 데 그쳤다면, 어떤 대응에 나서겠는가?

제일 먼저 과도한 재고 문제를 해소하기 위해 가격을 인하하고 비정규직 근로자를 해고하는 등 강력한 비용 절감 정책을 시행할 것이다. 물론 정책 당국이 강력한 경기 부양 정책을 시행한 덕분에 2021년 자동차 판매가 전년의 두 배 수준(120만대)으로 늘어날 수도 있다. 그러나 이 기업이 갖고 있는 재고는 여전히 20만대에 이를 것이다. 즉, 한번 강력한 경기 침체가 발생하면 그 후유증은 생각보다 오래 간다.

이렇게 GDP Gap이 마이너스를 기록하는 등 경제 전반에 과잉재고가 존재하

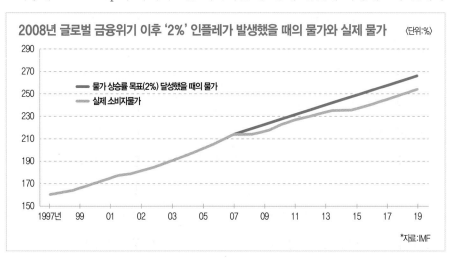

2008년 글로벌 금융위기 이후 '2%' 인플레가 발생했을 때의 물가와 실제 물가 〈단위:%〉

— 물가 상승률 목표(2%) 달성했을 때의 물가
— 실제 소비자물가

*자료:IMF

유럽 정책금리와 소비자물가 상승률 추이　　　　〈단위:%〉

유럽 정책금리
소비자물가 상승률

*자료:CEIC

는 상황에서 고용이 회복되고 제품 가격이 인상되기는 쉽지 않다. 참고로 미국 GDP Gap은 2015년이 돼서야 플러스로 돌아섰고, 연준은 그해 말에야 정책금리를 인상한 바 있다. 따라서 필자는 2021년은 물론, 그 뒤로도 제로금리 정책이 장기화될 가능성에 무게를 두고 있다.

유럽은 미국보다 제로금리 정책 기간 더 길어질 듯

유럽 중앙은행 정책금리도 제로 수준을 유지하는 것은 물론, 제로금리 정책을 미국보다 더 장기간 유지할 것으로 예상한다. 이런 판단을 내리는 이유는 2011년의 결정적인 정책 실수에 대한 '트라우마' 때문이다.

2011년 당시 유럽 중앙은행은 중동 민주화운동(이하 '재스민 혁명')으로 빚어진 국제유가 급등으로, 소비자물가 상승률이 3%를 넘어서자 정책금리를 두 차례 연속 인상했다. 그러나 당시 유럽의 GDP Gap이 마이너스 수준(2010년 −1.4%포인트, 2011년 −0.5%포인트)이었음을 감안할 때, 이는 과도한 조치였다. 특히 당시 그리스, 아일랜드, 포르투갈 등 과도한 부채에 허덕이던 일부 국가에 금리 인상은 큰 충격을 줬다. 부채 부담이 이미 과다한 상황에서 중앙은행이 정책금리를 인상한 것은 그리스 등 재정위기 국가의 차입 금리 부담을 높였을 뿐 아니라, 경제 활력을 떨어뜨리는 결과를 가져왔다.

결국, 2012년에 이탈리아와 스페인 등 유럽 4위와 5위 경제국마저 무너지는 이른바 '2차 유럽 재정위기'가 발생하고 말았다. 이후 10년 동안 유럽 경제는 저성장의 늪에 빠져 들었으며, 특히 소비자물가 상승률은 1.3%에 그쳐 그 직전 10년 동안의 평균 수준(2.1%)을 크게 밑돌고 있다. 이를 감안할 때, 유럽 중앙은행이 향후 상당 기간 금리 인상을 인내할 가능성이 높을 것으로 판단한다.

신흥국은 경기 부양 스탠스 지속 예상

마지막으로 중국을 비롯한 기타 국가 금리 정책에 대해 살펴보자.

중국은 2021년에도 강력한 경기 부양 정책 시행 가능성이 높다고 본다. 국제통화기금(IMF) 전망에 따르면, 2020년 중국은 1.2% 성장에 그칠 것으로 예상한다. 이 같은 결과는 중국 정책 당국의 강력한 경기 부양 정책을 유발할 가능성이 높다.

IMF는 2020년에만 중국 정책 당국이 GDP의 11.2%에 이르는 재정지출 패키지를 실행에 옮기는 한편, 2021년에도 9.6%에 이르는 재정적자를 감수할 것으로 전망한다. 대신 강력한 경기 부양 정책 결과 국가부채의 폭발적인 증가 가능성이 높은 만큼, 통화 정책 역시 완화적으로 이뤄질 가능성 높다. 참고로 중국의 1년 만기 프라임 대출금리는 2020년 4월 20일 기존 4.05%에서 3.85% 수준으로 인하됐는데, 2021년까지 이 수준을 유지할 것으로 예상한다.

일본의 통화 정책은 아베 총리 퇴임 이후에도 큰 변화를 겪지 않을 전망이다. 쿠로다 일본 중앙은행 총재가 2018년 연임에 성공한 데다 지난 2020년 9월 17일 기자회견에서 "임기 만료 전에 중도 사임할 생각이 없다"는 입장을 밝힌 바 있기 때문이다. 따라서 2021년에도 일본 중앙은행은 강력한 디플레 압력에 맞서 제로금리 정책을 지속하는 한편, 양적·질적완화(QQE) 정책을 공격적으로 펼칠 것으로 전망한다.

미국

바이드노믹스로 다시 도약
친환경 산업 · 제조업 뜬다

정민 현대경제연구원 연구위원

▶ 코로나19 사태가 벌어지기 전인 2019년 말과 2020년 초만 해도 미국 경제는 성장률이 다소 둔화될 수 있겠지만 순항한다는 전망이 우세했다. 미국 실업률이 3%대 중반으로 낮은 수준을 유지했고, 소비 회복세가 견조했다. 하지만 '그린존(Green Zone · 청정 구역)'으로 보였던 미국조차도 바이러스 감염자 수가 급증하면서 경기 침체 늪에 빠지게 됐다. 경제 봉쇄로 미국 고용 악화와 함께 미국 경제의 70% 이상을 차지하는 소비 둔화의 충격이 역성장을 초래했고, 이로 인해 2020년 미국 경제는 1930년대 미국 대공황 이후 최악의 마이너스 성장이 예상된다.

코로나19 여파로 미국의 2020년 2분기 경제성장률은 전기대비연율 −31.4%를 기록했다. 분기 통계치가 집계된 이후(1947년) 최저 수준이다. 그러나 2020년 5월 경제 재개 이후 일부 경제지표에서 회복 국면이 전개되기 시작했다. 이에 2020년 3분기 경제성장률은 33.1%를 기록하며 시장 예상치를 웃돌았다. 회복세는 예상보다 빨랐다. 일부 지역에서의 코로나19 재확산에도 민간소비는 점진적 경제활동 정상화, 정부 정책 효과에 따른 소득 보전 등에 빠른 회복세를 보였다. 투자에서는 구조물 등 일부 부문은 부진하나 견고한 수요에 근거한 주거용, 장비 투자 회복이 투자경기 반등을 이끌었다. 이런 결과로 2분기 낙폭이 어느 정도 회복되는 모습을 보였으나 여전히 코로나19 이전인 2019년 4분기 수준과 비교해 뒤처지는 상황이다.

미국 고용 시장은 점차 개선되고 있다. 미국 실업률은 코로나19 충격으로 2020년 4월 14.7%까지 급등 후 2020년 10월 6.9%로 감소했다. 예상보다 빠르게 한 자릿수대로 진입했다. 그러나 전체적인 고용 증가 속도는 둔화되는 양상이며 바이러스로 훼손된 고용의 절반 수준은 아직 복구되지 못했다. 더불어 2020년 11월 들어 팬데믹 재확산 조짐을 보이며 노동 시장의 미스매치가 지속되면서 고용 시장의 회복 속도가 다소 지연될 수 있다는 분석에 무게가 실린다. 소매판매는 2020년 4월 전월 대비 14.7%까지 하락했지만 이후 증가세가 점차 개선되면서 2020년 9월 기준 1.9%를 기록했다. 여기에 콘퍼런스 소비자신뢰지수도 2020년 4월 85.7포인트까지 하락했으나 실업률 개선, 소매판매 개선 등에 힘입어 2020년 10월 100.9포인트로 개선됐다. 전반적으로 코로나19 충격으로 위축됐던 고용 시장, 소비 여력이 회복되면서 소매판매와 소비심리가 점차 개선되는 모습이다.

코로나 19 침체에서 벗어나고 있으나 이전 수준으로 회복은 아직 역부족

산업·경기지표도 반등하면서 투자 여건이 개선되고 있다. ISM 제조업과 비제조업 경기지수는 코로나19 여파로 모두 기준점인 50을 밑돌았으나 2020년 9월 각각 55.4, 57.8로 다시 상승하며 경기 확장 국면 재진입했다. 투자 선행지표 증가율도 다시 플러스 증가율로 전환되면서 향후 민간 투자심리가 개선될 수 있는 환경이 조성되고 있다. 주택 판매 증가, 부동산시장지수 상승 등으로 부동산 시장에도 긍정적인 분위기가 감지된다.

향후 경기 향방을 나타내는 경기선행지수는 실물경제지표 개선세로 2020년

미국 경기선행지수 · 경기 침체 확률 <small>(단위:포인트,%)</small>

— 경기선행지수(좌, 2016년=100)　— 1년 후 경기 침체 확률(우)

*자료:블룸버그

4월 96.9포인트에서 9월 107.2포인트로 큰 폭으로 상승해 경기 회복 기대감이 커지고 있다. 이에 뉴욕 연방준비은행의 향후 12개월 경기 침체 확률은 2021년 8월 18.6%로 다소 감소했다. 따라서 향후 미국 경제가 점진적으로 회복할 수 있다는 견해는 여전히 확고하다. 그러나 미국 경기 회복 속도뿐 아니라 향후 코로나19의 재확산 여부, 새 정부의 부양책과 규모에 따라 2021년 미국 경제의 향방이 결정될 것으로 보인다.

2020년 마이너스 성장 이후 2021년 3~4%대 성장률 기록할 듯

향후 미국 경제는 2020년 2분기를 저점으로 3분기에 큰 폭으로 반등한 이후 2021년까지 점진적 회복세를 이어갈 것이라는 시각이 중론이다. 여전히 팬데믹 향방이 최대 변수이기는 하나 정책 대응 여력이 남아 있어 추가 하락 위험이 크지 않아 보인다. 대선 결과 최종 확정 이후 재정 부양책 규모가 확대될 경우 2021년 미국 경제는 빠르게 정상적인 성장 경로에 도달할 가능성이 크다. 주요 기관들은 2020년 미국 경제성장률을 3% 후반에서 4% 초반의 역성장으로 예상하고 2021년 미국 경제성장률 전망치는 3~4% 초반대 수준을 기록할 것으로 전망한다. 결과적으로 보면, 2021년 미국 경제는 2020년보다는 나아질 것이다.

2021년 미국 경제의 첫 번째 이슈는 '바이드노믹스(Bidenomics)'의 등장이다. 바이든 당선자는 과거보다 나은 미국 건설(Build American Back

Better), 중산층 복원(Rebuild the Middle Class), 지속 성장 가능한 경제 (Create a More Resilient, Sustainable Economy) 등을 목표로 삼고 새로운 경제 나침판을 제시했다.

무디스는 미국 대선과 의회 선거 결과에 따라 4가지 시나리오를 기반으로 미국 경제성장률을 예측한 결과 바이든 당선이 트럼프 대통령 재당선보다 상대적으로 미국 경제에 더 좋다는 결론을 내렸다. 여기에는 트럼프 대통령보다 바이든 당선자가 더 공격적인 재정지출 정책과 글로벌 무역 확대, 인프라 투자 등을 통해 단기적으로 경제성장률이 빠르게 끌어올릴 수 있다는 가정이 내포됐다. 하지만 미 의회가 양분될 가능성이 큰 만큼 미국 경기 부양책 규모가 줄어들 가능성이 있다. 이에 2021년 미국 경제는 바이드노믹스의 이행 속도와 규모에 큰 영향을 받을 것이다.

미국 경제성장률을 결정지을 두 번째 주요 요소는 성장동력이다. 미국이 팬데믹 여파에서 벗어나 경제 침체기를 극복하기 위해서는 새로운 성장동력이 필요하다. 과거 미국 경제가 위기를 극복한 과정을 살펴보면 항상 새로운 성장 엔진이 등장했다. 대공황기(1929~1939년)에는 뉴딜 정책과 2차 세계대전 특수로 인한 제조업 급성장, 1·2차 오일 쇼크 당시(1974~1984년)에는 레이거노믹스로 산업 전반에 걸친 규제 완화와 금융업 중심의 경제 서비스화, 주택대부조합 파산(1990~1991년)에는 IT 붐 등 '뉴 이코노미(New Economy)'의 등장, 그리고 글로벌 금융위기(2008년) 때는 셰일 혁명 등으로 위기를 이겨냈다.

이번 팬데믹으로 인한 위기를 극복하는 과정에서는 바이든 당선자의 미국 산업 경쟁력 강화 전략과 인프라 투자 정책이 핵심 성장 엔진이 될 것이다. 바이든 당선자는 제조업 경쟁력 강화를 통한 일자리 창출, 혁신을 강조하며 5G, AI 등 첨단산업 분야에 3000억달러의 R&D 투자 확대를 공약으로 내세웠다. 더불어 적극적인 재정 집행을 통해 친환경 중심의 대규모 인프라 투자 정책(4년간 2조달러 규모)을 펼쳐 경제와 산업에서 기회를 창출할 것으로 예상된다.

바이드노믹스 · 신성장동력 · 통화 정책 · 글로벌 통상 환경 · 재정적자가 주요 요소

세 번째로 눈여겨봐야 하는 변수는 통화 정책이다. 바이든 행정부의 확장적 재정지출을 뒷받침하기 위해 미국은 저금리 통화 정책을 유지할 것이다. 경기 부양을 위해 정부가 화폐를 계속 발행해야 한다는 '현대화폐이론(MMT)'을 지지하는 스토니브룩대의 스테파니 켈튼(Stephanie Kelton) 교수 등의 인물들이 바이든 대선 캠프에 포함됐다는 점은 이 분석을 뒷받침한다. 다만, 이런 정책 수단은 중앙은행이 단순히 재정지출 확대를 위해 화폐 공급만 수행하는 역할로 축소될 수 있어 연준(Fed)의 독립성 훼손과 물가안정에 대한 신뢰성을 상실할 위험이 상존해 있다.

네 번째 주요 변수는 글로벌 통상 환경 변화다. 바이든 행정부는 미국의 다자주의 통상 정책을 다시금 강조하고 동맹국 연합을 통한 대중 견제에 나설 것으로 예상된다. 다자무역협정과 세계무역기구(WTO) 등 국제 통상 체제를 통한 시장 확대를 지지하며, 특히 트럼프 정권에서 탈퇴한 CPTPP(포괄적 · 점진적 환태평양경제동반자협정) 재협상 · 재가입 논의가 이루어질 것으로 보인다. 또한, 국제 통상 규범과 질서를 옹호하는 입장인 만큼 미국의 일방적인 관세 부과 가능성은 축소될 것으로 예상된다. 다만 연합 · 동맹을 기반으로한 미국 중심의 공급망 구축을 언급한 바 있어 글로벌 통상 환경 · 공급망이 새롭게 재편될 가능성이 존재한다.

마지막 변수는 재정적자 확대와 부채 누증이다. 세출과 세입의 불균형이 확대되고 있는 가운데 코로나19 사태까지 더해지면서 정부지출 증가는 재정적자 문제로 확대되고 정부의 과도한 부채 초래가 우려되는 상황이다. 미국 국가부채는 GDP 대비 2019년 79.2%에서 98.2%로 확대돼, 100%대에 이르는 과도한 정부부채에 대한 우려가 증가하고 있다. 바이든 당선자 공약 이행을 위해서는 세출과 세입의 불균형을 맞추기 위한 재원 조달이 이슈로 부각될 것이다. 물론 기업과 고소득층의 증세와 단기간의 경제성장률 끌어올려 부족한 재원을 마련하겠다고 발표했지만, 추가적인 세수 확보가 필요할 것으로 보인다. 한편, 바이든 당

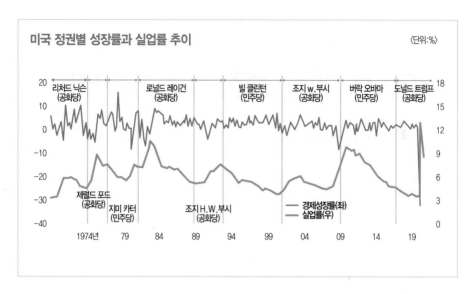

미국 정권별 성장률과 실업률 추이 〈단위:%〉

선자의 세제 개편안 시행으로 2021~2030년간 약 1조9750억달러 적자를 기록할 것으로 예상된다. 재정건전성 악화는 경제 회복의 걸림돌로 작용할 가능성이 크고 정부부채 누증으로 신용등급 강등 위험성도 존재하기에 국가 재정건정성의 회복도 미국 경제에 중요한 변수가 될 것이다.

코로나19 재확산 · 트럼프 대선 결과 불복에 따른 불확실성은 변수

바이드노믹스에 따른 대규모 부양 정책에 힘입어 2021년 미국 경제는 반등이 예상된다. 하지만 여전히 코로나19 재확산 가능성, 대선 결과 불복에 따른 정치적 불확실성 등으로 예상 성장 경로를 벗어날 가능성 또한 배제할 수 없는 만큼 대비책 마련이 필요하다. 특히 바이든 당선자의 정책에 따라 발생할 수 있는 한국 산업의 진출 기회를 적극적으로 공략해야 한다. 다만 정치적 불확실성으로 발생할 수 있는 금융 시장 불확실성을 차단하는 데 노력해야 한다. 또한 바이든 행정부 출범 이후 변화할 수 있는 국제 통상 환경을 예측하고, 한국의 동참을 요청할 경우를 대비한 대응책 마련이 필요하다. 더욱이 미국 중심의 공급망 재편 과정에서 참여와 협력 가능한 방안 모색이 필요하다.

2021 예상 성장률 4.5~5%
새 키워드 '이중순환' '양신일중'

박승찬 용인대 중국학과 교수(중국경영연구소장)

▶ 2020년 초 코로나19의 중국 내 확산과 미중 패권 경쟁 격화는 수출과 소비 주도의 중국 경제에 큰 타격을 미쳤다. 1분기 −6.8%까지 떨어진 경제성장률은 중국 정부의 철저한 도시 봉쇄와 방역으로 인해 2분기 3.2%를 기록하며 V자 반등에 성공했다.

이후 팬데믹 상황에서 글로벌 성장률은 하락하고 있는 가운데 중국만 나 홀로 성장을 지속한다. 중국 경제의 빠른 반등의 배경은 크게 투자와 제조 부문의 회복 때문이라 본다.

2020년 성장률 3~3.5% 달성 전망

중국 정부의 강력한 코로나19 대응 조치로 투자·소비·수출의 수요 등 각종 경제지표의 회복세가 이어지면서 경제성장률은 2분기 3.2%를 기록했다. 3분기 역시 5%대 성장률을 보이며 2020년 전체 중국 경제성장률은 3~3.5%대 성장률을 기록할 것이라 한다.

다만 관건은 소비 관련 지수가 얼마나 빨리 회복될지다. 2019년 소매판매 증가율은 8%로 경제성장에 큰 역할을 했다. 반면 2020년은 코로나19로 인해 저소득층이 큰 타격을 입었기 때문에 단기간 내 회복이 쉽지 않다.

특히 1조위안(약 171조 원) 규모 코로나19 특별국채 발행 등 중국 GDP의 6%가 넘는 막대한 경기 부양책의 효과가 나타난다. 각종 내

중국 신형 인프라의 범위와 구성

신형 인프라 범위와 구성		
정보 통신 인프라	통신 네트워크 인프라	5G 통신망, 산업인터넷, 위성인터넷, 사물인터넷(IoT) 등
	신흥기술 인프라	인공지능(AI), 클라우드컴퓨팅, 블록체인 등
	컴퓨팅 파워 인프라	데이터센터(IDC), 스마트 컴퓨팅 센터 등
융합 인프라	스마트 교통 인프라	자율주행, 도심궤도 교통 등
	스마트 에너지 인프라	특고압, 스마트 그리드 등
혁신 인프라	R&D 중심 인프라	핵심과학기술 인프라, 과학교육 인프라, 산업기술 혁신 인프라 등

자료:발개위 자료(2020년 4월 20일)와 산업연구원 자료를 참조 재정리

수 확대 정책과 지준율·금리 인하 등 유연한 통화 정책 시행, 세금·각종 기업 친화적인 비용 지원 등을 통해 중소기업 집중 지원과 고용 안정을 추구할 것이라 한다. 무엇보다 내수 시장 확대·인프라 시설 투자를 통한 적극적인 부양책이 2020년 4분기 효과가 나타난다면 2020년 5% 성장도 배제할 수 없다.

2020년은 중국의 13차 5개년 규획(2016~2020년)의 마지막 해이자, 전면적 샤오캉 사회(의식주를 걱정하지 않고 물질적으로 안락한 사회) 건설의 중요한 해다. 3농(농촌·농민·농업) 문제 해결, 빈곤 탈피 등 민생 안정에 방점을 둔 경제 정책이 될 것으로 본다. 또한 2021년에도 이런 경제 정책 기조는 변함없이 핵심 사안이 될 전망이다.

따라서 지난 2020년 5월 양회 때 제시된 '6대 보장(취업, 기초 민생, 기초 운영, 시장 주체, 식량·에너지 안보, 산업·공급망 안정)'과 '6대 안정(고용, 금융, 대외무역, 외자, 투자, 시장 전망 안정)' 정책의 세부적인 성과에 따라 2021년 경제성장의 윤곽이 나올 것이라 본다.

국제통화기금(IMF)이 2020년 6월 발표한 글로벌경제전망보고서를 통해 글로벌 팬데믹 상황에서 중국 경제가 유일하게 플러스 성장(1%)할 것이라 전망했다.

2021년에는 무려 8.2% 성장을 예상했다.

세계은행 역시 2020년 중국 경제성장률이 2%에 달해 주요 20개국(G20) 가운데 홀로 플러스 성장을 할 것으로 예상했다. 그러나 하반기 코로나19 재확산이 일어나지 않고 중국 경제

중국 경제성장률 변화와 전망				단위:%, 만명	
항목	2017년	2018년	2019년	2020년 (전망)	2021년 (전망)
경제성장률	6.9	6.6	6.1	3.0~3.5	4.5~5
통합재정수지	-2.9	-2.6	-2.8	–	–
M2 증가율	9*	8.1*	8.7*	9.8	9.4
소비자물가	1.6	2.1	2.9	4.5	4.7
도시 신규취업자 수	1351	1361	1352	1100	1150
실업률	3.9	3.8	3.6	4.8	4.2

2020년과 2021년 전망은 국내외 기관 자료를 참조 필자 전망
자료:국제무역통상연구원 자료 · 중국국가통계국(*표시된 수치는 CEIC 통계)

의 급속한 회복세를 감안하면 3% 이상 성장도 가능할 것이라 본다. 2021년에는 인프라 투자와 소비 진작 효과가 나타난다면 4.5% 이상 성장도 충분할 전망이다.

고용 안정과 소비 확대가 2021년 중국 경제의 방점

코로나19로 인해 중국에서는 중소기업 노동자와 서비스 직종 종사자의 실업률이 심각한 상황이다. 따라서 고용 안정이 2021년 중국 경제의 핵심 이슈로 부각될 가능성이 높다. 2020년 양회 리커창 총리의 업무보고에서 '일자리' 단어만 38회 언급될 정도로 가장 큰 문제로 대두됐다.

고용 창출은 중국 공산당 리더십의 바로미터기 때문에 적극적으로 실업률 상승 방어에 총력을 다 할 것이라 한다. 중국 정부가 발표하는 도시 실업률은 대략 5% 수준으로 억제될 것으로 보나 도시에서 일하는 농민공(도시로 이주해 노동자 일을 하는 농민)들은 중국 정부 통계에서 제외되기 때문에 실제 실업률은 더 심각할 수밖에 없다.

2020년 기준 약 4억5000만명 도시 노동자 중 3분의 1 이상인 1억8000만명이 농민공이다. 농민공 대부분은 저임금을 받으면서 제조업, 건설업, 배달업, 서비스업 등에 종사한다. 코로나19 확산으로 인해 50% 이상이 실업자가 됐고,

법적 신분이 보장되지 않다 보니 실업수당 같은 정책적 지원이나 혜택도 받지 못하는 실정이다.

2020년 874만명의 대학 졸업생도 신규 일자리 부족으로 인해 청년 실업률이 상승할 경우 사회적 문제로 이어질 수 있다. 중국 정부는 20여개 중앙부처 공동으로 청년 실업률 하락을 막기 위한 취업 정책 시스템에 대한 전면적인 보완 조치를 발표하는 등 긴급하게 대응하고 있다.

그 이유는 향후 실업률 상승이 가계부채 확대를 더욱 가속화하기 때문이다. 홍콩 사우스차이나모닝포스트(SCMP)는 "2020년 상반기 기준 중국 가구당 부채 비율이 1인당 국내총생산의 59.7%에 이른다"라고 보도하며 중국 경제위기의 계기가 될 수 있다고 경고했다.

은행담보대출을 받아 부동산을 구매하고 대출금을 상환해야 하는데 코로나19 팬데믹 사태로 인한 실업률 증가, 불안정한 소득 등으로 인해 일반 가정의 소비는 줄어들고 있다.

14차 5개년 규획 핵심은 이중순환 경제

2020년 10월 공산당 제19기 중앙위원회 5차 전체회의(19기 5중 전회)와 2021년 초 진행될 양회의 핵심은 14차 5개년 규획(14 · 5 규획) 제정이다. 14 · 5 규획은 2021~2025년 향후 5년간 중국 경제 향방을 가늠할 수 있는 중요한 정책이다. 미중 갈등 심화와 코로나19로 인한 글로벌 시장의 불확실성이 확대되는 가운데 중국은 '이중순환(雙循環, Dual Circulation)'이라는 개념을 발표하며 14 · 5 규획 성장 핵심 키워드로 제시했다.

'이중순환'은 수출(첫 번째 순환구조) 의존도를 줄이고 내수 시장(두 번째 순환구조) 비중을 높이는 경제구조로의 전환을 의미한다. 혁신 제품 중심 무역 확대 즉, 국제 대순환과 내수 시장 중심 국내 대순환이 맞물려 돌아가는 개념이다.

미중 양국 경제 탈동조화(디커플링) 가능성이 더욱 현실화되면서 중국은 새로운 성장동력 확보를 통한 지속적인 경제성장을 추구한다. 여기서 중요한 것은 과거 공산품 위주의 수출 의존도를 줄임과 동시에 미래혁신 산업의 새로운 밸류체인 글로벌 성장 모델을 중국 주도로 구성하겠다는 야심이 숨어 있다.

적극적인 재정 정책과 안정적인 통화 정책

2021년 과연 중국 경제 향방은 어떻게 될 것인가.

중국 정부는 '적극적인 재정 정책'과 '안정적인 통화 정책'을 동시에 추진할 가능성이 높다. '적극적인 재정 정책'은 이미 진행되고 있는 감세 정책과 함께 중서부 지역 철도와 도로 등 SOC 인프라 투자를 위한 지방 정부 특별채권 확대 발행 등을 통해 경기를 부양하겠다는 것을 의미한다. 또한 현재 60% 정도 수준인 도시화율을 2030년까지 75%까지 끌어올린다는 목표로 5G 중심 스마트 도시 구축을 위한 투자를 확대할 전망이다.

'안정적인 통화 정책'은 기업부채로 인한 지방은행 뱅크런(Bank Run) 사태 등 현재 이슈가 되고 있는 금융 리스크를 감안해 2008년 미국발 금융위기 때처럼 막대한 돈을 풀어 경기를 부양하는 양적완화를 최소화하겠다는 것을 의미한다. 돈을 풀더라도 필요한 핀셋 지원과 미래 성장동력의 핵심 인프라 투자를 통해 경기를 부양하겠다는 계획이다.

중국 정부는 국유기업부채와 그림자 금융 등 부작용을 최소화하면서도 안정적으로 소비와 대출이 늘어날 수 있도록 서비스 산업 중심 일자리 창출과 스타트업을 더욱 지원하는 정책을 펼치고 있다. 이를 통해 실업률 상승을 막고 잠재돼 있는 가계부채를 균형 있게 통제해나가는 방향으로 노력할 것이라 예상한다.

신형 인프라 구축에 따른 디지털 경제로의 전환

2020년 중국 양회에서 새롭게 등장한 표현이 있다. 바로 '양신일중(兩新一重)'이다. 코로나19와 글로벌 무역 환경 불확실성 속에서 향후 중국 경제의 지속적인 성장을 장담하기 어려워졌다. 중국 정부는 3조7000억위안(약 631조원)의 자금을 풀어 '양신일중'을 통해 경기 부양과 일자리를 창출하겠다는 계획을 세웠다.

중국판 뉴딜정책인 양신일중의 '양신(兩新)'은 5G, 빅데이터, AI(인공지능) 중심의 신형 인프라와 농촌 지역의 노후된 시설을 재건축하는 신형 도시화를 의미한다. '일중(一重)'은 교통, 철도와 수리 등 중대 인프라 건설을 의미한다.

중국 경제는 신창타이(新常態·뉴노멀)에 진입한 뒤 L자형 단계에 들어서면서 경제구조 조정, 산업 고도화, 신산업 육성, 국유기업 혼합형 소유제 개혁 등의 노력을 하고 있다. 그럼에도 산업생산 증가율 하락, 고정자산 투자 감소로 인해 내적 성장동력이 악화되고 있다. 게다가 지속되고 있는 홍콩과 대만 이슈, 미중 무역 마찰, 코로나19 재확산 등 대외적인 불안 요소는 지속적으로 중국 경제 발목을 잡을 가능성이 높다. 대내외 리스크 관리에 집중하면서 미래혁신 인프라 구축에 더 많은 투자를 통해 고부가가치 창출에 사력을 다할 것이라 본다.

2020년 4월 국가발전개혁위원회가 신형 인프라에 대한 정확한 개념과 범위를 제시한 바 있다. 그러나 아직 신형 인프라 투자 규모에 대해서는 정확한 금액이 발표되지 않았다. 각 지방 정부가 발표한 자료나 관련 기관이나 언론에서 발표한 내용을 근거로 추정하면 대략 중국 정부의 신형 인프라 구축에 2020년 약 1조7000억위안(약 289조원)을 쏟아붓고 향후 5년간 10조위안(약 1700조원)을 신형 인프라 구축에 투입할 것이라 예측한다.

이 같은 대규모 투자는 미중 패권 경쟁과 코로나19로 인해 위축된 경제를 신형 인프라 투자로 극복하고 디지털 경제의 기반을 다져나가겠다는 포석으로 해석할 수 있다.

2021년 마이너스 성장 탈피
BC 수준 회복은 2024년쯤
〈Before Corona〉

이지평 LG경제연구원 상근자문위원

▶ 2020년 일본 경제는 한마디로 설상가상이었다. 2019년 4분기 소비세 인상에 따른 소비 위축으로 마이너스 성장을 기록한 데 이어, 2020년 초 코로나19 쇼크가 터지며 다시 한 번 경제 전반이 위축됐다. 2020년 4월 코로나19 확진자가 급증한 1차 파동에 이어 7~8월에 2차 파동을 겪으며 3분기 연속 마이너스 성장을 지속했다. 다만 2차 파동에서는 신규 확진자 수가 첫 번째 파동 때보다 많아졌으나 중증 환자나 사망자 수가 억제됨으로써 일본인의 외출·이동 감소세는 4월의 1차 파동 때보다는 제한적인 수준에 그쳤다. 그 결과 2020년 10월 현재 일본 경제의 전반적인 경기지표는 완만하지만 불안한 회복세를 이어가고 있다.

종합적인 경기 상황을 나타내는 경기동행지수는 한마디로 '상저하고'다. 2020년 5월의 71.2를 바닥으로 8월에는 79.4로 반등했다. 경기선행지수도 같은 기간 78.5에서 88.8로 회복했다. 광공업생산지수(계절조정치 기준)도 2020년 5월 78.7에서 8월에는 88.7로 증가세를 보였다. 특히 전자부품, 반도체, 반도체 제조장치, 가공식품, 완구 등의 생산이 상대적으로 호조세를 보였다. 자동차의 경우 여전히 부진하기는 하지만 2020년 5월에 생산지수가 45.4까지 빠진

후 8월에는 88로 무려 93.8%나 증가했다. 세계적으로 대면 소비가 부진하면서 항공, 여행, 외식 서비스 등이 어려움에 처하고 있는 반면, 디지털 관련 분야나 '집밥' 관련 분야의 수요가 호조를 보이는 등 코로나19 시대의 새로운 양극화 현상이 일본에서도 나타나고 있다.

'코로나 양극화'는 일본 기업의 실적 격차를 불러왔다. 동양경제신보사 '회사 사계보'의 최신 예상에 따르면 2020년도에 순이익이 증가하는 상장 기업은 1464사에 달할 것으로 전망됐다. 그중 481개사는 사상 최고 이익을 경신할 전망이다. 한편으로 수익이 감소하는 기업은 2257개사에 달하고 그중 508개사가 적자에 빠진다는 예상이다. 호조를 보이는 기업의 수익 전망은 계속 상향 수정되고 있는 데 반해 부진한 기업의 경우 수익 전망이 계속 하향 수정되고 있는 것이다.

2021년 플러스 성장 유지…도쿄올림픽 이후 둔화 압력 받을 듯

다만 일본 경제가 2021년에는 플러스 성장을 유지할 것으로 보인다. 일본 주요 연구기관에 소속된 전문가들 전망치를 수집해서 평균한 수치(일본경제연구센터, ESP Forecast, 2020년 9월 16일, 주요 연구기관 전문가 36명의 전망치 기준)를 보면, 2020년 3분기 성장률이 14.1%로 급반등한 후 4분기 4.5%, 2021년 1분기 2.97%, 2분기 2.6%, 3분기 3%, 4분기 1.3%, 2022년 1분기 1.7%로 지속적으로 플러스 성장을 기록할 것이라는 전망이다. 2021년의 경우 도쿄올림픽 개최(7~8월)로 일시적으로 성장 촉진 효과가 나타났다가 올림픽 이후인 4분기에는 둔화 압력을 받을 것으로 예상된다.

플러스 성장세를 유지하기 위해서는 코로나19 쇼크로 크게 위축된 소비와 수출의 회복세 지속이 관건이다. 우선 코로나19는 2020년 4분기에서 2021년 1분기에 3차 파동이 있을 수 있다. 이를 2차 파동처럼 극복해 경기 회복세를 이어가는 것이 전제 조건이 될 것이다. 일본 정부의 소득 지원책 등에 힘입어 가계가 보유하는 현금이 확대됐지만 그만큼 소비가 이뤄지지 않았다. 일본 가계가 보유하는 현금·예금의 경우, 2020년 6월 말 기준 1031조엔에 달해 3월 말과 비교해서 30조엔 정도 확대된 상태다. 이에 따라 일본인의 심리나 코로나19 시대에 맞는 소비 활동 여건이 개선될 경우 소비가 확대될 여지는 있다.

특히 2021년에 점차 코로나19에 대한 통제력에 자신을 갖게 되면 지나치게 외출과 소비를 자제하려는 성향이 줄고 소비지출 확대로 이어질 전망이다. 코로나19 치료·방어 능력 강화와 함께 경제활동 수준 제고를 통해 코로나19의 사회적, 경제적 위험도를 낮출 것으로 보인다.

물론 2021년에도 소비는 재화 수요에 비해 관광, 외식 등의 서비스 분야가 부진한 양극화 경향이 지속될 것으로 보인다. 그러나 서비스업에서도 코로나19 대응책으로 개선 효과가 어느 정도 나타날 듯하다. 예를 들면 해외여행객 급감으로 타격을 받고 있는 백화점의 경우, 매출에 상당한 기여를 해왔던 부유층에 대한 개별적인 방문 서비스 등을 디지털화, 비대면화하면서 매출 확대 효과를 보기 시작한 사례 등이 나오고 있다. 해외여행객 부진은 2021년 상반기까지 크게 개선되지 못할 것으로 보이지만, 코로나19 백신 효과가 본격화되면 2021년 여름 정도에 도쿄올림픽이 개최돼 상황이 호전될 가능성은 있다.

한편, 수출의 경우 물량지수가 2020년 8월에 전월 대비 5.7% 증가해 3개월 연속 상승세를 보였다. 급감했던 자동차 수출 회복이 전체 수출 확대에 기여한 것으로 나타나고 있다. 또 미국 등 각국에서 코로나19 감염자 수 증가세가 이어지고 있으나 역시 사망자 수와 중증 환자 수가 억제되고 있다. 이에 따라 각국의 경제활동이 2020년 4월과 같이 전면적으로 정지될 가능성은 낮아지고 세계 경제의 성장세 회복이 이어져 일본의 대세계 수출도 확대 기조를 유지할 것으로 보인다.

2021년에는 엔화의 강세 전환 가능성이 일본 수출 향방에 변수가 될 수 있다. 스가 신정부에서도 임기가 남아 있는 쿠로다 하루히코 일본은행 총재가 금융완화 정책을 지속해 엔고 억제에 주력할 것으로 보인다. 아베노믹스에 의한 대규모 양적금융완화가 엔저를 유도했던 효과가 어느 정도는 지속될 것으로 보인다. 물론

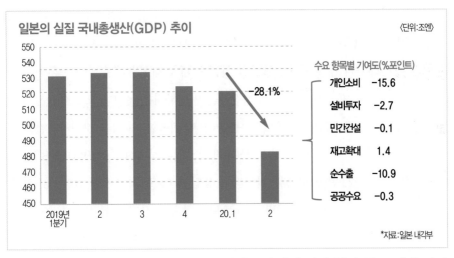

일본의 실질 국내총생산(GDP) 추이 〈단위:조엔〉

-28.1%

수요 항목별 기여도(%포인트)

개인소비	-15.6
설비투자	-2.7
민간건설	-0.1
재고확대	1.4
순수출	-10.9
공공수요	-0.3

*자료:일본 내각부

미국, 유럽도 일본식 양적완화, 오버슈팅형 금융완화 자세(물가 목표 선에 접근해도 당장 금융 정책을 바꾸지 않겠다는 중앙은행의 정책 자세 명시와 그런 기대 형성)를 보이고 있어 상대적으로 일본의 초금융완화 정책의 차별성, 엔저 유도 효과는 낮아진 듯하다. 다만, 2021년에 다소 엔고 기조를 보이더라도 급격한 엔고 가능성은 높지 않을 것으로 예상돼 일본의 수출 회복세가 이어질 가능성이 상대적으로 높다고 할 수 있다.

일본은행의 양적완화 규모를 보면, 일본은행은 코로나19 쇼크로 인해 본원통화 공급 잔액의 연간 증가액을 기존 80조엔에서 '무제한'으로 확대했다. 그러나 실제 공급량을 보면 2020년 1분기의 전년 대비 평균 증가액은 15조1000억엔, 2분기 20조9000억엔, 3분기 61조엔에 그치고 있다. 이에 따라 엔고 압력 확대 시에는 일본은행이 기동적으로 통화 공급량을 늘릴 수 있는 여지가 큰 것으로 보인다. 다만, 여기에는 어려움에 처한 지방은행의 경영을 더욱 압박하는 딜레마가 있다.

"코로나 이전 수준 경기 회복 시기는 2024년" 전문가 전망 최다

2021년 일본 경제가 코로나19 영향을 억제하면서 성장 회복세를 이어갈 것으로 보이지만 그 속도 자체는 제한적인 수준에 그칠 듯하다. 주요 연구기관 전문가의 평균 전망치(일본경제연구센터, ESP Forecast)를 보면 2020 회계연도의 실질 국내총생산(GDP) 성장률이 −6.1%, 2021년 3.4%, 2022년 1.3%로 예상된다. 2021년의 경우 0.5% 안팎인 일본 경제 잠재성장률에 비해 높은 성장세가 기대되지만 2020년의 마이너스 성장세를 만회하지는 못할 것으로 예상됐다.

일본 경제는 코로나19 쇼크 이전 수준을 언제 회복할 수 있을 것인가. 일본 주요 민간 이코노미스트의 전망치 조사(닛케이, 일본경제신문, 2020년 8월 18일)에 따르면 2021년에 회복할 것이라고 응답한 이코노미스트는 0명, 2022년 6명, 2023년 4명, 2024년 9명, 2025년 3명으로 집계됐다. 2024년이 돼야 일본 경제가 코로나19 이전 수준을 회복할 것이라고 본 이코노미스트가 가장 많음을 알 수 있다.

코로나19 영향이 점차 완화될 것으로 보이지만 양극화 속에서 구조적으로 어려운 산업의 기업 수익 악화, 부도 위협, 실업 압력이 지속되면서 일본 기업의 체감경기 개선이 쉽지 않고 설비투자의 큰 폭 회복도 어려울 것으로 보여 성장 회복세가 제한적인 수준에 그칠 것으로 예상된다. 2020년 9월의 일본은행 단기 경제관측조사에서는 일본 기업 체감경기가 대기업 기준 6월의 −26(경기 분기점 수준은 0)에서 9월 −21, 중견기업 −30에서 −28, 중소기업 −33에서 −31로 소폭 개선됐으나 9월 조사로서는 이례적으로 설비투자 계획이 하향 수정됐다.

이번 코로나19 위기에서는 일본 기업 부도 위험이 잠재적으로 클 것으로 보이나 기업 도산 건수는 2020년 1~9월 기준으로 6022건(동경상공리서치 조사 기준)에 불과해 2009년 리먼쇼크 당시 1~9월 1만1951건(연간으로 1만5480건)의 50% 수준에 불과한 것으로 나타나고 있다. 이는 금융기관의 연쇄 불안이 세계적으로 고조된 리먼쇼크 때와 달리 이번 코로나19 위기에서는 금융기관까지 충격이 미치지 않고 일본도 각국과 함께 선제적인 금융완화, 유동성의 대량 지원책에 나선 결과다. 사실 일본은행의 단기경제관측조사에서 나타난 일본계 금융기관들의 대출 태도는 상대적으로 양호한 상황이며, 9월에 오히려 개선된 것으로 나타났다. 리먼쇼크 당시 금융기관에 의한 대출 회수, 대출 기피가 크게 문제가 된 것과 대조적이다.

다만, 이는 일본 정부의 금융완화 정책에 힘입은 것이다. 경기가 회복되고 금리가 상승 기조를 보일 경우 구조불황 업종에서의 부도 위험이 커질 수 있는 양면성도 갖고 있다. 그런 측면에서 일본 경기가 빠르게 회복되고 금리 상승이 심해질 경우 부도 확대, 경기 하락 압력이 커질 수 있는 딜레마 구조에 있다. 따라서 일본으로서는 시간을 두고 완만한 경기 회복세를 유지하면서 구조불황 업종의 구조조정을 단계적으로 모색해나갈 수밖에 없을 것으로 보인다.

스가 총리, 아베노믹스 기조 유지⋯디지털화 성공 여부 관건

물론 코로나19 쇼크에도 상대적으로 안정세를 유지해왔던 글로벌 금융 시장에서의 돌발적인 위기 발생은 일본 경제의 완만한 회복세를 파탄할 수 있는 2021년의 잠재적인 리스크다.

이에 따라 스가 신임 총리도 아베 정권과 같은 대규모 금융완화, 재정확대 정책을 지속할 것으로 보인다. 이와 함께 장기저금리로 경영이 허약해진 지방은행 구조조정, 합병 유도에 적극적으로 주력하면서 금융 시장 안정화, 지방경제 활성화에 나설 것으로 보인다. 그리고 아베노믹스에서 큰 성과를 거두지 못했던 성장정책의 실효성을 높이기 위해 규제 개혁을 통한 기업과 산업의 활성화, 뉴비즈니스 창조 유도에 주력하면서 디지털 혁명의 가속화에 주력할 것으로 보인다.

코로나19 쇼크로 일본의 디지털화 지연이 여러 가지 측면에서 경제성장을 제약하고 행정 차질을 발생시키는 요인이 됐다. 최근 스가 신정부가 정부 조직의 디지털화를 선행적으로 실시하겠다는 입장을 밝힌 이유다. 이런 중장기적 비전과 정책을 통해 코로나19로 인한 심리 위축, 장기 성장 잠재력 하락 억제가 효과를 보일지가 향후 일본 경제의 관전 포인트다.

英 '노딜 브렉시트' 가능성 ↑
美·EU 통상갈등 되풀이 예상

오태현 대외경제정책연구원 유럽팀 전문연구원

▶ 2020년 들어 전 세계 여느 국가와 마찬가지로 유럽연합(EU) 국가 역시 코로나19 충격에서 헤어 나오지 못하고 있다. 처음에는 중국과 아시아 국가를 중심으로 확산되던 코로나19가 이탈리아 경제의 엔진이라 할 수 있는 북부 지역을 중심으로 빠르게 확산됐고, 곧 EU 전체가 코로나19 위기를 맞았다. 월드오미터에 따르면 EU 경제 상위 4개 회원국인 스페인, 프랑스, 이탈리아, 독일에서 코로나19 피해가 특히 심했다. EU 회원국들은 2020년 3월부터 사람의 이동이나 모임을 제한하는 봉쇄 조치를 시행했으며, 결과적으로 EU의 분기별 경제성장률은 급락했다.

이에 따라 2020년 2분기 EU 경제성장률은 전 분기 대비 11.4% 하락해 2차 세계대전 이후 가장 낮은 수준을 기록했다. EU 상위 4위 경제국 중 코로나19 피해가 상대적으로 적은 독일은 경제성장률 −9.7%를 기록한 반면 코로나19 피해가 상대적으로 큰 스페인, 프랑스, 이탈리아는 각각 −18.5% −13.8%, −12.8를 기록했다. 코로나19 위기 여파가 노동 시장까지 미치자 각국 정부는 고용 유지를 조건으로 하는 다양한 정부 지원책을 마련했다. 이 때문에 EU

실업률은 2020년 8월 7.4%로 2019년 8월 실업률이 6.6%였던 점을 감안해도 실업률 상승폭이 상당히 제한된 것을 알 수 있다. 회원국 중에서는 스페인이 16.2%로 가장 높은 가운데, 프랑스와 이탈리아는 각각 7.5%와 9.7%로 2020년 중 실업률이 소폭 상승했다.

유럽 재정위기 때보다 심각한 경기 침체에 빠진 2020년 EU

한편 2020년 1월 31일을 기점으로 영국이 EU를 공식적으로 탈퇴하고 EU 통합의 미래에 대한 회의적인 평가가 제기된 가운데, 주요 회원국인 이탈리아와 스페인은 EU 차원의 코로나19 대응 지원을 두고 불만을 표출하기도 했다. 독일이 긴급 의료 물품 수출을 금지하면서 EU 차원 지원 방안 결정은 지지부진해졌다. 결국 이탈리아는 주세페 콘테 총리가 나서서 위기 시에 EU 연대가 이뤄지지 않는다면, EU 통합이 와해될 수 있다는 우려를 표했다. 다행히 EU 집행위원회와 독일, 프랑스는 전에 없던 정책 수단을 도입하면서 코로나19 대응 지원, 경기 회복을 위한 대처에 나섰다. 2020년 7월 일정이 3일이나 연장되는 마라톤 협상 끝에 EU 정상들은 7500억유로 규모의 코로나19 대응 경제 회복 기금, 일명 'NGEU(Next Generation EU)'에 합의했다. 2010년대 초 유럽 재정위기 당시 회원국 지원 방안을 두고 회원국의 상이한 정치적 이해관계와 EU 내 복잡한 정책 결정 과정으로 인해 적시에 지원 방안이나 정책 결정이 나오지 않았던 것과 비교하면, 이번 코로나19 대응에서는 상대적으로 정책 결정 과정이나 내용 측면에서 진일보했다. 더불어 EU 집행위원회가 재정적자의 GDP 대비 3% 이내 유지라는 재정준칙을 일시적으로 유예하기로 결정하면서 코로나19 피해가 큰 회원국은 적극적으로 재정 정책을 추진할 수 있게 됐다.

여기에 유럽중앙은행(ECB)도 EU 회원국 경기 부양책을 지원하고자 적극적인 통화 정책 패키지를 통해 EU 역내 신용경색을 완화하고자 했다. 현재 제로금리를 유지하고 있는 ECB는 기존에 추진하던 양적완화 정책 수단인 자산매입프로

그램(APP)의 확대와 함
께 팬데믹긴급자산매입
프로그램(PEPP)을 새롭
게 도입해 금융 시장을 통
한 유동성 공급에 나섰
다. 특히 코로나19 확산
세와 경기 상황에 따라 자
산 매입 기간을 연장하는
것은 물론 만기가 돼 돌

EU 주요국의 코로나19 대응 경기 부양책 규모 단위:%

구분	직접 지원	납부 유예	대출 보증	기준 시점
독일	8.3	4.8	21.9	2020년 6월 3일
프랑스	4.7	8.7	14.2	2020년 9월 24일
이탈리아	3.4	13.2	32.1	2020년 6월 22일
스페인	3.7	0.8	9.2	2020년 6월 23일
벨기에	1.4	4.8	21.9	2020년 6월 3일
네덜란드	3.7	7.9	3.4	2020년 5월 27일
덴마크	5.5	7.2	4.1	2020년 7월 1일
그리스	3.1	1.2	2.1	2020년 6월 5일
포르투갈	2.5	11.1	5.5	2020년 5월 4일

2019년 GDP 대비 비율임   자료:브뤼헐(Bruegel) 'Fiscal Responses to the economic fallout from the coronavirus(2020년 9월)'

아오는 채권의 경우 재투자하기로 결정했다. 또한 자산매입프로그램을 통해 매
입이 가능한 채권이 소진될 수 있다는 시장 걱정에 따라 적격담보 요건을 완화했
다. 이 밖에도 유럽 시중은행에 저금리로 유동성을 공급하는 장기대출프로그램
(TLTRO Ⅲ)을 당분간 유지하기로 했다.

변수: 코로나19 · 노딜 브렉시트 · 경제 회복 기금 · 미-EU 통상관계

2021년에는 코로나19를 얼마나 효과적으로 그리고 빠르게 통제할 수 있느냐
가 EU 경제 회복을 결정짓는 주요 변수일 것이다.

2020년 중 코로나19로 인한 EU 회원국 국경 통제·봉쇄 조치는 코로나19 확
산을 차단하는 데 효율적이기도 했지만, 다른 한편으로 소비와 생산 등 경제활동
을 위축시킴으로써 EU 경제에는 부담으로 작용했다. EU는 4대(사람·자본·
상품·서비스) 이동을 자유 통합의 주요 가치로 중시하기 때문에 EU 역내에서
는 자유롭게 국경을 넘나들며 직장을 구하고 근로를 하는 사람들이 많다. EU 집
행위원회 발표에 따르면, 각 회원국 노동 시장에서 20~64세 사이 노동 인구
중 EU 회원국과 유럽자유무역연합(EFTA)의 국적자 비중은 적게는 5% 많게는
70%에 이른다. 따라서 코로나19로 인한 회원국의 국경 통제는 EU의 산업 생산

을 급격히 위축시켰다. 또한 EU 회원국 중 피해가 큰 스페인, 프랑스, 이탈리아는 대표적인 관광 국가로 코로나19로 인한 관광객 수의 급감이 경기 침체의 결정적인 원인으로 작용했다. 따라서 코로나19를 얼마나 효율적으로 통제할 수 있느냐가 중요하다.

다음으로 2021년 1월부터 영국은 어떤 형태로든 EU를 완전히 떠나게 된다. 현재 브렉시트 이후 영국과 EU의 미래 관계를 위한 협상을 진행하고 있으나, 합의가 쉽지 않은 상황이다. 미래 관계 협상의 실패, 즉 노딜 브렉시트에 대한 우려가 점점 높아지는 가운데, 보리스 존슨 영국 총리는 미래 관계 협상에 대한 EU의 입장 변화가 없다면 노딜 브렉시트가 불가피하다는 입장이다. EU와 영국은 어업권, 공정 경쟁, 거버넌스 등에서 서로의 입장 차이가 좁혀지지 않고 있다. 사실 노딜 브렉시트는 2020년 초부터 계속 제기됐기 때문에 어느 정도 관련 리스크가 국제 자본 시장과 경제에 반영됐다는 점에서 노딜 브렉시트가 EU에 미치는 영향은 제한적일 것이라 전망한다. 그럼에도 EU와 영국 모두 노딜 브렉시트로 인한 불확실성이 다른 리스크와 결합됐을 때 경제와 금융 시장에 어떤 부정적인 영향을 줄지 모르기 때문에 2021년 노딜 브렉시트 이후 글로벌 · 지역별 경제 여건과 함께 EU가 어떻게 대응하는지를 지켜봐야할 것이다.

한편 코로나19로 피해를 입은 회원국이 7500억유로 경제 회복 기금을 얼마나 효과적으로 사용할 수 있을지도 2021년 EU 경제 회복 수준을 결정하는 요인이 될 것이라 본다. 코로나19로 인한 경기 침체에 회원국들이 적극적인 재정 정책으로 대응하고 있지만, 피해가 큰 스페인이나 이탈리아는 코로나19 재확산이 나타날 경우 추가적으로 재정지출을 늘릴 수 있는 여력이 크지 않다. 경제 회복 기금은 이런 회원국 재정 부담을 경감할 수 있다는 점에서 2021년 EU 경제 회복에 긍정적으로 작용할 전망이다. 무분별한 보조금 지원을 견제할 수 있는 수단이 마련된 만큼 경제 회복 기금을 원하는 국가들이 얼마나 성실히 경제개혁프로그램을 마련하고 이를 추진하느냐가 중요해졌다.

마지막으로 미중 통상갈등과 코로나19로 인해 상대적으로 EU와 미국과의 통상갈등이 크게 부각되고 있지는 않지만, 2020년에 미-EU 무역협정 협상 재개, EU와 프랑스의 디지털세 부과 추진, 항공기 보조금을 둘러싼 보복관세 부과 등을 두고 EU와 미국의 갈등이 표출된 바 있다. 따라서 미국 대선 이후 미국과의 통상갈등이 어떤 식으로 진행되는지가 중요하다. 미국의 EU에 대한 통상갈등이 쉽게 해결되지 못할 것이라는 전망과 함께 2021년에도 EU와 미국의 통상갈등이 반복할 가능성을 완전히 배제할 수 없다. 더욱이 최근 OECD에서 논의되고 있는 디지털세 도입 논의가 2020년 말에서 2021년 중으로 연기된 가운데 프랑스, 스페인을 비롯해 EU는 OECD에서 디지털세가 합의되지 않을 경우 독자적으로 디지털세를 부과하겠다는 입장인 반면 미국은 이에 보복관세 부과라는 강경한 대응으로 나설 가능성이 높다. 미국이 중국에 이어 EU로 무역분쟁 전선을 확대할지가 중요하다.

2021년 유로 지역 경제성장률, 5% 내외 전망

EU 회원국 경제가 코로나19 이전 수준을 회복하기 위해서는 일정 시간이 소요될 것이라 본다. 경제 회복 패턴이 'V자형 회복'이 아닌 'U자형 회복'일 가능성이 더 높다는 판단이다. 코로나19 상황에 따라서 'W자형 회복'까지도 전망하고 있다.

주요 기관 발표를 종합해보면, 유로 지역(주요 기관들은 EU 27개 회원국 대신 유로화를 사용하는 19개 회원국으로 구성된 유로 지역의 경제성장률 전망치를 발표) 경제성장률은 코로나19 재확산과 봉쇄 조치의 수준에 따라 2021년 5% 내외로 전망한다. 우선 ECB가 발표한 유로 지역 경제성장률은 2020년과 2021년 중 각각 -8%와 5%로, IMF가 발표한 -8.3%와 5.2%와 비슷하다. 그러나 코로나19 재확산세에 따른 봉쇄 조치가 강화될 경우 경기 하방 압력은 더 심화될 가능성이 높을 것이라 본다.

2021년 경제성장률은 기저효과에 따라 모두 양(+)의 성장률을 기록할 것이

라 전망하는 가운데 2020년 경
제성장률 하락폭이 큰 국가에서
2021년 경제성장률은 더 높을 것
이라 예상한다. EU 회원국 중 상
대적으로 코로나19에 대한 대응
이 양호한 것으로 평가받는 독일

유로 지역 및 주요국의 2021년 경제성장률 전망			단위:%
구분	ECB	IMF	Oxford Economics
유로 지역	5	5.2	5.5
독일	–	4.2	4.8
프랑스	–	6	7
이탈리아	–	5.2	6
스페인	–	7.2	6.2

자료: ECB(2020년 9월), IMF(2020년 10월),
Oxford Economics(2020년 10월)

경제성장률은 4.2~4.8%로 전망하는데, 경제성장의 모멘텀인 수출과 민간소
비가 2021년 회복되면서 경제성장을 견인할 것으로 본다. 프랑스 경제는 2020
년 −9.8%로 독일과 비교해 큰 폭의 경기 침체를 경험한 후 2021년에는 6~7%
의 성장률을 기록할 것이라 전망한다. 스페인, 이탈리아와 함께 코로나19 피
해가 큰 국가로 EU 경제 회복 기금 주요 수혜국이 될 프랑스는 투자 확대와 경
제 회복 기금을 통한 경기 부양이 경제에 긍정적으로 작용할 전망이다. 이탈리
아는 투자 확대와 민간소비 확대를 통해 2021년 5.2~6%의 경제성장률을 기
록할 것이라 전망한다. 한편 EU 회원국 중 코로나19 피해가 가장 큰 스페인은
6.2~7.2%의 경제성장률을 기록할 것이라 예상하는 가운데 정부의 재정지출
확대와 수출 회복이 경제 회복의 원동력이 될 전망이다. 경제구조, 봉쇄 조치와
이동 제한의 조치, 의료 대응 수준 등이 EU 회원국별로 상이하기 때문에 코로나
19가 경제에 미치는 영향뿐 아니라 회복하는 속도도 회원국별로 다를 것이다.

　1950년 유럽석탄철강동맹(ECSC)이 출범한 이후 EU는 2021년 회원국이
EU를 탈퇴한 첫해를 맞이한다. '든 자리는 몰라도 난 자리는 안다'는 옛말이 있
다. 지금 EU가 이런 상황이다. 그런데 코로나19라는 유례없는 상황이 EU의 정
치·경제적 대응 노력을 분산하는 등 부담을 가중하고 있다. 2021년 EU가 내
우외환의 위기를 어떻게 극복할지 우리가 함께 지켜봐야겠다.

인도

코로나에 흔들린 경제 대국
잠재력 충분 V자 반등 기대

김용식 포스코경영연구원 글로벌연구센터 수석연구원

▶ 인도 경제는 1950~1979년까지 약 30년간 힌디성장률(Hindu Rate · 3~4%의 저성장률)로 불리는 연평균 3.5% 성장에 그쳤다. 이 기간 동안 다섯 번(1958년 −0.04%, 1965년 −2.6%, 1966년 −0.1%, 1972년 −0.6%, 1979년 −5.2%)의 경기 침체를 기록했다. 하지만 그 이후에는 한 번도 마이너스 성장을 하지 않았으며 1991년 시장 개방 이후 약 30년간 평균 6.4%의 고성장을 이어왔다. 특히 2014년 기업 친화적이며 개혁 성향이 강한 나렌드라 모디가 총리로 취임하면서 인도 시장의 고성장 가능성에 대한 기대감이 높아져 외국인 직접 투자와 기업 투자가 증가했다. 2016년은 8.3%의 성장률로 중국을 제치고 세계 제일의 고성장 국가로 발돋움했다.

하지만 인도 경제에 대한 지나친 자신감으로 모디 총리가 과감히 추진한 화폐개혁과 세제개혁 등이 발목을 잡았다. 2016년 11월의 500, 1000루피 고액권 사용 중단과 2017년 7월 1일부터 시행된 GST(Goods and Services Tax · 통합부가가치세) 등을 성급하게 추진하면서 기업 투자가 주춤해져 2018년 6.1%, 2019년 4.2%에 그치면서 부진이 지속됐다. 2020년은 기저효과로

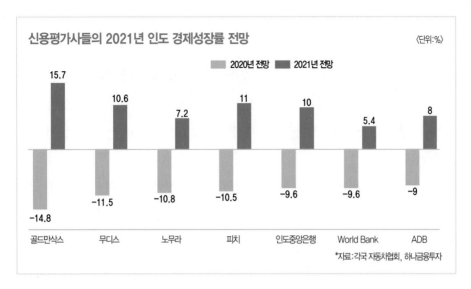

신용평가사들의 2021년 인도 경제성장률 전망 〈단위:%〉

빠른 경제 회복을 기대했으나 코로나19 발발로 사상 최악의 실적을 보였다.

다가오는 2021년은 2020년과 확연히 다를 것이라는 전망이 지배적이다. 정부의 개혁 조치와 제조업 발전 정책 등으로 외국인 투자 유치가 성과를 보이면서 '골이 깊으면 산도 높다'는 말처럼 2021년은 10%대의 경제성장률로 V자 반등을 보일 전망이다.

2020년 상반기, 코로나19 팬데믹으로 사상 최악의 경제성장률 기록

2019년 부진을 보였던 인도 경제는 2020년 1~2월 들어 소비가 회복되면서 경기 상승 기대감을 갖게 했으나 누구도 예상치 못했던 코로나19라는 블랙스완의 등장으로 −10% 안팎의 사상 최악의 실적을 거둘 것이라 예상한다. 경기 급락의 가장 큰 원인은 인도 정부가 3월 25일부터 5월 31일까지 실시한 강력한 전국 봉쇄(Lockdown) 조치다.

모디 총리는 인도의 취약한 의료 구조와 위생 여건 등을 고려해 야간 외출 금지와 이동 제한, 상점 폐쇄와 생필품·의약품 등 필수 재화를 제외한 산업 활동을 전면 중지시켰다. 더불어 엄격한 사회적 거리두기 등을 시행했다. 이로 인해 소비가 급격히 위축되면서 경기 하강이 가속화됐다.

내수 중심 인도는 아시아 금융위기와 글로벌 금융위기 때도 마이너스 성장을 기록하지 않았지만 코로나19 사태는 소비 위축을 초래해 엄청난 타격을 입혔다. 경제의 약 60%를 차지하는 서비스업 역시 영업 중단 조치로 부진이 심화됐고, 이것이 실업 증가로 이어지면서 2분기 경제성장률은 −23.9%라는 최악의 역성장을 기록했다.

경기 급락의 두 번째 원인은 민간 기업의 투자 부진이다. 미래 성장 기반 구축을 위한 설비 증설이나 노후설비 교체와 신규 공장 건설 등을 수반하는 총고정자본형성율은 2019년 2분기 4.6% 이후 4분기 연속 마이너스 성장세를 보이고 있다. 2020년 1분기 −6.5%에 이어 2분기는 −49.8%로 급락세를 기록했다. 민간 기업 투자심리가 위축되면서 투자를 줄이자 일자리가 줄어들고 산업생산이 위축되면서 경제 성장동력이 떨어진 것이다.

셋째, 경제 봉쇄 이후 근로자 귀향 러시로 경제활동 중단이 길어지고 2~3선 도시에서 신규 확진자들이 증가하는 등 역효과를 보이면서 경제 회복이 지연됐다. 일자리를 찾아 고향을 떠나 다른 주(州)로 이주했던 일용직 근로자들이 일자리가 사라지고 생계가 막막해지자 귀향을 선택하면서 예상 밖 악순환을 가져왔다. 수천만 명이 이주 후 생산 현장으로 복귀를 늦추면서 정부의 생산 재개에도 불구하고 기업들이 근로자들을 구하지 못하는 현상이 발생했다. 또한 트럭 운전사들이 길가에 트럭을 버리고 귀향하면서 물류가 멈췄다. 그리고 이들은 귀향하면서 상대적으로 확진자가 적었던 2~3선 소도시와 농촌 지역으로 확진자를 전파하는 동인이 되기도 했다. 다만 수천만 명이 농촌으로 이주하면서 상대적으로 농촌은 수확에 필요한 인력을 확보해 수확량이 증가하는 긍정적 결과를 가져오기도 했다.

마지막으로 전국 봉쇄 조치에도 불구하고 방역에 실패한 것을 들 수 있다. 인도는 5월 말까지 봉쇄 조치에도 불구하고 확진자가 오히려 증가했으며, 6월부터 생계 유지를 위한 경제활동을 재개하면서 확진자 급증세가 이어지고 있다. 이로

생산연계인센티브(PLI · Production Linked Incentive) 정책

대상	가전제조 업체
목표	휴대폰, 가전 부품의 인도 내 제조 기지를 육성하고 다국적 기업의 대규모 투자 유치
기간	2019년 4월부터 2024년 3월 31일
장려금	기준 연도 대비 매출 증가분의 4~6%를 5년간 지급. 1~2년은 6%, 3~4년은 5%, 5년은 4%를 지급
효과	향후 5년간 1540억달러 규모의 스마트폰 생산과 30만개 이상 직접 일자리 창출

인해 주력 산업도시의 부분 봉쇄 조치가 이어지면서 정부의 다양한 재정 정책 지원에도 불구하고 마이너스 성장이 3~4분기까지 지속될 것으로 예상한다.

2020년 하반기 이후 제조업 발전 정책 등으로 성장동력 강화

모디 총리는 지난 8월 15일 제74회 독립기념일 연설에서 "인도의 풍부한 천연 자원을 활용해 자립경제를 달성하고 글로벌 시장에서 통할 수 있는 제품을 만들겠다"고 밝혔다. 일자리 창출 효과가 큰 제조업 육성을 통해 인도 경제를 글로벌 수출 허브로 육성하면서 고성장률의 회복동력으로 추진하겠다는 것이다. 2014년 8월 15일 시작한 'Make in India'의 연장선이라 할 수 있다.

둘째, 외국인 투자 유치를 위한 법인세 인하와 파격적인 인센티브 제공이다. 공급망 재구축을 목표로 탈중국 전선에 앞서 있는 미국 기업과 일본 기업을 유치하기 위해 법인세율 인하와 강력한 투자 인센티브제를 제시했다. 투자 유치 대상은 인도 산업 생태계 현대화와 인도의 독자적인 공급망 구축과 기술 역량 확대에 기여할 수 있는 기업이다. 2023년 3월 31일까지 생산을 시작하는 경우 22%의 법인세율 대신 15%를 적용받게 된다.

셋째, 우군과의 연합으로 투자 유치와 함께 인도를 새로운 글로벌 공급망 기지로 육성하겠다는 전략이다. 인도 정부는 반중 정서를 활용해 일본 · 호주와의 정치 · 경제적 협력을 강화하면서 인도를 글로벌 공급망 기지 역할을 강화할 수 있는 기회로 활용하겠다는 의지를 밝혔다. 그동안 비용과 효율성을 위해 중국에 의존했던 글로벌 기업들이 코로나19와 미중 무역분쟁으로 위험성이 커지면서 글로벌 공급망 다변화 차원에서 새로운 공급망 기지를 필요로 하게 됐다. 일본이 주도하고 호주와 인도가 참여하는 3국 공급체인 구축에 적극 참여하면서 인도를 중국을 대체할 수 있는 생산기지로 적극 육성해 일자리 창출과 고도 성장동력으로 활용하겠다는 계획이다.

넷째, 인프라 프로젝트 실행력 제고를 위한 통합된 접근법을 제시했다. 그동안 각종 인프라 프로젝트들의 관련 부처가 서로 독립적으로 사업을 추진함으로써 효율성과 연계성이 떨어졌다고 판단해 이에 대한 개선 방안으로 다양한 인프라 프로젝트들을 통합, 관리하겠다는 것이다. 이를 통해 기업들의 투자를 유도하고 생활 수준을 향상해 전반적인 삶의 질을 높이겠다는 방침이다.

마지막으로 중앙은행 유동성 확대 정책 천명 역시 경제 활성화에 도움이 될 전망이다. 2020년 10월 8~9일 실시된 중앙은행 통화정책위원회에서 기준금리는 4%로 유지하되 채권 시장 개입을 통해 약 2000억루피의 시중 유동성을 확대하겠다는 의지를 밝혔다. 소비자물가 상승을 일부 용인하더라도 유동성 확대를 우선하겠다는 발표 역시 기업들에게는 도움이 될 것이라 예상한다.

다만 악화되고 있는 재정적자 확대는 우려 요인이다. 코로나19 팬데믹 억제를 위한 사회안전망 지원을 위한 농촌과 서민층 지원이 확대되면서 2020년 7월 31일 기준 정부가 목표로 했던 GDP의 3.5%인 7조9600억루피를 이미 다 소진하면서 추가적으로 4조루피를 차입해 GDP의 6%까지 확대할 계획을 발표했다. 이런 재정적자 확대는 정부의 재정지출 확대 의지를 반감시켜 경제성장에 필요한 자본 확충에 걸림돌이 될 수 있다는 지적이 존재한다.

전년 기저효과로 9% 이상의 고성장과 장기성장 기반을 다지는 해

대다수 글로벌 신용평가사들은 2021년 인도 경제가 평균 8~9%대의 고도 성장을 기록할 것으로 전망했다. 세계은행이 가장 낮은 5.4%, 골드만삭스는 15.7%로 가장 높게 예상했으며 무디스(10.6%), 피치(11%), 인도 중앙은행

(10%) 등은 10%대를 전망했다.

이 같은 고성장 전망의 가장 큰 요인으로는 기저효과를 들 수 있다. 올해 사상 최악의 경제성장률 급락을 고려할 때 2021년은 V자 회복을 기록할 가능성이 높다는 논리다. 인도 경제는 2020년 9월 이후 국내 이동과 식당, 영화관 개점 등이 점차 확대되고 귀향했던 근로자들의 복귀가 점진적으로 증가하면서 본격적인 회복세가 이어지고 있다.

둘째, 제조업 회복이다. 2019년 3분기 이후 4분기 연속 마이너스 성장을 보였던 인도 제조업은 정부의 각종 세제 혜택과 노동법 개정 등 개혁 조치 지속과 생산 연계 인센티브 도입 등으로 빠른 회복세를 보일 것으로 기대된다. 글로벌 공급망 다변화라는 기회를 활용해 일본과 호주와 함께 추진 중인 3국 간 공급체인 구축 계획 등이 실현되고 미국과 일본 기업들의 인도 생산기지 이전이 본격화되면 더 탄력을 받을 것이다. 모디 총리가 추진하는 자립경제 달성을 위한 외국인 투자 유치와 제조업의 수입대체화 등이 점진적으로 이뤄진다면 글로벌 수출 허브 역할을 위한 본격적인 토대를 구축하는 한 해가 될 것이다.

셋째, 농촌 지역의 경제성장이다. 2020년 상반기 저소득 농촌 인구 소득 지원을 위한 마하트마간디국가농촌고용보장법(MGNREGA)을 조기에 집행하고 보조금 직접 지원 등으로 농촌 소득이 증가하면서 농업은 2020년 2분기에 유일하게 3.4% 성장으로 인도 경제를 지탱하는 요인이었다. 또 평균 이상의 몬순 강수량 등으로 파종 면적이 증가하면서 2021년까지 플러스 성장을 이어가 고용 창출과 민간소비 증가에 긍정적 영향을 미칠 것으로 기대하고 있다.

브라질

민영화 통한 경기 부양 가속
韓-메르코수르 협상 지연 예상

오성주 포스코경영연구원 수석연구원

▶ 오랜 침체를 겪은 브라질 경제는 연초만 해도 연금 개혁을 통한 재정 감축 효과와 인프라 투자 확대로 경제성장률 기대치가 2%에 달할 정도로 고무돼 있었다. 특히, 시장 개방적인 보우소나루 정부는 민영화와 수출 시장 다각화를 통해 브라질 산업 구조의 체질을 바꾸고 글로벌 교역 파트너로서 부상할 기회를 노리고 있었다. 하지만 브라질은 코로나19 확진자 수가 500만명(2020년 10월 16일 기준 517만명)을 넘어 세계에서 세 번째로 감염자가 많은 국가가 됐고, 이런 상황은 도약을 준비하는 브라질에 가혹한 악재가 됐다.

분야별로 반등폭 차이…정부 지출 억제와 민간 투자 회복이 관건

어쨌든 2020년 브라질 경제는 정부가 지출을 크게 늘린 덕분에 소비심리가 조금씩 회복되고, 문을 닫았던 공장이 가동을 재개하면서 민간 분야가 빠르게 회복하고 있다. 이에 따라 2020년 경제성장률은 당초 예상보다 호전된 -5.9% 수준에 그치고 2021년에는 기저효과에 따른 반등으로 3.6% 성장을 전망한다.

산업별로는 회복세에서 다소 차이가 있을 것이라 예상한다.

자동차 산업의 경우 2020년 상반기 공장 가동 중단으로 2003년 이후 최악의 실적을 기록했지만 9월 이후부터 생산과 판매가 빠르게 회복되고 있다. 2020년 초 목표했던 320만대까지는 아니지만 당초 우려보다는 나은, 지난해 대비 65% 생산 수준(195만대)을 만회할 수 있을 것이라 본다. 또 자동차 산업 분야에서 자유무역협정(FTA)이 빠르게 진행되며 향후 중남미 수출이 확대될 것이라는 기대도 긍정적이다. 2019년 멕시코에 이어 2020년 8월에는 파라과이와 협정이 정식으로 발효됐다. 비록, 아르헨티나와의 협정 발효가 2029년으로 유예됐으나 양국은 수출 쿼터 안에서 상호 무관세 혜택이 가능해 자동차 산업 분야에서 브라질과 협력 시너지를 높일 수 있는 국가 모두와 교역 여건이 개선됐다.

한편, 광업 분야는 당초 걱정과 달리 빠른 회복세를 보이고 있다. 특히, 중국의 코로나19 조기 종식에 따라 산업 생산이 다시 회복되면서 철광석의 경우, 1~9월 누계 기준 수출량이 2억5000만t을 기록, 전년 동기보다 5% 감소한 수준으로 회복됐다. 이런 수요에 힘입어 철광석 가격(2020년 9월 Spot 가격 기준 t당 123달러) 또한 지난 6년래 최고치를 기록했다.

반면, 남부 3개 주(파라나·산타카타리나·히우그란지두술)에 집중돼 있는 축산·육류 가공업의 경우, 코로나19 확진자가 대량 발생하면서 잦은 시설 폐쇄로 가동이 중단되고, 부실한 위생 검역에 따른 제품 안전성이 문제가 돼 수출 제한 등이 발생하면서 어려움이 지속되고 있다. 공공 분야의 경우 보우소나루 정부가 2020년 재정적자를 GDP 대비 −15.8%까지 확대, 보건 분야 등에서 예산을 크게 늘림에 따라 정부 고용과 지출이 모두 활발했다. 하지만 2021년부터는 2024년까지 재정적자를 GDP 대비 −5% 수준까지 개선하는 것을 목표로 하고 있어, 2021

브라질 경제지표 전망

구분	2019년	2020년*	2021년*
GDP(%, 전년 대비)	1.1	−5.9	3.6
소비자물가(%, 전년 대비)	3.7	2.7	2.9
산업생산(%, 전년 대비)	−1.1	−6.1	7.5
실업률(%, 연평균)	11.9	12.2	11.7
환율(BRL/USD, 연말)	4	5.3	4.7

2020년은 추정치, 2021년은 전망치 　　　　　　　　　자료:포스코경영연구원 종합

년부터 큰 폭의 공공지출 감소를 예상한다.

한편, 2020년 금융 시장에서 보인 외국인 투자자의 빠른 이탈은 브라질에 다시 숙제를 던져줬다. 이는 2021년 정부의 재정 운영에 있어 큰 압박으로 작용할 것이라 본다. 2020년 1~10월까지 브라질에서 빠져나간 외국인 투자 금액만 총 240억달러가 넘는데 이는 2019년(111억달러)과 비교할 때 두 배 이상 증가한 수치다. 예년과 달리 헤알화 환율이 2020년 초 대비 40% 이상 하락하면서 브라질 채권에 대한 매력이 크게 증가했는데도 자본 이탈은 가속화됐는데, 재정 악화나 정책 일관성 부족 문제로 과거 브라질 시장에 대한 불신이 재발하는 것 아닌가 하는 우려가 나온다.

서민 소득 지원과 민영화, 세제 · 행정 개혁 예상

2020년 보우소나루 대통령은 코로나19에 미흡하게 대처해 수세에 몰리면서 정치적으로 지원받는 여당도 없이 연방 정부 각료들과도 마찰을 겪는 등 우여곡절 많은 한 해를 보냈다. 뚜렷한 성과가 필요해진 보우소나루 대통령은 다소 초조하게 재선을 준비해야 하는 상황이 됐다.

그런 면에서 빈곤층, 실업자 · 비정규직에 대한 긴급재난지원금 개념으로 2020년 4월 도입한 월 600헤알(약 100달러)을 지급해주는 복지 프로그램(Renda Cidadã · 시민 소득)은 보우소나루 대통령의 지지율을 40%대로 끌어올리는 역할을 톡톡히 하고 있다. 그러나 크게 늘어난 재정 부담과 예산 편성 한계로 인해 2020년 9월부터 월 300헤알 수준으로 줄어들었고, 이마저도 2020년 말 종료될 예정이어서 이를 유지하기 위한 재정 조달 방법을 두고 획기적인 대안을 마련해야 할 것이라 본다.

2020년 코로나19 확산으로 글로벌 투자가 급격히 축소되면서 주춤했던 민영화 계획은 2021년에는 더욱 박차를 가할 것이라 전망한다. 투자 유치를 희망하는 분야에 있어서도 도로, 공항, 항만과 같은 인프라와 발전 · 송전, 석유 · 가스 등 에너지 개발뿐 아니라 수도와 오수 처리 시설, 병원 등 보건 위생이나 모빌리티 개발 등 다양한 산업 분야로 확대되고 있다.

글로벌 교역 회복 느리지만 반사이익…韓-메르코수르 협상은 지연 예상

코로나19 백신과 치료제 개발이 기대보다 늦어지면서 글로벌 교역 시장이 크게 회복되지 못하고 미중 갈등도 큰 진전 없이 진행형이지만, 브라질의 반사이익은 오히려 계속되고 있다. 2020년 브라질 무역수지는 수출 2130억달러, 수입 1600억달러(예상)로 전년 406억달러 대비 흑자폭(530억달러)을 크게 늘렸다. 이런 흑자 증가는 수출보다는 수입이 더 크게 줄어 발생하는 불황형이기는 하지만 현재 브라질의 농산물 생산량이 해마다 사상 최고치를 경신하고 있다는 점에서 분명 긍정적인 효과가 있다. 2021년 무역수지는 이례적이었던 2020년보다 다소 줄어들겠지만 큰 자연재해나 파업 등의 돌발 변수만 생기지 않는다면, 충분히 큰 수준의 흑자(480억달러)를 이어갈 수 있을 것이라 본다.

한편, 브라질이 주도하는 메르코수르(MERCOSUR)의 무역협정 확대 추세에는 적신호가 커졌다. 이미 시장 보호 기조가 강해진 아르헨티나 이슈를 차치하고서라도 이미 타결한 EU-메르코수르 협상이 마무리 단계에서 더 진전이 없어 이후 예정된 협상들도 동력이 약해질까 우려된다. 특히, EU가 상품·서비스나 투자 문제가 아닌 환경 파괴를 이유로 반대 목소리를 높이고 있어, 이를 주권 침해로 인식하는 보우소나루 정부와 타협점을 찾기가 쉽지 않아 보인다.

이로 인해 한국과 메르코수르 간 최종 협상 일정도 당초 계획보다 지체될 가능성이 높다. 그러나 한국은 중남미 국가들과 이미 네 차례나 성공적인 협정을 체결해 그 노하우를 체득하고 있다. 한-메르코수르 간 상호 보완적인 분야를 중심으로 조속히 협상이 마무리되고, 한국이 브라질의 최초 아시아 무역·투자 파트너가 돼 수출 시장 다변화와 미래의 산업 분야 협력을 통해 시너지를 확대하고, 상생 속에서 성장하는 계기가 마련되기를 기대한다.

러, 유럽 살아나야 경제회복 가능
동유럽은 기저효과로 소폭 회복

러시아   에너지자원 중심의 취약한 산업구조가 약점

이종문 부산외대 러시아언어통상학과 교수

▶ 2020년 전 세계를 덮친 코로나19는 러시아 경제에 심각한 침체를 야기했다. 2020년 러시아 경제는 거의 모든 거시지표에서 2019년과 비교해 심각한 충격을 받았다. 실질 GDP 증가율은 2019년 대비 약 4% 축소되며 글로벌 금융위기 여파로 −7.8%를 기록했던 2009년 이후 가장 큰 폭의 하락을 겪을 것이라 예상한다. 수출은 글로벌 수요 감소 영향으로 약 24% 감소할 전망이다.

세계 각국이 코로나19 확산을 방지하기 위해 이동 제한과 공장 폐쇄를 포함한 다양한 봉쇄 조치를 취하면서 세계 경제는 수요 둔화와 국제 교역량 감소, 금융 시장 변동성 확대 등으로 2차 대전 이후 최악인 4.4% 역성장했다. 산유국들이 생산량을 대폭 감축했음에도 불구하고 운송 부문에서 석유 수요가 붕괴되면서 우랄산 유가가 배럴당 평균 41.8달러로 전년 대비 35% 하락하면서 에너지자원 수출 중심의 경제구조를 지닌 러시아는 치명적인 타격을 받았다. 전염병 확산은 러시아 재정수입 감소와 루블화 약화를 초래했다. 소비자물가 상승률은 소비 부진에 따라 중앙은행 목표치(4%)를 밑도는 3.8%를 기록할 것이라 예상한다.

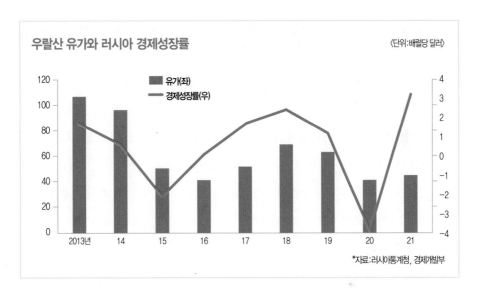

우랄산 유가와 러시아 경제성장률   〈단위:배럴당 달러〉

유가(좌)
경제성장률(우)

*자료:러시아통계청, 경제개발부

 2021년 팬데믹에 대한 긍정적 시나리오가 전개될 경우 2021년 러시아 경제는 반등에 성공할 것이라 전망하나, 이는 2020년 대폭 하락에 따른 기저효과 영향 덕분일 가능성이 높다. 제2의 유행병이 없는 상황에서 2020년 하반기에 봉쇄 조치가 완전히 해제되고 2021년까지 예상대로 코로나19 사태가 진정될 경우 러시아의 GDP 실질 성장률은 낮게는 2.8%(IMF), 높게는 3.3%(러시아 경제개발부)를 기록하며 플러스 영역으로 진입할 것이라 전망한다. 2021년 러시아 경제 성장세가 2%대에 머물 것이라 예상하는 이유는 대내적으로는 푸틴 정부의 경제 정책 대응이 재정준칙의 틀을 유지할 것이기 때문이다.

 대외적으로는 코로나19 사태 장기화에 따른 글로벌 경제 불확실성과 국제 원자재 시장에서 원유 저가 기조 유지 등이 에너지자원 중심의 취약한 산업구조를 지닌 러시아 경제에 부정적 역할을 할 전망이다. 세계적으로, 특히 신흥 시장에서 코로나19 환자가 증가할 경우 석유에 대한 수요가 줄면서 러시아 경기 회복은 현재 예상보다 더뎌질 수 있다. 경상수지 흑자 축소와 재정건전성의 약화, 외환·금융 시장의 변동성 확대 등으로 2021년 러시아 경제의 펀더멘털이 크게 개선되기는 어려울 것이라 본다.

재정지출 확대에 따른 위기 극복 효과

조양현 한국수출입은행 해외경제연구소장

2020년 동유럽 경제는 주요 무역 파트너인 유로존 경기 침체가 지속되는 가운데 코로나19 위기 등으로 생산과 소비, 무역이 총체적으로 위축되면서 극심한 침체 국면에 직면했다. 특히 코로나19 위기로 인해 동유럽 국가들은 2020년 상반기 국가 비상사태 선포, 경제 봉쇄 조치, 글로벌 가치사슬 와해 등으로 경제활동이 매우 제한됐으며, 그 결과 2020년 거시경제는 글로벌 금융위기 이후 최대 위기 상황에 처했다.

이에 동유럽 각국 정부는 경제위기 국면을 극복하기 위해 긴급 재정지출을 통한 경기 부양 대책을 마련했다. 2021년에는 미중 무역갈등 지속, 기후변화에 따른 자연재해와 질병 발생 가능성 상존, 신흥 시장의 경제 리스크 확대 등으로 대외 경제 여건 약화가 염려되고 코로나19의 완전 종식이 어려운 상황이므로 동유럽 경제 상황도 크게 호전되지는 않을 것으로 예상한다.

한편 동유럽 주요국 환율은 2020년 무역 상대국 경기 침체와 무역수지 흑자 축소에 따른 경상수지 적자 확대, 국제 금융 시장에서의 투자자 신뢰가 저하되면서 통화가치의 약세 현상을 보였다. 2021년에는 유로존 회원국과의 이자율 격차와 동유럽 경제권의 경상수지 적자 축소 등으로 통화가치 강세 현상이 유발될 가능성도 있다. 그러나 신흥 시장 전반적으로 대외 경제 여건이 개선되지 않고 있어 동유럽 경제권도 경제위기 관리가 더욱 요구되는 상황이다.

2020년 동유럽 경제는 내수 부진, 해외 수요 위축, 특히 예상치 못한 코로나19의 세계적 대유행 등으로 인해 제조업 생산, 주요 무역국과의 거래, 관광 등 서비스 분야를 중심으로 거시경제가 침체됐다. 2020년 거시경제 상황을 주요국별로 살펴보면, 폴란드(보수민족주의 정권)는 경제 봉쇄 조치로 인해 심각한 타격을 받았는데 제조업 생산은 상품 수출의 약 10%를 차지하는 자동차 산업의 수

동유럽 주요국의 거시경제지표 전망

구분	경제성장률		인플레이션		GDP 대비 재정수지		GDP 대비 경상수지	
	2020	2021	2020	2021	2020	2021	2020	2021
유럽 신흥국	-4.6	3.9	5.2	5.2	-	-	-0.3	0.1
폴란드	-3.6	4.6	3.3	2.3	-9.3	-3.9	3	1.8
루마니아	-4.8	4.6	2.9	2.5	-9.5	-6.6	-5.3	-4.5
체코	-6.5	5.1	3.3	2.4	-6.6	-3.9	-0.7	-0.5
헝가리	-6.1	3.9	3.6	3.4	-5.4	-3.9	-1.6	-0.9

주:2020년 10월 기준   자료:IMF

출 부진 등으로 인해 2019년 대비 79% 감소한 것으로 추정한다. 체코(중도좌파 정권)에서는 경기 불확실성 증가로 인해 내구재 소비가 줄어드는 등 내수가 위축됐으며 체감경기 하락, 수출 수요 감소, 노동 공급 부족 등으로 투자는 2019년에 비해 15% 줄었다. 헝가리(보수민족주의 정권)는 코로나19 확산에 따른 경제 봉쇄 조치의 후폭풍으로 자동차 산업을 중심으로 제조업 생산이 2019년에 비해 80% 가까이 감소한 것으로 추정한다. 경제활동 제한에 따른 경기 침체로 동유럽 주요국의 2020년 경제성장률은 폴란드 -3.6%, 루마니아 -4.8%, 체코 -6.5%, 헝가리 -6.1% 등으로 추정된다. 2021년에는 재정지출 등을 통한 경제위기 극복 조치 등의 효과가 나타나면서 경제성장률이 다소 회복될 것이라 예상한다. 코로나19 확산 정도가 현재 수준으로 유지된다는 전제 아래 동유럽 주요 경제권의 경제성장률은 기저효과가 반영되면서 폴란드 4.6%, 루마니아 4.6%, 체코 5.1%, 헝가리 3.9% 등 유럽 신흥국 평균 수준을 웃돌 전망이다.

동유럽 각국 정부는 코로나19 위기를 극복하기 위해 재정지출 투입 확대로 재정수지 적자가 확대됐다. 그러나 2021년에는 거시경제가 전반적으로 회복될 것으로 예상하고, 각국 정부가 일시적으로 채택한 긴급 재정 조치가 중단되면서 재정수지 적자도 개선될 가능성이 높다. 동유럽 주요국의 2021년 GDP 대비 재정수지 비중은 폴란드 -3.9%, 루마니아 -6.6%, 체코 -3.9%, 헝가리 -5.4% 등으로 예상하며, 루마니아와 헝가리는 EU의 재정준칙에 위반되는 수준이다.

동남아시아

선진국보다 빠른 경제 회복
2021 'V'자 회복 기대해볼 만

이재호 대외경제정책연구원 전문연구원

▶ 연간 5% 이상 고도 경제성장을 지속했던 동남아 국가들도 코로나19 영향으로 2020년 상반기에 대다수 마이너스 성장세를 기록했다. 동아시아 외환위기 발생 시기인 1998년 이후 최저 수준 성장률을 기록할 수 있다는 예상이다.

동남아 국가 중 의료 선진국인 싱가포르와 태국을 제외한 대다수 국가 의료 환경은 코로나19와 같은 전염병 대응에 적합하지 않은 상태였다. 대부분 동남아 국가는 코로나19 발생에 대응해 외국인 입국 통제는 물론 국내 이동까지 제한하는 사실상 국가 봉쇄 수준의 방역 정책을 시행했다. 봉쇄 수준 방역 정책이 시행되자 대다수 동남아 국가에서 소비와 투자가 큰 폭으로 위축되며 급격한 마이너스 성장이 발생했다. 이에 각국 정부는 경기 부양을 위해 긴급히 대규모 경기 부양책을 마련해 코로나19로 인한 충격 해소에 적극 나서고 있으나 대부분 한시적인 정책에 머물 가능성이 높다. 또 코로나19로 인한 경기 부진이 장기화

한국의 국별 수출입 현황(2019년) 　　단위:억달러

국가	수출	수입	수지	교역량
중국	1362	1072	290	2434
동남아	951	562	389	1513
미국	733	619	115	1352
EU	528	558	−30	1086
일본	284	476	−192	760
홍콩	319	18	301	337

자료:EU, World Bank, ADB, IMF 등 통계 자료를 활용해 저자 작성

동남아 국가들의 경제성장률 추이와 전망치 단위:%

국가	2015년	2016년	2017년	2018년	2019년	2020년 전망			
						EIU	World Bank	ADB	IMF
브루나이	-0.4	-2.5	1.3	0.1	3.9	-0.2	-	1.4	1.3
캄보디아	7	6.9	7	7.5	7.1	-1.7	-2	-4	-1.6
인도네시아	4.9	5	5.1	5.2	5	-1.6	-1.6	-1	0.5
라오스	7.3	7	6.9	6.2	4.7	0.8	-0.6	-2.5	0.7
말레이시아	5.1	4.5	5.8	4.8	4.3	-8	-4.9	-5	-1.7
미얀마	7	5.9	6.8	6.2	6.6	1.2	0.5	1.8	1.8
필리핀	6.3	7.1	6.9	6.3	6	-6.1	-6.9	-7.3	0.6
싱가포르	3	3.2	4.3	3.4	0.7	-6	-	-6.2	-3.5
태국	3.2	3.4	4.1	4.1	2.4	-5.9	-8.3	-8	-6.7
베트남	7	6.7	6.9	7.1	7	3.1	2.8	1.8	2.7

자료:EU, World Bank, ADB, IMF 등 통계 자료를 활용해 저자 작성

될 경우 재정 악화가 염려돼 경기 부양책을 지속하기도 어려운 상황이다.

2020년 상반기 동남아 내수 시장 위축은 물론 글로벌 무역 또한 위축되어 동남아 국가의 수출입도 큰 폭 마이너스 성장률을 기록했다. 특히 태국, 싱가포르, 말레이시아, 베트남 등 주요 동남아 국가의 경우 무역이 경제에서 차지하는 비중인 대외 의존도가 높은 점을 감안하면 향후 글로벌 무역 회복이 동남아 국가의 경제 회복에 선결 과제가 될 가능성도 있다. 2020년 10월 말 IMF 전망에 따르면 2020년 선진국 경제성장률은 -5.8%까지 하락하는 반면 신흥 지역 성장세 하락은 -3.3% 수준, 특히 인도네시아, 말레이시아, 필리핀, 베트남, 태국 등 아세안 5국의 경우 -3.4%에 달할 것으로 전망했다.

코로나19 방역 성과 국가별로 명암 갈려…싱가포르 · 태국 통제 성공

동남아에서 최초로 코로나19가 발생한 시기는 2020년 1월이나 본격적으로 코로나19 확진자가 증가하기 시작한 시점은 2분기부터로 볼 수 있다. 동남아 국가 중 코로나19 확산 통제에 성공한 것으로 간주되는 국가는 싱가포르, 태국, 말레이시아, 베트남 등이다. 특히 싱가포르의 경우 5월까지 동남아에서 코로나19 확

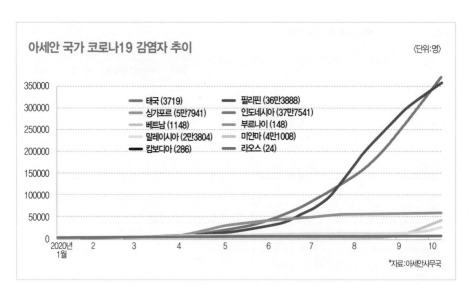

아세안 국가 코로나19 감염자 추이 〈단위:명〉

태국 (3719) 필리핀 (36만3888)
싱가포르 (5만7941) 인도네시아 (37만7541)
베트남 (1148) 부르나이 (148)
말레이시아 (2만3804) 미얀마 (4만1008)
캄보디아 (286) 라오스 (24)

*자료:아세안사무국

진자가 가장 많은 국가였으나 고강도 봉쇄 정책과 추적 검사를 통해 확산을 통제하는 데 성공한 점이 특징이다. 태국, 말레이시아, 베트남 등도 성공적으로 코로나19 확산에 대응한 국가로 언급된다. 특히 태국은 고강도 방역 정책과 국민의 적극적인 사회적 거리두기 참여에 힘입어 9월 초까지 약 100일간 국내 전파자를 0명으로 유지하는 기록을 달성해 뉴질랜드와 함께 WHO로부터 모범 방역 국가로 선정되기도 했다.

　반면 가장 많은 코로나19 확진자 수를 기록한 필리핀과 인도네시아는 2020년 10월 2일 기준 코로나19 누적 확진자가 약 30만명에 달했다. 동남아 전체 코로나19 사망자 약 1만7000명 중 인도네시아 사망자 1만여명, 필리핀 5500여명에 달해 전체 사망자 중 약 96%를 두 국가가 차지하는 상황이다. 인도네시아는 '대규모 사회적 거리두기'로 통칭되는 봉쇄 조치를 반복하고 있으며, 필리핀은 아예 2021년 9월까지 국가비상사태를 연장해 강력히 대응하고 있으나 코로나19 확진자 증가세는 멈추지를 않는다. 동남아 선도 국가들에 비해 상대적으로 의료 수준이 열악한 미얀마, 브루나이, 캄보디아, 라오스 등은 코로나19 발생 초기 확진자 수가 100명 내외로 미미했던 점이 긍정적으로 인식돼 왔다. 그러나 미얀마의 경우 9월부터 코로나19 확진자가 급증해 누적 확진자 약 1만5000명을 기록했으며 긴급 봉쇄 조치를 시작했다.

선진국에 비해 빠른 경제 회복 예상되나 코로나19 장기화 변수로 작용

동남아 국가들을 코로나19 확산 상황에 따라 총 3가지로 나누어 볼 수 있다.

첫 번째는 코로나19 상황 통제에 상대적으로 성공적인 그룹으로 태국, 싱가포르, 말레이시아, 베트남이 해당된다. 이들 국가는 코로나19에 대한 조기 대처에 성공해 단계적으로 경제활동이 재개됐다. 출입국과 일부 다중이용시설 통제 이외의 일반적인 경제활동은 거의 재개된 상황이다. 이들 국가는 2020년은 마이너스 성장이 불가피하지만 2021년에는 5% 이상 경제성장률을 기록하며 빠르게 회복할 것이라 한다. 두 번째는 코로나19 확진자가 지속 증가하고 있는 필리핀, 인도네시아로 봉쇄에 준하는 방역 정책을 지속하고 있어 경제 회복을 위한 경제활동 재개에 장기간이 소요될 것으로 전망한다. 세 번째는 잠재적인 코로나19 확산이 걱정되는 국가다. 최근 코로나19 확진자가 증가하는 미얀마를 포함한 브루나이, 캄보디아, 라오스로 구성된다. 이들 국가는 코로나19 확진자 자체는 미미한 편이나 확진자가 급증할 경우 이에 대응할 의료 역량이 부족해 봉쇄 정책을 도입할 가능성이 높다.

2020년 동남아 국가의 경제성장 부진은 동남아 국가들이 자체적인 한계 상황에 직면하거나 경쟁력 상실로 인한 것이 아니라 코로나19라는 전대미문의 외생적인 충격으로 인한 것임을 주목할 필요가 있다. 백신이나 치료제 개발로 코로나19라는 외생적인 변수가 해소된다면 동남아 국가 경제는 2020년 폭락 후 빠른 속도로 반등하는 '브이(V)' 형태 회복세를 구현해 2021년에는 예전과 같은 5% 이상 경제성장률을 회복할 가능성이 높다. 다만 백신과 치료제 개발이 지연되거나 코로나19가 토착화되면 경기 회복 형태가 완만한 형태의 '나이키' 로고 모양으로 진행될 가능성이 높을 것이라 본다.

국제유가 따라 출렁대는 중동
중앙亞는 러시아 경제가 관건

중동

코로나19 진정되면 완만한 회복세 기대

유광호 대외경제정책연구원 전문연구원

▶ 중동 지역 국가들은 코로나19 확산과 이로 인한 국제유가 하락 여파로 경기 침체를 겪고 있다. 2020년 중동 지역 경제성장률은 −5.1%를 기록할 것이라 예상한다. 다양한 요인 중 국제유가 하락에 따른 역내 산유국 수출과 정부 지출 감소가 전체 성장률 하락을 견인하고 있다. 주요 산유국 간 점유율 확보를 위한 유가 전쟁과 코로나19 확산이 맞물리며 2020년 초 국제유가는 급격히 하락했다. 이후 국제유가는 전 세계적인 원유 수요 감소와 재고량 증가로 큰 폭의 회복세를 보이지 못하고 있다. 이는 수출과 재정수입에서 원유 부문의 비중이 높은 역내 산유국에게 큰 부담으로 작용한다. 특히 재정수입 감소는 최근 지역 내 주요 성장동력인 각국 정부의 개발 계획 차질로 연결된다. 실제 2020년 역내 산유국은 −7.3%의 역성장을 기록할 것이라 예상하는데, 비산유국의 역성장 폭은 −1.1%에 그칠 것이라 본다.

반면 2021년에는 코로나19 사태가 다소 진정되면서 중동 지역 경제가 완만한 회복세를 보일 것이라 전망한다. 코로나19가 진정 국면에 들어서면 소비심리가 회복돼 역내 민간소비가 증가할 것이라 보며, 고용 시장 불안도 완화될 수 있다. 또한 각국 봉쇄 조치 완화에 따른 전 세계 원유 수요 회복으로 국제유가가 상승세를 보일 것이라 기대한다. 이로 인해 역내 산유국의 거시경제 여건이 크게 개선될 전망이다. 재정수입 증가로 역내 산유국의 정부 지출, 특히 각국 정부의 건설 투자가 2020년 대비 크게 증가할 것이라 예상한다. 그동안 국제유가 변동성 확대로 침체됐던 석유와 가스 상류 부문에 대한 외국인 투자도 증가할 가능성이 높다. 산유국의 경기 회복은 산유국에서 비산유국으로 이전되는 노동자의 송금 증가로 이어져 비산유국 경제에도 긍정적인 영향을 미칠 것이라 본다.

다만 중동 지역 경기 회복세는 상대적으로 더딜 것이라 전망한다. 2021년 중동 지역 경제성장률은 3.1%를 기록할 것이라 예측하는데, 이는 전 세계(5.4%)와 개발도상국(5.4%) 성장률에 비해 낮은 수준이다.

원유에 대한 의존도가 높은 지역 특성상 빠른 경기 회복을 위해서는 코로나19 사태 진정과 국제유가 회복이 병행돼야 하지만, 국제유가가 단기간에 코로나19 이전처럼 회복되기는 어려울 것이라 본다. 한 가지 더 염두에 둬야 할 점은 역내 실물경제 회복은 어디까지나 코로나19 사태가 완화된다는 것을 전제로 하고 있기

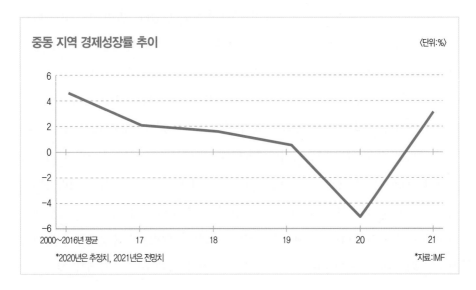

중동 지역 경제성장률 추이 〈단위:%〉

*2020년은 추정치, 2021년은 전망치   *자료:IMF

때문에 경기 하방 리스크가 상존한다는 것이다. 코로나19가 진정세를 보이지 않으면 앞서 살펴본 국제유가 상승과 이에 따른 성장률 회복을 기대할 수 없으며, 경기 침체가 당분간 지속될 가능성도 있다. 코로나19로 드러난 거시경제 문제점은 향후 중동 지역 국가들의 정책 방향을 결정짓는 주요 요인으로 작용할 것으로 본다. 우선 코로나19 확산으로 에너지 부문에만 의존하는 경제구조의 문제점이 부각됨에 따라 역내 국가들의 산업 다각화 노력이 더욱 강화될 것이라 전망한다. 특히 기반을 어느 정도 갖추고 있어 빠른 성장이 가능한 석유화학과 전염병 확산으로 관련 수요가 높아진 보건의료 부문에 대한 관심이 확대될 가능성이 높다.

중앙아시아 ── 코로나19 회복에 경제구조 개혁 더해져야

정민현 대외경제정책연구원 부연구위원

2020년 중앙아시아 경제를 관통하는 키워드는 역시 코로나19 사태의 충격이다. 특히 화석연료 수출 의존도가 높은 카자흐스탄과 투르크메니스탄이 일차적인 영향권에 있다. 러시아에서 일하는 자국 노동자 송금에 크게 의존하는 키르기스스탄과 타지키스탄 역시 이에 못잖은 간접 영향권에 있다. 반면, 2016년 미르지요예프 입각 이후 강력한 개혁·개방 정책으로 경제 체질을 개선하는 데 성공한 우즈베키스탄의 경제적 피해는 상대적으로 적을 것이라 본다.

카자흐스탄과 투르크메니스탄의 2020년 성장률은 각각 -5%, -1.6%까지 하락할 것이라 전망한다. 원유와 천연가스 생산·수출 의존도가 매우 높은 상황에서 글로벌 수요 급감으로 가격이 폭락하기 때문이다. 키르기스스탄과 타지키스탄의 2020년 성장률은 -4.9%, -6.5%까지 떨어질 수 있을 것이라 본다. 러시아로부터의 노동자 송금이 전체 생산에서 약 30%까지 차지하는 상황에서 러시아 경제가 코로나19로 직격탄을 맞은 결과다. 2021년 중앙아시아 경제의 화두는 역시 코로나19 대응이다. 코로나19 사태로 비롯된 충격에서 회복하고 원래 성장세를 최대한 빠른 시일 안에 되찾아야 한다. 동시에 보다 강건한 경제 체질을 만들기 위한 구조 개혁에도 박차를 가해야 한다. 다행히도 천연자원 국제 가격 상승, 주변국의 조속한 경제 회복 등 긍정적인 외부 요건만 조성될 경우 V 자형의 비교적 빠른 회복이 가능할 것으로 본다. 우선 카자흐스탄의 2021년 경제성장률은 최대 4%대까지 기록할 수 있을 것이라 본다. 무엇보다도 서서히 회복 중인 국제유가 전망이 긍정적이다. 환율과 물가상승률도 안정세다. 그러나 여전히 높은 환율 변동성을 감안하면 2021년 재정지출 확대가 예상됨에도 불구하고 적극적인 완화적 통화 정책을 펼 수가 없어 정책 보조를 맞추지 못할 가능성도 있다. 우즈베키스탄의 2021년 경제성장률은 최대 5%대에 이를 것이라 전망한다. 먼저 제도 개혁과 대외 개방 기조가 꾸준히 유지될 것이라 관측한다. 구조 개혁으로 환율이 요동치는 등 단기적인 혼란이 있었지만 향후 구조 개혁 성과가 더욱 가시화될 것이라는 추측도 긍정적이다. 개혁에 동반되는 대규모 정부 재정지출도 내년도 경제성장을 더욱 촉진하는 요인으로 작용할 것이다. 투르크메니스탄의 2021년 경제성장률은 최대 6%에 이를 것이라 본다. 최대 수출품인 천연가스의 국제 가격이 가장 중요한 변수다. 천연가스 가격이 빠르게 회복될수록 코로나19 이전 성장 경로로 조속히 회귀할 수 있다. 문제는 민간 투자가 부진한 상황에서 정부 주도 투자를 대규모로 집행하기에는 재정 여력이 좋지 못하다는 점이다. 정부 수입이 천연가스 판매에 상당 부분 의존하는 상황에서 천연가스 가격이 좀처럼 회복되지 못할 경우 이중고에 시달릴 수 있다.

 키르기스스탄과 타지키스탄의 2021년 경제성장률은 각각 최대 7%, 5%대를 기록할 것이라 본다. 주변국으로 노동력을 직접 판매해 벌어들이는 소득이 매우 중요하므로 주변국, 특히 러시아의 경제 회복 속도가 관건이다. 다행히 러시아 경제 역시 V자형의 비교적 빠른 회복을 보일 것이라 기대한다. 그러나 공공보건 인력과 인프라가 매우 열악해 코로나19가 장기화되면 내국 산업 위축이 될 수 있다는 점은 위험 요인이다.

경제성장률 −8.1% '녹다운'
2021년 기사회생 할 수 있나

나건웅 매경이코노미 기자

▶ 중남미는 전 세계에서 코로나19 사태로 가장 큰 피해를 입은 지역 중 하나다. 2020년 9월 기준 전 세계 코로나19 감염자 중 38%가 중남미 지역에서 발생했다. 사망자도 전체의 34%가 중남미에서 나왔다. 중남미 인구가 전 세계에서 차지하는 비율이 8.2%에 불과하다는 점에 비춰보면 피해가 얼마나 심각했는지 짐작 가능하다. 브라질의 자이르 보우소나루 대통령을 비롯해 온두라스, 과테말라, 볼리비아 등 각국 수장까지 확진 판정을 받았다. 정치·사회 시스템 전반에 '대혼란'이 찾아온 모습이다.

경제도 추락했다. 이전부터 악화됐던 경제 상황은 코로나19 팬데믹이라는 결정타를 맞고 무너져내렸다.

중남미 경제성장률은 2017년 1.4%를 기록한 이후 꾸준히 하향곡선을 그렸다. 2018년 경제성장률은 1.1%, 2019년에는 충격의 0% 성장을 기록했다. 하지만 2020년에 비하면 오히려 예전이 낫다. IMF는 2020년 중남미 지역 경제가 무려 −8.1%로 뒷걸음질 칠 것이라 전망했다. 개발도상국 평균(−1.7%)은 물론 전 세계 평균(−4.4%) 경제성장률 전망에도 크게 못 미치는 수치다.

지역 내 양대 경제 대국인 브라질(-5.8%)과 멕시코(-9%)를 비롯해 아르헨티나(-11.8%), 칠레(-6.%), 콜롬비아(-8.2%), 페루(-13.9%) 등 주요 국가 모두 마이너스 10% 안팎 성장률을 보일 것으로 봤다. 베네수엘라는 무려 25%나 역성장할 것으로 IMF는 관측했다.

중남미 지역 경제 충격이 다른 지역에 비해 유난히 큰 데는 몇 가지 이유가 있다. 먼저 중남미 노동환경의 구조적 특징이다. 중남미는 대중 교통, 관광, 소매점 등 물리적 접촉이 필연적으로 일어날 수밖에 없는 일자리 비율이 전체 45%나 된다. 신흥 개도국 평균(30%)보다 훨씬 높다. 국경이 폐쇄되고 가게들이 셧다운되면서 비자발적 실업이 급증했다. 반면, 원격근무가 가능한 일자리 비중은 20%에 불과하다. 선진국은 물론 신흥국 평균(26%)에도 못 미친다.

글로벌 경제활동이 급격히 위축한 점도 중남미에는 뼈아팠다. 4월 이후 중국을 제외한 전 지역, 특히 미국·캐나다 등 북미 지역 수출이 전년 대비 20% 가까이 줄어들었다. 카리브해 지역 등 중남미 주요 관광 수요도 급감했다. 2019년 8월 2500개에 달했던 중남미 국제선이 2020년 8월 1000개 미만으로 쪼그라들었다.

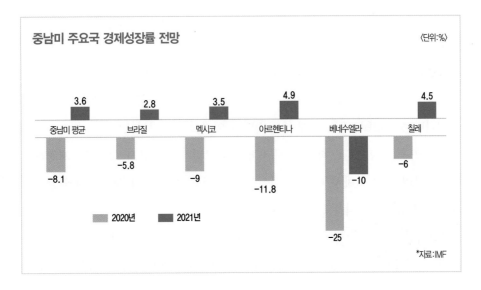

중남미 주요국 경제성장률 전망 〈단위:%〉

*자료:IMF

특히 브라질과 함께 중남미 경제를 이끄는 멕시코 상황이 좋지 않다. 미국, 브라질, 인도에 이어 전 세계에서 코로나19 사망자 수가 4번째로 많다. 주요 기간산업인 자동차, 건설, 관광업 등 조업 중단이 장기화되면서 심대한 타격을 입었다.

안드레스 마누엘 로페스 오브라도르 멕시코 대통령은 멕시코 최대 원유기업 '페멕스 회생'을 승부수로 띄웠지만 상황은 여의치 않다. 코로나19로 인한 전 세계 석유 수요 감소와 이에 따른 국영 석유기업들의 침체가 멕시코 위기를 가중했다. 약 1050억달러(약 128조원) 부채를 떠안고 있는 페멕스는 코로나19 확산 이후 국제유가가 18년 만에 최저치로 폭락하는 등 경영 상황이 날로 악화하고 있다.

남아 있는 경기 부양 카드가 마땅치 않다는 점도 멕시코 경제를 부정적으로 바라보는 이유다. 금리는 더 내릴 여력이 없다. 멕시코 중앙은행은 지난 9월 기준금리를 4.5%에서 4.25%로 0.25%포인트 낮췄다. 2019년 8월 이후 11차례 연속 인하다. 여기에 물가상승률이 중앙은행 목표치를 웃돌기까지 한다.

아르헨티나도 최악의 경기 침체에 직면했다. 아르헨티나는 코로나19 상륙 초기인 2020년 3월 전 국민 자가격리를 비롯한 엄격한 봉쇄를 시작했고 격리령은 12차례 연장돼 반년을 넘겼다. 봉쇄 기간과 강도 모두 전 세계에서 손꼽히는 수준이다. 당연히 극심한 경기 침체가 뒤따랐다. 아르헨티나 2020년 2분기 국내총생산(GDP)은 지난해 같은 기간보다 19.1% 급감했다. 2002년 아르헨티나 경제 위기 당시(-16.3%)보다도 심각한 역대 최악의 상황이다.

단 최근 1000억달러 규모 채무 재조정 협상을 마무리한 점은 긍정적이다. 아르헨티나는 2020년 5월 외채 중 5억달러 이자를 갚지 못하면서 건국 이래 9번째 디폴트를 경험했다. 하지만 지난 8월 글로벌 자산운용사 등 민간 채권자와 650억달러 규모의 채무 재조정 협상을 타결했고 외화 표시 채권 400억달러도 재조정에 성공하며 디폴트 탈출에 청신호를 켰다.

살인적인 인플레이션이 계속되고 있는 베네수엘라 역시 처참한 경제 상황에 처했다. 베네수엘라 2020년 물가상승률은 2400%에 달한다. 경기 침체도 7년 연속 진행된다. 코로나19에 따른 봉쇄와 석유 수입 감소가 겹친 올해에는 −25% 역성장을 예상한다.

2021년, 기저효과로 3.6% 성장 예상⋯빈곤층 확대 '우려'

IMF는 2021년 중남미 경제성장률을 3.6%로 전망했다. 워낙 최악이었던 2020년 기저효과와 함께 유가 상승, 수출 회복 등이 긍정적인 요소다. 단 파나마, 도미니카공화국 등 관광에 의존하는 카리브해 국가는 2021년에도 불황에서 쉽게 빠져나오지 못할 것으로 전망한다.

코로나19 사태 장기화 여부가 2021년 중남미 경제 회복에 결정적인 영향을 끼칠 전망이다. 유엔은 2020년 중남미 4500만명이 새롭게 빈곤층으로 추락할 것이라고 내다봤다. 경제활동이 줄고 실업률이 늘면서 2020년 중남미 빈곤율은 37.2%로 7%포인트 높아질 것으로 예상한다. 중남미 빈곤층 인구는 2억3000만명에 달하는 것으로 추정한다.

정치 불안도 풀어야 할 숙제다. 생활고가 극심해지고 정부에 대한 불만이 쌓이면서 민심이 포퓰리스트 지도자에 쏠릴 가능성이 제기된다. 대표적인 예가 볼리비아다. 2020년 10월 볼리비아 대선에서는 좌파 정당 사회주의운동(MAS)의 후보 루이스 아르세 전 경제장관이 압도적 표차로 당선됐다. MAS는 대선 부정 의혹으로 아르헨티나에 망명 중인 모랄레스 전 볼리비아 대통령이 이끄는 당이다. 우파 정권은 집권 1년도 채 안 돼 정권을 다시 좌파 정당에 내주게 됐다.

이런 정치적 흐름은 볼리비아뿐 아니라 내년 중남미 다른 지역 선거에도 영향을 미칠 가능성이 높다고 전문가들은 말한다. 내년에는 칠레, 페루, 에콰도르, 온두라스, 니카라과에서 대선이, 멕시코와 아르헨티나에서는 총선이 예정돼 있다. 코로나19 이전에도 우파 정부가 들어서 있는 칠레, 에콰도르, 콜롬비아에서 반정부 시위가 번지면서 포퓰리즘의 득세나 정권 교체 가능성이 제기된 바 있다.

역사상 최대 부양책 예고
아시아 국가 '트래블 버블' 허용
〈방역 우수 국가 간 여행〉

반진욱 매경이코노미 기자

▶ 2020년 호주 경제도 코로나19 여파에 직격탄을 맞았다. 1·2분기 연속으로 국내총생산(GDP)이 마이너스 성장을 거듭했다. 국제통화기금(IMF)은 호주가 2020년 경제성장률 −4.2%를 기록할 것으로 예상한다. 호주 경제가 2008년 글로벌 금융위기에도 마이너스 성장을 겪지 않았던 점을 감안하면 타격이 얼마나 큰지 알 수 있다. 원인으로는 코로나19 확산에 따른 산업활동 정지와 가계경제 악화가 거론된다.

6월까지 호주 전체 가계소비 지출은 12.1% 감소했다. 숙박·외식비 56.1%, 교통비 85.9%. 상품과 서비스 이용 31.2%, 여가·문화생활비 15.3%, 의료비가 20.2% 줄었다. 의식주 외 모든 비용이 대폭 하락했다. 2분기에는 코로나19 확산이 정점에 달하면서 산업활동이 중단됐다. 경계·봉쇄 강화가 이어지면서 서비스업·소매 기업들은 3분기가 시작하자마자 구조조정을 단행했다.

다만 백신 개발·봉쇄 조치 효과로 코로나19 확산세가 줄어들고 정부의 적극적인 재정 정책이 효과를 내면서 2021년에는 경제성장률 3%를 기록할 전망이다. 호주 정부는 경기 부양과 실업률 감소를 위해 막대한 부양책을 예고했다.

2021년 전체 예산 비용 6703억호주달러 중 38%인 2570억호주달러를 직접적인 경제 지원에 투입할 계획이다.

호주 · 뉴질랜드 경제성장률				단위:%
구분	2018년	2019년	2020년	2021년
호주	2.7	1.8	-4.2	3
뉴질랜드	2.8	2.2	-6.1	4.4

2020~2021년은 전망치 　　　　　　　　　　　　　자료:IMF

코로나19 봉쇄 완화 역시 경제 회복에 도움을 줄 것이라 본다. 지난 10월 초 뉴질랜드로부터 오는 입국자들 대상으로 격리 조치를 해제했다. 2021년 상반기에는 한국을 비롯한 일본, 싱가포르 등 아시아 국가들과 트래블 버블(코로나19 방역 우수 국가 간 서로 여행을 허용하는 협약)을 실행할 것으로 예상한다.

'락다운(봉쇄 조치)' 효과, 코로나19 극복 기세로 경제 회복 노리는 뉴질랜드

뉴질랜드는 2020년 -6.1% 성장이 예상된다. 두 번에 걸친 락다운 조치 여파가 컸다. 이동이 엄격이 통제되면서 2분기 GDP 성장률은 -12%를 기록했다. 1987년 이후 가장 부진한 수치다. '종식'을 선언할 정도로 코로나19 확산을 막는 데 성공했지만, 경제활동은 크게 위축됐다. 뉴질랜드 통계청에 따르면 봉쇄 조치 후 소매업과 숙박업은 1분기 -2.2% 성장률로 집계됐다. 항공 운송과 창고업 역시 2008년 금융위기 이래 가장 큰 폭(-5.2%)으로 하락했다. 수출도 줄었다. 특히 주요 수출 품목인 목재의 경우 2020년 4월 수출이 전년 동월 대비 70%가 넘게 감소했다.

2021년에는 4.4% 성장하며 반등할 것이라 본다. 이면에는 강력한 경기 부양책이 자리 잡는다. 뉴질랜드 정부는 2020년 5월 300억달러 예산안을 발표하며 정부 지출 확대를 통한 경제 회복에 시동을 걸었다. 임금보조금 지원(20억달러), 무료 직업교육 예산(9억5000만달러), 관광산업 지원기금(2억4000만달러), 무료급식 지원(1억3000만달러)에 투자한다. 이는 뉴질랜드 역사상 최대 규모의 정부 지출이다. 지난 10월 17일 이뤄진 총선에서 아던 현 총리의 노동당이 압승을 거두며 대규모 경기 부양책을 위한 재정지출 정책은 계속될 것으로 본다.

열악한 보건·높은 부채비율
외국인 투자 돌아와야 '희망'

나건웅 매경이코노미 기자

▶ 아프리카 경제는 2016년을 기점으로 불황의 터널을 벗어나고 있었다. 국제통화기금(IMF)에 따르면 사하라 사막 이남 아프리카의 경제성장률은 2016년 1.5%로 최저점을 찍은 이후 꾸준히 상승곡선을 그려왔다. 이듬해 2017년에 3%로 반등에 성공했고 2018년 3.3%, 심지어 미국과 중국 등 주요 무역 파트너 사이 긴장감이 고조됐던 2019년에도 3.2%로 선방했다.

하지만 아프리카 경제도 코로나19 여파를 피해갈 수는 없었다. IMF는 2020년 아프리카 경제성장률이 3% 역성장할 것으로 전망했다. 세계 평균(-4.4%)보다는 상황이 낫지만 한창 탄력받던 경제성장에 제동이 걸린 것은 분명하다.

아프리카 입장에서 가장 큰 타격은 자본 유출이다. 글로벌 경제 불확실성이 커지면서 신흥 시장에서 자본이 급격히 빠져나가기 시작했다. 아프리카에서 2020년 2월 한 달 동안에만 약 50억달러(약 5조7000억원)가 빠져나갔다. 6월 이후 자본 유입이 재개되는 모습이지만 외국인 직접 투자(FDI)는 역대 최저 수준이다.

아프리카 경제를 이끄는 쌍두마차인 나이지리아와 남아프리카공화국 경제는 우울한 분위기를 이어가고 있다.

아프리카 최대 산유국인 나이지리아는 글로벌 원유 수요가 위축되면서 최악의 경제난에 직면했다. 2020년 −4.3% 성장률을 기록할 것으로 전망한다. 인구 급증에 따른 국가 재정지출 증가도 문제다. 2020년 재정지출은 5년 전인 2015년에 비해 200억달러 이상 늘어난 것으로 분석한다.

최근 정치 불안도 가속화되고 있다. 코로나19 팬데믹으로 나이지리아 인구 약 40%에 해당하는 8300만명이 식량난을 겪으면서 국정 전반 부조리에 대한 불만이 터져나왔다. 2020년 10월 시작된 나이지리아 정부 규탄 시위는 연일 가속화되는 양상이다. 특히 청년층 불만이 크다. 2020년 2분기 실업자 수는 2170만명으로 국민 10명 중 1명꼴로 일자리가 없는 상태다. 청년 실업자가 전체 60%가 넘는 1390만명이나 된다.

아프리카 대표적 비자원 국가인 남아공 역시 괴로운 상황이다. 남아공은 코로나19 사태가 터지기 전부터 경기 침체 가운데 있었다. 완만한 상승세를 탔던 아프리카 전체 경제와 달리 남아공은 2018년(0.78%)과 2019년(0.15%) 모두 0% 성장률을 기록했다. 2020년은 8% 마이너스 성장이 예상된다. 남아공 재정 적자를 타개하기 위해 IMF는 2020년 7월 남아공에 43억달러(약 5조1500억원)를 긴급 금융 지원하는 방안을 승인하기도 했다.

2021년에도 아프리카 경제 전망은 그다지 밝지 않다. IMF는 2021년 아프리카 경제성장률을 3.1%로 예상했다. 신흥국(6%)은 물론 세계 평균(5.2%)에도 못 미치는 수치다. 비관적인 전망의 원인은 막대한 부채다. 사하라 이남 49개국 국내총생산(GDP) 대비 채무 비율이 과거 상대적으로 안정됐던 55%에서 2020년 65%까지 오를 것으로 전망한다. 코로나 불황을 극복하기 위한 재정확대 여력이 부족한 상황이다. IMF는 "취약한 지역 보건 시스템 탓에 지역 경제성장, 또 자본 유입 불확실성이 지속될 것이다. 단 세계 경제 회복 등에 따른 수출 확대와 원자재 가격 개선으로 수혜를 보는 국가도 있을 것"이라고 전망했다.

V

2021
매경 아웃룩

원자재 가격

원유

수요 늘면서 원유 가격 상승
넘치는 재고에 증가폭 제한

이달석 에너지경제연구원 선임연구위원

▶ 아시아 지역 원유 가격 기준이 되는 중동산 두바이유의 배럴당 가격은 2020년 1분기에 50.4달러, 2분기에 30.7달러, 3분기에 42.9달러를 기록했다. 2020년 1~3분기 두바이유 평균 가격은 41.5달러로 전년도 연평균 가격인 63.5달러에 비해서는 무려 35% 하락했다.

이처럼 국제유가가 하락한 요인으로는 신종 코로나바이러스 감염증(코로나19)에 의한 세계 석유 수요 감소, 그리고 석유수출국기구(OPEC) 회원국과 러시아 등 감산 참여국(OPEC+)의 감산 공조 체제의 일시적 와해를 들 수 있다. 이로 인해 세계 석유 시장에는 전례 없는 공급 과잉이 발생했다.

2020년의 유가 급락에 가장 큰 요인은 코로나19 확산에 의한 글로벌 경기 위축과 이동 제한에 따른 석유 수요의 급격한 감소였다. 2020년 세계 석유 수요는 1분기에 전년 동기 대비 5% 감소했고 2분기는 17% 줄어들었다. 하반기 들어 석유 수요 감소폭이 줄어 2020년 연간으로는 대략 전년 대비 8~9% 감소할 것으로 추정한다.

엎친 데 덮친 격으로 OPEC+의 감산 공조 체제가 일시적으로 무너지는 사태가

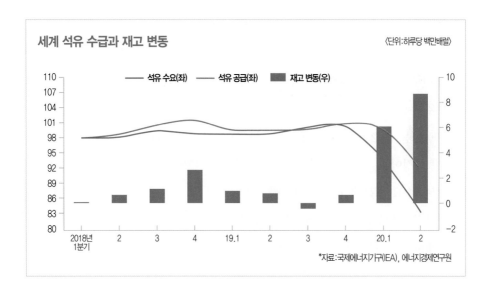

세계 석유 수급과 재고 변동 〈단위:하루당 백만배럴〉

석유 수요(좌) — 석유 공급(좌) ■ 재고 변동(우)

*자료:국제에너지기구(IEA), 에너지경제연구원

있었다. 사우디는 2020년 3월 6일 회의에서 코로나19에 따른 석유 수요 감소에 대응하기 위해 2020년 말까지 하루 150만배럴 규모의 추가 감산을 추진했다. 그러나 러시아 반대로 합의에 이르지 못했다. 추가 감산 합의에 실패한 후, 사우디가 4월 자국산 원유 판매 가격을 배럴당 6~8달러 인하하고, 생산량을 대폭 확대하기로 결정하면서 2014년 하반기 상황과 유사한 '가격 전쟁'이 유발됐다. 결국 사우디와 러시아는 3월 중순 이후 도널드 트럼프 미국 대통령의 중재와 압박으로 와해된 OPEC+ 공조 체제를 4월 12일에 이르러서야 복원했다.

한편 미국의 원유 수출 제재를 받는 이란과 정치·경제위기로 생산이 감소하는 베네수엘라, 내전으로 생산 차질을 빚고 있는 리비아의 원유 생산은 2020년에도 감소세를 지속하면서 유가 추가 하락을 억제했다. 2021년에도 국제 원유 가격은 세계 경제 상황과 석유의 수급은 물론 달러화의 가치, 지정학적 사건, 기후 등 다양한 요인에 의해 영향을 받을 것이다. 하지만 여전히 유가 향방을 결정하는 중요 변수는 수요와 공급이다.

세계 석유 수요는 2021년 들어 큰 폭으로 회복될 것으로 예상한다. 코로나19의 영향이 약화되면 세계 각국의 경제활동이 점차 정상화될 것이기 때문이다. 국제통화기금(IMF)은 2020년 10월 전망에서 2021년 세계 경제성장률이 5.4% 성장할 것으로 예상했다. 세계 석유 수요 증가를 주도하는 중국 경제성장률은 2021년 8.2% 오를 것으로 예상했다. 세계 경기가 회복세를 보이면 2021년 세계 석유 수요는 전년 대비 하루 약 600만배럴 증가할 것으로 전망한다.

OPEC+는 2021년 1월부터 감산 규모를 하루 200만배럴 축소해 계속 감산을 이어갈 예정이다. OPEC+의 감산 공조 체제는 견고하게 유지할 것으로 예상하지만, 석유 수요 회복세가 예상보다 빠르고 유가가 상승할 경우 러시아 감산 준수율이 낮아질 가능성은 있다. 에너지정보업체 EI의 추정에 의하면, 경상수지 균형을 위한 배럴당 유가는 러시아가 37달러, 사우디가 65달러로 비교적 큰 격차가 있기 때문이다. 또한 OPEC 회원국이지만 감산이 면제된 이란, 베네수엘라, 리비아 3국 중 리비아 원유 생산이 증가해 OPEC+의 감산 효과를 일부 상쇄할 것으로 본다. 2021년 미국 원유 생산은 유가 회복과 더불어 증가세를 보이겠지만 연간으로는 전년과 비슷한 규모를 유지할 것이라 예상한다. 미국 에너지정보청(EIA)은 2020년 9월 보고서에서 2021년 미국 원유 생산이 전년 대비 하루 30만배럴 감소하고, 천연가스액(NGL)을 포함할 경우에는 전년 대비 하루 14만배럴 증가할 것

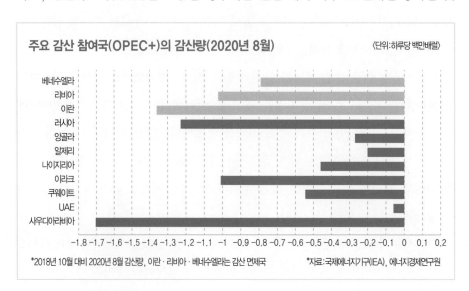

주요 감산 참여국(OPEC+)의 감산량(2020년 8월)

〈단위:하루당 백만배럴〉

*2018년 10월 대비 2020년 8월 감산량, 이란·리비아·베네수엘라는 감산 면제국   *자료:국제에너지기구(IEA), 에너지경제연구원

으로 전망했다. 여타 비OPEC 산유국인 노르웨이와 브라질에서 신규 유전 가동률 상승 등으로 하루 30만~50만배럴 정도 생산 증가가 있을 것으로 예측한다.

OPEC+가 완화된 감산 규모를 철저히 준수한다는 전제 아래, 리비아의 생산 증가분과 미국 등 여타 비OPEC 생산 증가분을 고려하면 2021년 세계 석유 공급은 2020년보다 하루 300만~400만배럴 증가한다. 앞서 언급한 것처럼 세계 석유 수요는 하루 600만배럴 증가할 것으로 전망하므로 2021년에는 하루 200만~300만배럴 수요 초과 현상이 나타날 것으로 본다. 이런 초과 수요는 당연히 2021년 국제유가 상승을 이끄는 핵심 요인이 될 것이다.

한 가지 문제는 2018년과 2019년, 그리고 2020년 상반기까지 이어진 공급 과잉에 따라 누적된, 과도한 원유와 석유 제품 재고다. 국제에너지기구(IEA) 통계에 따르면 코로나19 영향으로 수요 감소가 극심했고 OPEC+ 감산이 일시 중단됐던 2020년 상반기에 세계 석유 재고는 약 14억배럴 증가했다. 석유 재고는 국제유가 상승을 억제하는 요인으로 작용할 것이다.

그 외에도 2021년 유가에 영향을 줄 수 있는 잠재적인 요인은 많다. 지정학적으로는 미국-이란 간 관계 변화, 미국-중국 간 갈등의 전개 양상이 유가에 상승 또는 하락 압력을 가할 수 있다. 코로나19에 대응한 각국의 경기 부양책 규모와 원유 거래 화폐인 달러화의 가치 변화도 유가에 영향을 줄 수 있는 요인이다.

이상의 논의를 종합하면, 2021년 국제 원유 가격은 세계 석유 수요 회복과 OPEC+ 감산으로 상승할 것으로 예상하나 누적된 재고 부담으로 상승폭은 제한될 것으로 본다. 2021년 국제유가는 시장 상황에 따라 등락을 거듭하겠지만 두바이유 기준으로 2020년보다 5~10달러 높은 연평균 배럴당 45~50달러에서 형성될 것으로 전망한다. 물론 코로나19의 조기 소멸로 석유 수요가 예상보다 빠르게 회복되고 지정학적 사건에 의해 예기치 못한 공급 차질이 발생할 경우 유가는 더 상승할 것이다. 반대로 코로나19의 재확산으로 석유 수요가 예상보다 느리게 회복되고 OPEC+의 감산 공조가 와해되는 경우 유가는 하락할 것이다.

미중 1단계 무역합의 이행 따라
콩·옥수수 등 곡물 가격 출렁

김민수 애그스카우터 대표

▶ 2020년 초 미중 양국 1단계 무역합의로 활기를 되찾을 것으로 기대를 모았던 곡물 시장은 미중 양국 갈등이 고조되면서 오히려 위축됐다. 미국산 농산물의 대(對)중국 수출길이 막혀버리면서 미국 시카고 선물거래소(CME)에서 거래되는 옥수수, 콩, 밀 등 주요 곡물의 선물 가격(이하 가격)은 하락세를 면치 못했다.

옥수수 수급 원활하지 못해…콩·밀 가격도 상승세

설상가상 코로나19가 전 세계에서 창궐하면서 대내외 경제 불확실성이 더욱 커지고 대외 여건 변화에 민감하게 반응하는 곡물 시장 위축 현상도 심화됐다. 에너지 가격이 폭락하면서 바이오연료 산업도 큰 타격을 입었고 바이오에탄올용 옥수수 수요가 크게 줄면서 옥수수 가격은 10년래 최저치로 곤두박질쳤다. 한편으로는 세계적으로 식료품 사재기 현상은 물론 일부 국가의 수출 제한과 물류 흐름 차단이 이어지며 쌀과 밀 가격이 크게 올랐으나 이후 차츰 하향 안정화됐다. 세계 최대 콩 수입국인 중국이 세계 최대 콩 생산국인 미국 콩 대신 상대적으로 저렴한 브라질산 콩을 구매하면서 콩 가격은 하향곡선을 그렸다. 당초 중국의 대량 구매를 기대했던 미국은 옥수수, 콩 파종 면적을 크게 늘렸는데, 양호한 기후로 파종·생장 속도가 예년보다 상당히 빨라지면서 곡물 가격 하락세가 두드러졌다.

줄곧 하락세던 곡물 가격은 2020년 8월 중반부터 급반등했다. 미국 중서부를 중심으로 폭풍 '데레초'에 이어 미국 주요 지역 가뭄 현상이 심해지면서 농작물 생육 상태가 급격히 나빠진 결과다. 2020년 3분기 미국 곡물 재고량이 크게 줄면서 곡물 가격이 재차 급등했고, 콩 가격은 2년래 최고치를 경신했다. 우크라이나, 불가리아, 루마니아는 물론 서유럽의 주요 밀 생산국에서도 생산이 부진하면서 밀 가격이 크게 올랐다. 한편으로는 미국 내 돼지고기 생산량이 증가하면서 사료용 곡물 사용량도 크게 증가한 것이 곡물 가격 상승을 이끌었다. 유엔 식량농업기구(FAO)도 낮아졌던 세계식량가격지수를 올해 초반의 고점 수준까지 끌어올렸다.

그럼에도 2020년 곡물 시장은 각국의 다양한 경기 부양책, 코로나19 백신·치료제 개발 등 세계 경제가 차

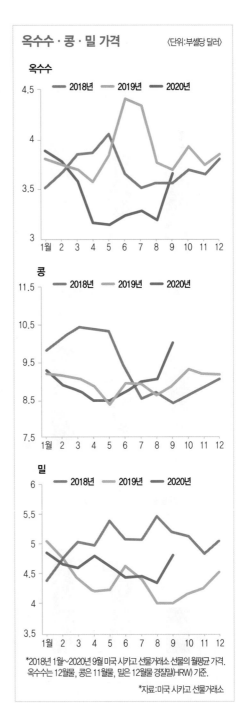

옥수수·콩·밀 가격 〈단위:부셸당 달러〉

옥수수 2018년 2019년 2020년

콩 2018년 2019년 2020년

밀 2018년 2019년 2020년

*2018년 1월~2020년 9월 미국 시카고 선물거래소 선물의 월평균 가격.
옥수수는 12월물, 콩은 11월물, 밀은 12월물 경질밀(HRW) 기준.

*자료:미국 시카고 선물거래소

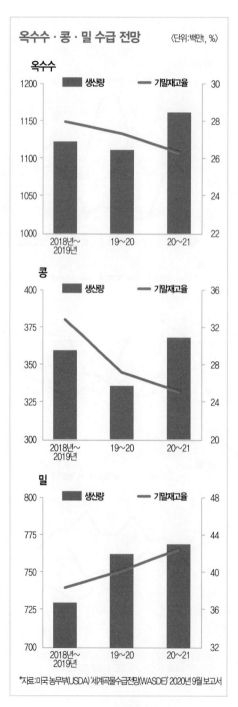

옥수수·콩·밀 수급 전망 〈단위:백만t, %〉

옥수수

■ 생산량 ── 기말재고율

콩

■ 생산량 ── 기말재고율

밀

■ 생산량 ── 기말재고율

*자료:미국 농무부(USDA) '세계곡물수급전망(WASDE)' 2020년 9월 보고서

츰 회복돼가고 있다는 기대감 속에 한 해를 마무리할 것으로 본다.

2020년 9월 11일 자 미국 농무부 (USDA) '세계곡물수급전망(WAS DE)' 보고서에 따르면 2020~2021 생산연도(이하 시즌) 세계 옥수수 생산량은 11억6238만t으로 전년 대비 4.5%, 2018~2019년 대비 3.4% 증가하겠으나, 기말재고율은 26.3%로 전년 대비 1.1%포인트, 2018~2019 년 대비 1.7%포인트 하락할 전망이다. 곡물 소비량과 교역량이 생산량 대비 더 늘어나 기말재고율이 낮아지고 예년 대비 옥수수 수급은 좋지 못할 전망이다. 한편으로는 아프리카돼지열병(ASF)으로 붕괴됐던 중국 내 양돈 산업이 빠르게 회복되면서 콩 수입 수요 역시 크게 증가했으며, 미중 1단계 무역합의로 중국이 미국산 콩을 대량으로 구매하면서 미국의 콩 기말재고율이 지나치게 낮아지고 있다.

2020~2021 시즌 세계 밀 생산량은 7억7049만t으로 전년 대비 0.8%, 2018~2019년 대비 5.4% 증가하겠으며 기말재고율도 42.5%

로 전년 대비 2.4%포인트, 2018~2019년 대비 3.9%포인트 상승할 전망이다. 소비량 대비 교역량이 크게 늘어나지 않아 기말재고율은 높아지겠으나, 주요 국가들이 재고를 늘리기 위해 수출을 억제하고 있는 가운데 동유럽·서유럽 국가들의 생산량 전망치가 대폭 줄어 국제 밀 가격은 오히려 상승하고 있는 추세다.

옥수수·콩·밀 가격, 2021년 상반기 오르다가 하반기 하향세로

2021년 상반기까지도 곡물 시장 상황은 녹록지 않을 것이다. 적도 동태평양의 해수면 온도가 내려가면서 발생하는 이상 현상인 라니냐가 2021년 2월까지 이어질 것이라는 전망에 시장 불안감은 증폭되고 있다. 라니냐 현상이 생기면 인도, 호주 등에서는 홍수가, 아르헨티나를 중심으로 한 남미 국가에서는 심각한 가뭄이 발생한다. 2020년 후반부터 이미 아르헨티나는 가뭄에 시달리고 있어 밀 생산에 큰 피해를 입고 있으며 콩, 옥수수 파종도 여의치 않을 것으로 본다.

특히 밀의 경우 최근 3년 평균 가격보다 높은 수준에서 가격이 형성될 것으로 예상한다. 옥수수·콩 시장도 미국의 공급 확대와 중국의 수요 증가로 재고량이 줄어 밀 가격 이상으로 상승할 가능성이 크다.

여기에 코로나19 백신과 치료제가 조기에 개발되더라도 코로나19가 종식되기까지 오랜 시간이 소요될 것이고 피폐해진 세계 경제도 회복돼 정상을 되찾기까지 적잖은 시간이 필요하다. 미국 대선 이후의 정치적 파장, 중국과의 긴장 관계도 문제가 된다. 미중 양국이 1단계 무역합의 이행을 평가하고 2단계 무역합의로 나아갈지 아니면 무역충돌과 디커플링을 가속화할지도 곡물 시장에는 중요한 변수로 작용할 것이다.

큰 기상 이변이 없는 한 북반구 주요 국가들이 곡물 수확 시즌에 들어가는 하반기에는 곡물 가격이 하향세로 접어드는 전형적인 '상고하저' 패턴을 나타낼 전망이다. 다만 대내외 여건을 고려했을 때 낙폭보다는 상승폭에 무게 중심이 쏠리는 한 해가 될 것이다.

금

2020년 같은 초강세 다시?
온스당 $1800~2100 박스권

이석진 원자재해외투자연구소장

▶ 2020년 글로벌 경제는 코로나19로 인해 활력을 잃었다. 공장이 시도 때도 없이 멈추고 외출을 자제하고 집에서 주로 시간을 보내는 '집콕족'이 증가하며 소비활동이 급감했다. 통상 GDP 증가율이 2개 분기 연속 감소하면 기술적 경기 침체로 분류되는데 주요 국가 대부분이 경기 침체를 겪었다. 경기 침체는 자산 시장 침체로 이어지기 마련이다. 이론대로라면 2020년 국내외 주식, 부동산 시장은 하락세를 면치 못했을 것이다. 그러나 각국 중앙은행이 경제를 살리기 위해서는 무엇이든 하겠다는 의지를 보이며 막대한 돈을 쏟아부어 시장은 상승 기류를 탔다.

금값 역시 고공행진했다. 전통적으로 귀금속 자산은 보험성 자산 성격이 강하다. 경기 침체에 둔감하고, 이에 더해 시장에 돈이 많이 풀릴수록 종이화폐에 대한 신뢰 하락으로 인해 상대적으로 금의 매력은 증대된다. 가장 신뢰도 높은 화폐인 달러와 유로 모두 전염병 확산, 경기 침체로 인해 대규모 양적완화가 진행된 탓에 통화가치 하락을 피할 수 없었다. 이는 금값 상승에 기름을 부었다. 한국거래소에 따르면 2020년 초 온스당 1500달러대였던 국제 금시세는 2020년 7월 1900달러대까지 뛰었다. 금값이 1900달러 선을 넘은 것은 2011년 이후

처음이다. 8월에는 2000달러
를 돌파했다 이후 소폭 하락해
10월 기준 1800~1900달러
대에 거래되고 있으나 여전히
연초 대비 20~30% 높다.

경기 침체 도래에도 불구하
고 위험자산인 주식과 안전자
산인 금이 동반 강세를 보이고 있다는 점은 예기치 않은 상황이다. 2019년에도
동반 강세 현상이 나타났다. 하지만 원인은 전혀 달랐다. 당시에는 경기 고점 논
란이 이어지면서 경기 확장 지속 기대감에 따른 주식 강세와 경기 둔화 진입에
대한 우려로 인해 금값 강세가 함께 나타났다. 하지만 2020년은 경기 침체 진입
이 확실하다는 점에서 2019년과 분명히 다르다.

직관적으로 분석하면 경기가 둔화되는 시점에는 금값만 강세를 보여야 정상이
다. 그럼에도 불구하고 동반 강세가 지속되는 이유는 경기와 관계없이 위험자산
투자자들이 갖는 기대감이 2019년과 다르지 않기 때문이다. 위험자산 투자자
사이에는 경기가 둔화되고 있지만 전염병 탓이고 일시적인 현상에 그칠 확률이
높다는 인식이 확산됐다. 정부와 중앙은행 개입 효과가 나타나면서 경기가 다시
본 궤도로 복귀할 것이라는 기대와 믿음이 크다. 2019년과 마찬가지로 2020년
주식 시장 강세론자의 시각은 변함이 없다.

코로나19 종식 시점 예측 어려워…불확실성 지속될 듯

2020년 우상향곡선을 그린 금시세가 2021년에도 상승 기류를 이어갈까.

코로나19가 언제 종식될지 여전히 불투명하다는 점은 상승 요인으로 작용할
수 있다. 일부 국가에서는 팬데믹 확산세가 수그러들고 있다. 하지만 미국, 유럽
등 주요 국가 방역 상황을 보면 코로나19 확산세가 언제쯤 제어 가능해지고 글로

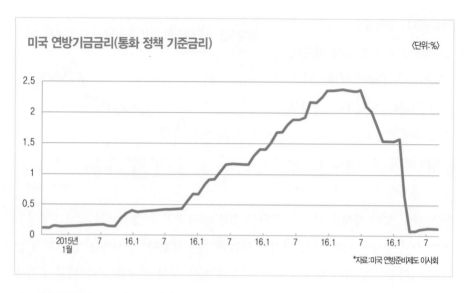

미국 연방기금금리(통화 정책 기준금리)　　　　　　　　〈단위:%〉

```
2.5

2

1.5

1

0.5

0
   2015년    7   16.1    7   16.1    7   16.1    7   16.1    7   16.1    7
   1월
```

*자료:미국 연방준비제도 이사회

벌 경제활동이 코로나19 이전 수준으로 완전히 회복될지 예상하기 어렵다. 사회적 거리두기 정책이 단기간 효과를 발휘할 수는 있지만 무기한 연장하는 것은 불가능하다. 사회적 거리두기는 많은 자영업자를 파산으로 밀어넣을 수밖에 없다. 부작용이 크고 이미 코로나19가 장기화돼 피로도가 높아진 만큼 일정 기간 이상 지속될 수 없다.

백신·치료제 개발도 당초 기대보다 느리다. 일부 글로벌 제약사가 임상시험을 진행하는 등 속도를 내고 있지만 언제 안전한 백신·치료제가 나와 보급화될지 미지수다. 코로나19 확산세를 막을 수단이 등장하지 않으면 경기가 'V자 반등'을 이뤄낼 가능성이 낮아진다. 이처럼 불확실성이 이어지면 위험자산보다는 안전자산인 금에 우호적인 환경이 조성된다.

2021년에는 2020년만큼 유동성 풍부하게 공급될 확률 낮아

그럼에도 불구하고 2020년처럼 금값 초강세를 기대하기는 어려워 보인다. 2020년 금값 상승은 안전자산 선호 현상과 더불어 급격히 불어난 유동성이 이끌었다. 2021년에는 2020년만큼 유동성이 풍부하게 공급될 가능성이 적다.

경기에 대한 불확실성이 높아지면 기업 도산 우려가 커진다. 이는 금리 스프레드 확대로 이어지고 정크본드 금리 수준은 급등한다. 이 경우 금의 매력은 커진다. 일반적 상황에서 금리가 높아진다고 무조건 금값에 불리하지는 않다는 말이다. 그러나 2020년은 중앙은행의 강력한 개입으로 금리는 아래로만 내려갔다. 채권값이 너무 올라 매력이 떨어지니 금의 인기가 높아졌다. 위험자산 투자 매력이 떨어지며 안전자산이 주목받은 것이 아니라 안전자산 중에 더 똘똘한 자산을 찾으려는 수요가 늘며 관심을 끌었다고 볼 수 있다.

2021년은 금리가 추가적으로 더 내려가지 않을 가능성이 높다. 팬데믹이 경기 회복 속도를 낮춰 정부의 재정 부양에도 불구하고 좀비기업이 증가할 가능성이 크다. 이는 신용도와 관련된 금리 수준을 높일 수 있다. 2020년에 비해 상대적으로 유동성에 의한 동력이 약해질 수 있다는 의미다. 오랫동안 금리 하락을 호재로 인식해온 금 투자자에게는 달갑지 않은 상황이다. 2021년에도 금은 여전히 안전자산 역할을 하겠지만 유동성 지원은 줄어들 확률이 높은 만큼 2020년만큼 가파르게 우상향곡선을 그릴 확률은 낮다. 온스당 1800~2100달러에서의 박스권 움직임을 예상한다.

생산량 줄어 일시적 가격 상승
2021 초부터 가격 정상화 예측

정은미 산업연구원 선임연구위원

▶ 2020년 세계 철강 수요는 당초 사상 최초로 18억t대에 진입할 것으로 예상했으나 코로나19 영향으로 인해 2019년 대비 2.4%가 감소한 17억2500만t으로 감소할 것으로 예상한다. 2분기 이후 중국의 견조한 회복에도 불구하고 선진국과 신흥국 모두에서 시장이 급격히 위축됐기 때문이다. 국제철강협회(Word Steel Association)는 2021년 세계 철강 수요는 2020년에 비해 4.1% 늘어난 17억9510만t으로 전망했다. 중국 철강 수요가 유지되고 선진국과 신흥국에서 부분적으로 회복할 것이라는 기대감에서다.

코로나19로 2020년 철강 수요 예상치 밑돌아

지역별로 살펴보면 중국은 정부의 강력한 인프라 확충과 부동산 활성화에 힘입어 2020년에 8% 증가할 것으로 예상한다. 하지만 2021년은 건설 투자 확대가 더 늘어나기 어려운 데다 제조업 부문 수요 반등이 제한적일 것으로 본다.

중국을 제외한 신흥국은 내수 감소와 수출 부진이 겹치면서 2020년 철강 수요가 12.3% 감소할 전망이다. 다만 2021년에는 인프라 투자 확대와 코로나19

에 다른 기저효과에 힘입어 10.6% 회복될 것으로 예상한다. 신흥국 내에서도 국가별로 큰 차이가 날 것으로 보이며 말레이시아, 필리핀, 중동은 위축되고 베트남은 수요 증가를 기대한다.

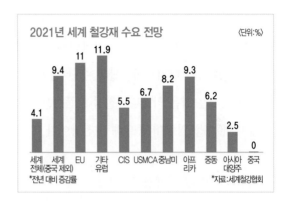

2021년 세계 철강재 수요 전망 (단위:%)

*전년 대비 증감률 / *자료:세계철강협회

세계 전체	세계(중국 제외)	EU	기타 유럽	CIS	USMCA	중남미	아프리카	중동	아시아 대양주	중국
4.1	9.4	11	11.9	5.5	6.7	8.2	9.3	6.2	2.5	0

코로나19로 선진국 수요 감소 직격탄

당초 철강 수요가 늘어날 것으로 봤던 선진국은 전염병 확산으로 2020년 14.9% 감소하고 2021년에는 7.9% 늘어날 것으로 예상한다. 선진국 감소는 유럽과 미국에서 컸으며 2021년에도 건설이나 자동차 부문의 철강 수요 회복은 어렵다고 본다. 관광 수입 감소로 타격을 받은 이탈리아, 스페인에서는 철강 수요가 급격하게 감소하고 상대적으로 양호한 한국과 일본도 수출 부진으로 인한 철강 수요 위축을 피해가지 못할 것이다.

세계 철강 수요는 이전까지와 다른 획기적인 구조적 변화가 산업별로 진행될 것으로 본다. 국가별로도 철강 수요 격차가 확대될 것으로 본다.

우선 건설 부문에서는 각국 정부 공공 프로젝트 확대, 인프라 투자 등에 의해 2020년 건설용 철강이나 강관 중심으로 수요가 유지되고 있다. 물론 2021년 지속적인 증가세를 이어가기는 쉽지 않다. 장기적으로 사무실과 주거 공간에 대한 수요 패턴의 변화, 도시 설계와 건축 규정의 변화, 그린 뉴딜 등은 제품별 철강 수요의 구조적 변화를 가져올 것으로 전망한다.

철강 수요에 결정적인 영향을 미치는 자동차 산업은 코로나19로 인해 수요 감소가 컸다. 도시 간 이동 수단의 변화, 전기차로의 전환 등은 철강 수요에 부정적 영향으로 이어질 가능성이 높다. 전반적인 공급망 조정이 불가피한 상황 속에서 실질적인 구조조정이 더욱 가속화될 터다.

기계, 조선, 전자 부문 역시 지역별로 철강 수요 격차가 벌어질 것으로 예상한다. 생산 방식의 디지털화, 물류 수단 변화 등에 의해 소재 간 대체 가능성이 높아지고 있다는 점은 악재다. 철강 제품에도 고기능화, 경량화 요구가 계속되면서 이에 대한 대응 역량이 중요해질 전망이다.

철강 산업 새로운 균형으로 진입

결국 세계 철강 산업은 중국 급부상으로 진행된 글로벌 공급 과잉과 구조조정 압력을 보인 지난 20년간 급성장과 혼란을 뒤로 하고 새로운 균형으로 진입하게 될 것이다.

인도나 아세안(ASEAN) 철강 수요가 늘어나고 있지만 과거 중국같이 세계 철강 산업 판도를 급속하게 바꾸기는 어렵다. 전반적으로 완만한 속도로 변화를 유도하면서 비중을 늘려나갈 것이다. 또한 선진국 부진, 신흥국 수요 부진이 계속되겠지만 그렇다고 세계 철강 수요의 급격한 감소를 가져오지도 않을 것이다.

세계 대부분 국가 철강 생산량 감소

2020년 국제 철강 가격은 코로나19 확산으로 3~4월부터 하락세를 지속했다. 2020년 7월에는 일시적으로 미국 열연 제품 내수 가격이 급락한 반면 중국은 상승하면서 가격 역전 현상이 나타나기도 했다. 그러나 지역 봉쇄 조치가 풀린 후 다소 수요가 회복되면서 8월부터 미국 열연 제품 내수 가격이 상승하기 시작했다. 10월에는 미국과 유럽 내수 가격이 2019년 4월 이후 18개월 만에 최고치를 기록했다.

선진국에서 2020년 철강 수요가 감소했음에도 불구하고 가격이 상승한 것은 코로나19 확산에 따른 철강업체의 가동 지연과 시중 재고 부족에서 비롯됐다. 실제로 2020년 9월까지 세계 철강 생산은 전년 동기 대비 -3.2% 감소했다.

그중 유럽이 -17.9%, 미국 -18.2%, 인도 -16.5%, 일본 -19.1% 등 주요 국 철강 생산이 수요에 비해 더 큰 폭 줄었다.

반면 세계 철강 공급과 수요에서 50% 이상 차지하는 중국 철강 생산이 4.5% 늘어나면서 자국 내 수요는 크게 늘어났지만 내수 가격은 안정된 수준을 유지했다.

또한 미국, 유럽 주요국이 철강 제품에 대한 강력한 보호무역제도를 적용하면서 자국 내 단기적인 수급 불균형 상황에서도 중국산을 중심으로 하는 해외 철강 수입을 제한했다. 그래서 수요 부진에도 불구하고 일시적으로 가격 급등세를 보이고 있다.

생산량 감소로 가격 올랐지만 지속적인 상승 어려워

수요 부진에도 불구하고 공급 지체에 의한 미국, 유럽, 인도 등의 철강 제품 가격 상승은 2020년 말까지는 꾸준하게 이어질 전망이다. 하지만 점차 생산이 정상화되고 생산업체와 시중 재고가 늘어나면 지속적인 가격 상승은 어렵다. 국제 철강 가격 상승세는 전반적으로 멈추겠지만, 국제철강협회 전망처럼 2021년 철강 수요가 회복되고 무역 구제 조치가 더욱 강화되면 일부 국가에서는 여전히 높은 가격 수준을 유지할 가능성이 제기된다.

비철금속

코로나 상관없이 강세 지속
구리, 전기차·그린 뉴딜 수혜

강유진 NH투자증권 글로벌트레이딩센터

▶ 비철금속 시장은 코로나19 국면에도 강했다. 런던금속거래소(LME) 전기동(구리), 아연, 니켈 가격이 2020년 10월 23일 기준 연초 대비 10% 이상 상승했다. 구리 가격은 t당 7000달러를 돌파하며 2년래 최고로 올랐다. 알루미늄, 아연, 니켈 가격 모두 1년래 최고치를 기록했다.

지난 2년간 비철금속 시장은 미중 무역전쟁으로 몸살을 앓았다. 글로벌 경기 침체에 대한 경계감이 높은 가운데 전혀 예상치 못한 코로나19 기습에 충격을 받았다. 비철금속을 비롯해 글로벌 금융 시장이 일제히 냉각되며 가격이 급락했으나 세계 각 정책 당국이 동시다발적으로 역대급 통화완화와 재정 부양책을 내놓으며 시장을 안심시켰다. 이와 함께 세계 비철금속 수요의 절반을 차지하는 중국이 경기 침체에서 빠르게 회복되면서 비철금속 가격이 반등했다. 달러화 약세도 한몫했다. 달러는 미국 성장 독주로 강세를 이어오다 3년 만에 약세로 전환했다. 달러화지수가 10% 하락하면서 금을 비롯한 비철금속 가격을 지지했다.

코로나19 시대에 미래를 쉽게 예단할 수는 없지만 비철금속은 다른 원자재보다 유리한 입장이다. 비철금속 시장은 새로운 수요에 의한 펀더멘털 변화의 초입 단계

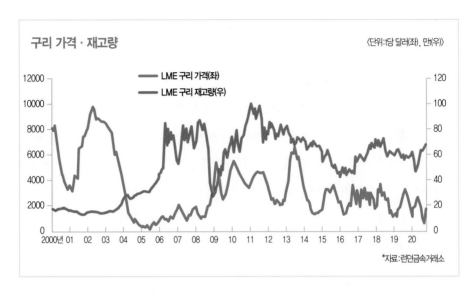

구리 가격·재고량 〈단위:t당 달러(좌), 만(우)〉

— LME 구리 가격(좌)
— LME 구리 재고량(우)

*자료:런던금속거래소

로 보인다. 코로나19로 앞당겨진 4차 산업혁명, 그린 에너지 시대에 비철금속은 핵심 원자재 역할을 할 전망이다. 2020년 테슬라 열풍처럼 전기차 등장과 함께 디지털혁명 시대 각종 전자제품 사용 증가로 비철금속 소비가 늘어날 가능성이 높다.

코로나19로 기후변화에 대한 경각심이 커진 가운데 경기 침체를 극복하기 위해 등장한 정부 주도의 친환경 정책 '그린 뉴딜'도 추진력을 더하고 있다. 특히 중국이 친환경 정책 노선으로 선회했다는 점을 주목할 만하다. 2020년 9월 시진핑 주석은 UN총회에서 2030년 이산화탄소 배출이 정점을 찍은 뒤 2060년까지 탄소 중립(Net-Zero)을 달성하겠다고 공식 선언했다. 중국은 14차 5개년 (2021~2025년) 계획에서 신형 소비 육성과 내수-수출 쌍순환 경제발전 모델을 토대로 안정적인 공급망 구축을 위해 전략 금속을 비롯한 원자재 비축을 준비하고 있다. 사물인터넷(IoT), 전기차, 태양광, 풍력 등 미래 성장동력 산업에서 비철금속 수요 성장에 대한 기대가 더욱 커졌다. 대표 수혜주는 구리, 니켈, 리튬이다.

매크로 측면에서는 글로벌 통화완화, 재정확대 정책의 유동성 힘과 그에 따른 실물경기 회복이 가격을 지지할 수 있다. 세계 경제는 아직 정상화되지 않았다. 코로나19 재확산과 백신 개발 지연으로 팬데믹이 언제 끝날지 모른다. 그 어느 위기 때보다도 정책이 중요해졌다. 경기가 회복될 때까지 완화적인 통화·재정 정책 기조가 유지될 수 있다. 유동성의 힘으로 가격 하방을 막고 실물 수요가 결국 되살아난다면 가격 강세 흐름이 더 견고해질 수 있다.

또 하나는 인플레이션 헤징을 위한 원자재의 투자 수요다. 인플레이션에 대한 의견이 분분하지만 2021년 상반기에는 2020년 3~4월 유가 폭락, 전 세계 코로나19 봉쇄의 기저효과로 인해 인플레이션 가능성이 높다. 물가 상승 국면에서 경계감이 더해지면 자연스레 물가 헤징에 주목할 것이다. 과거 물가와 상관관계가 높은 원자재, 특히 펀더멘털이 뒷받침되는 비철금속이 유리할 것이다. 여기에 투기 세력이 더해지면 가격 변동성이 증폭될 수 있다.

코로나19 팬데믹, 고용 부진, 미중 분쟁 등 불확실성에 비철금속도 자유롭지 못하다. 다행히 포스트 코로나 시대에 4차 산업혁명, 탈탄소화 가속화로 비철금속은 새로운 수요 성장동력을 갖고 있다. 코로나19 충격 이후 승자와 패자를 갈라놓는 'K자' 양극화 속에 비철금속은 승자로 자리매김하고 있다.

구리의 반전이 시작됐다

비철금속 맏형인 구리가 드디어 움직이기 시작했다. 2020년 10월 말 기준 LME 전기동 가격은 t당 7000달러를 돌파하며 2년래 최고치를 기록했다. 구리 가격은 지난 2011년 1만달러를 찍고 5년간 내리막길을 걷다 2017년에 반등을 시도했지만 미중 무역분쟁으로 기세가 꺾이면서 힘을 잃었다. 2020년 초까지 1년 넘도록 t당 5500~6500달러대에서 지루하게 횡보하다가 코로나19 충격에 t당 4600달러대로 급락했다. 그러나 곧바로 'V'자 반등을 그리며 거침없이 올랐다.

가격 상승 배경에는 중국 수요 회복, 달러화 약세, LME 구리 재고 감소 등이 있다. 중국의 구리 수입 수요가 30% 이상 증가하며 2020년 상반기 중국의 구리 명목 수요는 전년 대비 9% 증가했다. 반면 같은 기간 중국 외 수요는 9% 감소했다. 2020년 상반기 세계 정련 구리 소비는 전년 대비 0.3% 증가한 1213만t, 세계 정련 구리 생산은 1% 증가한 1190t으로 23만5000t의 공급 부족을 기록했다. 2019년 상반기 30만9000t의 공급 부족보다는 개선됐지만, 몇 년째 만성적 공급 부족에 LME 구리 재고는 6년래 최저로 감소했다. 투자심리도 개선됐다. 2019년 9월 구리에 대한 투기적 순매도는 13년래 최대였지만 2020년 순매수로 전환했다.

구리는 2021년 비철금속 시장의 강력한 우승 후보다. 지난 몇 년간 아연과 니켈에 이어 구리가 바통을 이어받았다. 구리는 4차 산업혁명, 그린 뉴딜의 대표적인 수혜주다. 전기차와 재생 에너지는 전통 자동차와 발전에 비해 구리 비중이 높다. 중국은 2025년 전기차 보급률 25%, 태양광 연간 65GW, 풍력 발전 50GW를 목표로 하고 있다. 구리 집약도가 높은 전기차, 신재생 에너지의 전력 인프라 확대로 향후 5년간 구리 수요는 추가로 250만t(연간 50만t), 전 세계 구리 소비의 20%가량이 늘어날 전망이다.

수요 성장에 비해 구리 공급은 충분치 못하다. 지난 몇 년간 지지부진한 구리 가격 때문에 신규 광산 프로젝트의 투자는 저조했고 기존 대형 광산의 노후화, 동 품위 저하 등 구조적인 문제로 제약이 있다. 세계 구리 광물 생산은 2019년 전년 대비 0.2% 감소, 2020년 상반기에 1% 감소한 984만t을 기록했다. 국제 동연구그룹(ICSG)은 세계 구리 광물 생산이 코로나19 타격으로 2020년에는 전년 대비 1.5% 감소 후 2021년 4.6% 회복할 것으로 전망했다. 2021년 세계 정련 구리 생산은 전년 대비 1.6% 증가한 2481만t, 정련 소비는 1.1% 증가한 2475만t으로 수급 균형을 맞출 것으로 예상한다. 그러나 투자자들은 구리의 소비 잠재력과 공급 제약을 감안해 2021년에도 공급 부족에 더 무게를 두고 있다.

구리는 지난 10년여간의 긴 터널을 빠져 나오려고 하고 있다. 4차 산업혁명, 그린 에너지 시대에 구리 소비의 잠재성장력에 대한 기대가 또 한 번의 강세 사이클의 불씨를 지피고 있다. '닥터 구리(Dr. Copper)'로서 실물경기와 가격 간의 괴리에 조정을 보일 수 있지만 장기적으로 보면 저가 매수 기회로 삼을 수 있다.

리튬·코발트는 공급 리스크
희토류는 탈중국 움직임 가속

이화석 한국지질자원연구원 북방지질자원전략센터 연구위원

▶ 리튬·코발트, 코로나19 영향으로 공급 부족 전망

리튬은 칠레, 볼리비아, 아르헨티나를 중심으로 남미에 세계 매장량의 60% 이상이 분포돼 있다. 그 외에 중국·호주에 약 35%가 매장돼 있어 지역적 편재성이 매우 높다. 리튬은 다른 용도에 비해 전기차 배터리에 사용되는 양이 월등히 많아 리튬 수요 증가에는 전기차 시장의 폭발적 성장이 가장 큰 영향을 미쳤다.

탄산리튬 가격은 2017년 11월 kg당 155RMB까지 급등했으나 가격 급등에 따른 리튬 개발 투자와 공급구조가 확대된 반면 보조금 축소 발표와 미중 무역마찰 등 가격 급등의 주요 원인이었던 중국발 수요가 침체되면서 2020년 10월 현재 kg당 34RMB으로 가격 급등 전인 2015년 수준으로 하락했다.

세계 코발트 생산과 부존의 편재성은 리튬보다 더욱 심각하며 매장량의 50%, 생산량의 70%가량이 정치적 불안정성이 높은 콩고민주공화국(DRC)에 집중돼 있어 공급 리스크가 매우 크다. 세계 코발트 수요는 그 절반이 배터리로 사용되고 있으며 현재까지 전기차 시장의 성장이 코발트 수요를 견인했다. 전기차 배터리 부문 막대한 수요로 코발트 가격은 2016년 kg당 30달러 수준에서 2018년 4월 kg

당 91달러까지 상승했다. 이
후 DRC의 소규모 광산 생산활
동 증가와 Katanga Mining
과 같은 대규모 생산자의 공
급 참여, 중국 증산으로 가격
이 급락해 2020년 10월 기준
kg당 33달러 수준에 머물고 있
다. 2021년 리튬과 코발트에
대한 수요는 중국의 전기차 보

리튬·코발트 가격 〈단위:kg당 위안화, t당 달러〉
— 탄산리튬(좌) — 코발트 금속(우)
*자료:Metal Bulletin, Thomson Reuters Eikon

조금 연장 발표와 유럽 보조금 확대 정책, 코로나19 이후 세계 경기 회복 기대에
힘입어 살아날 것으로 본다. 반면 공급 측면에서는 가격 하락 장기화와 코로나19
대유행에 따른 자금 조달의 어려움, 시장 불확실성이 증대에 따른 신규 프로젝트
중단 등으로 인해 다소 빡빡하게 유지될 전망이다. 코로나19 충격이 수요 측면보
다 공급 측면 회복을 더디게 만들어 공급 부족에 따른 가격 상승을 예상한다.

희토류, 세계 각국의 자체 개발 노력 가속화

희토류는 전기차 배터리, 스마트폰, 태양광 셀, 전투기, 레이더 등 첨단 고부
가가치 제품 원료로 사용되며 소량이지만 제품의 기능 발현에 있어 핵심적인 역
할을 수행해 대체물질이 존재하지 않는다. 또한 희토류 세계 매장량의 약 37%,
생산의 약 70%가량이 중국에 집중돼 있어 매우 큰 공급 리스크를 안고 있다.

2020년 코로나19 확산으로 인한 공급망 차질에 대한 우려로 세계 각국의 중
국산 희토류에 대한 탈의존 노력이 더욱 가속화되고 있다. 이런 노력이 단기적으
로는 희토류 생산에 따른 환경 문제, 안정적인 공급망 구축을 위한 막대한 비용
등 어려움에 직면할 수는 있으나 중장기적으로는 희토류 수요의 대중국 의존도를
낮추고 공급망을 다변화하는 데 기여할 수 있을 것이라 기대한다.

VI

2021

매경아웃룩

자산 시장
어떻게 되나

〈주식 시장〉

1. 포스트 BBIG, 차기 주도주는
2. 해외 주식 투자자가 눈여겨볼 만한 국가와 섹터는
3. 2021년 뉴페이스 찾아라
4. 정부가 밀어주는 뉴딜펀드 전망
5. 반등한 암호화폐 상승세 이어질까

〈부동산 이슈〉

1. 강남 재건축 불패 이어질까
2. 강북 재개발 상승세 지속되나
3. 수도권 신도시 운명은
4. 미친 전셋값 더 오를까
5. 초저금리 시대 수익형 부동산 뜰까

주식 시장

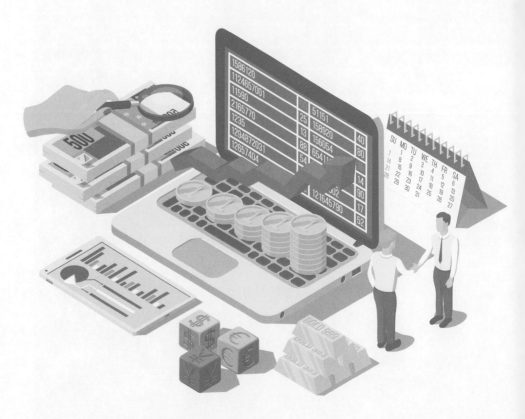

Preview

2020년 국내 증시는 갑작스럽게 터진 코로나19로 인해 큰 파고를 겪었다. 연초 안정적인 흐름을 보였으나, 코로나19가 본격적으로 확산되기 시작한 2월 중순부터 불과 한 달 만에 코스피지수가 800포인트 가까이 급락하는 충격을 받았다. 하지만 가파르게 주가가 떨어진 만큼 회복도 빨랐다. 1457.64까지 빠졌던 코스피지수는 3월 19일을 기점으로 반등을 시작해 8월에는 2400선을 돌파했다.

증시 상승세를 주도한 것은 '동학개미'라 불리는 개인투자자의 힘이었다. 개인은 올 들어 10월까지 국내 증시에서 60조원어치를 순매수하며 지수를 끌어올렸다. SK바이오팜, 카카오게임즈, 빅히트엔터테인먼트 등 신규 상장하는 대어급 공모주 투자 열기도 뜨거웠다. 해외 주식을 직접 매수하는 '서학(西學)개미운동'이라는 말이 나올 정도로 개인의 해외 주식 투자도 늘었다.

2021년 증시의 관전 포인트는 코로나19 반등장의 주인공이었던 'BBIG(배터리 · 바이오 · 인터넷 · 게임)'의 선전이 지속될지다. 언택트 관련주를 비롯한 성장주 거품 논란이 커지는 가운데 그동안 소외받았던 가치주에 대한 관심이 높아지고 있다. 공모펀드의 부진 속에서 정부가 야심 차게 추진하는 뉴딜 펀드의 성공 가능성도 관건이다. 해외 주식과 공모주는 2021년에도 눈여겨볼 만한 투자처로 꼽힌다.

BBIG, 실적 기반 옥석 가리기
자동차·철강·화학株 매력적

류지민 매경이코노미 기자

▶ 코로나19로 크게 휘청거렸던 증시를 바닥에서 끌어올린 것은 'BBIG'다. 바이오(B)·배터리(B)·인터넷(I)·게임(G) 등 미래산업 관련 성장주를 통칭하는 신조어로, 모두 코로나19 발발 이후 급격히 뜬 산업이다. 2008년 글로벌 금융위기 이후 침체된 증시를 '차화정(자동차·화학·정유)' 랠리가 되살렸던 것처럼 코로나19라는 전례 없는 위기 속에서 'BBIG'는 국내 증시의 구원 투수 역할을 톡톡히 했다.

한국거래소에 따르면 2020년 상반기 국내 증시에서 시가총액이 가장 많이 증가한 상위 1~10위는 모두 BBIG 기업이다. 1위를 차지한 삼성바이오로직스는 시총이 2019년 말 28조6494억원에서 6개월 만에 51조2778억원으로 무려 22조6284억원(79%) 늘었다. 셀트리온 18조623억원(77.8%), 네이버 13조1207억원(42.7%), LG화학 12조2125억원(54.5%), 카카오 10조2527억원(77.5%) 등 10조원 이상 시총이 증가한 종목도 네 개나 있다. 이 밖에 셀트리온헬스케어(8조7843억원), 삼성SDI(8조7675억원), 엔씨소프트(7조6839억원), 셀트리온제약(3조1871억원), 알테오젠(2조8003억원)도 조 단위를 훌쩍 넘는

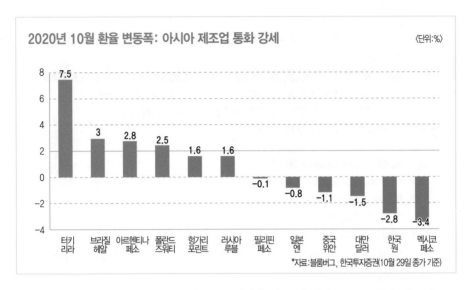

2020년 10월 환율 변동폭: 아시아 제조업 통화 강세 〈단위:%〉

*자료:블룸버그, 한국투자증권(10월 29일 종가 기준)

시총 상승폭을 보였다. 이들 10개 종목 시가총액 증가액만 100조원이 넘는다.

주가 상승률로 봐도 BBIG 기업 활약은 눈부시다. 특히 이른바 'BBIG7'으로 불리는 삼성바이오로직스, 셀트리온, 카카오, 네이버, 엔씨소프트, LG화학, 삼성SDI는 코스피 저점이었던 2020년 3월 19일 대비 주가 상승률이 평균 118%에 달한다. 같은 기간 코스피 상승률(47.5%)의 두 배를 훌쩍 넘는다.

하지만 2020년 9월 이후 국내 증시가 조정 국면에 접어들면서 BBIG 기업의 주가 상승세도 주춤하는 모습이다. 2020년 10월 22일 기준 BBIG7이 코스피 시장에서 차지하는 비중은 15.3%다. 2020년 초 9.9%를 시작으로 3월 19일(12%), 6월 1일(14.8%), 8월 24일(17.7%) 순으로 꾸준히 올랐으나 9월 22일 16.09%, 10월 22일 15.3% 등으로 하락하면서 숨 고르기에 접어들었다. 이에 BBIG 종목들의 주가가 단기 급등으로 부담스러운 수준까지 올라왔다는 분석과 함께 2021년 주도주에 대한 관심이 높아지고 있다.

코로나19 회복 국면서 가치주의 반격

물론 BBIG 관련주 상승세가 이대로 꺾일 가능성은 높지 않다. 바이오와 배터

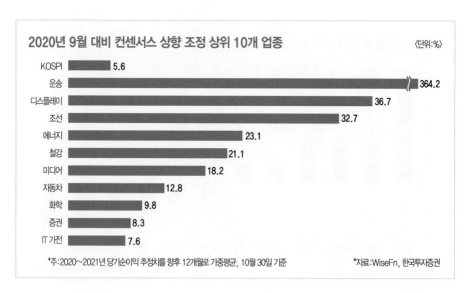

2020년 9월 대비 컨센서스 상향 조정 상위 10개 업종　〈단위:%〉

KOSPI	5.6
운송	364.2
디스플레이	36.7
조선	32.7
에너지	23.1
철강	21.1
미디어	18.2
자동차	12.8
화학	9.8
증권	8.3
IT 가전	7.6

*주:2020~2021년 당기순이익 추정치를 향후 12개월로 가중평균, 10월 30일 기준　　　　*자료:WiseFn, 한국투자증권

리, 인터넷과 게임은 모두 코로나19 이후 확산되고 있는 '언택트' 문화와 직간접적으로 관련돼 있다. 위기 극복을 위한 정부 정책 수혜, 여기에 지역 간 이동 제한이라는 특수성이 더해지면서 언택트 기업들에게 유리한 환경이 조성되고 있어서다. 친환경에 대한 높은 관심과 함께 전기차는 대세로 떠올랐고, 코로나19 장기화로 바이오산업에 대한 관심 역시 당분간 지속될 전망이다.

2021년부터 본격적으로 활용될 'K-뉴딜지수'도 BBIG 관련주에 호재다. 한국판 뉴딜산업 대표 종목으로 만든 지수로 2차전지, 바이오, 인터넷, 게임 등 BBIG 4개 산업군을 대표하는 각각 10개 종목 중에서 시가총액 상위 3종목을 따로 뽑아 12개 종목으로 구성된다. 운용사들이 K-뉴딜지수를 기초지수로 운용하는 펀드를 잇따라 출시하고 있어 꾸준한 자금 유입을 기대한다.

다만 폭발적으로 증가한 유동성이 빠져나가면 BBIG 기업도 본격적인 옥석 가리기가 진행될 전망이다. 2021년 증시에서는 2020년에 나타났던 BBIG 편중현상은 다소 완화될 가능성이 높다는 얘기다.

2020년 하반기 들어 경기가 회복 국면에 접어들고 코로나19 충격도 조금씩 줄어들면서 증시에서는 상대적으로 가치주가 강세를 보이고 있다. 미국 증시에서도 그동안 펀더멘털이나 기업가치, 배당 측면에서 매력적이었던 종목도 성장주가 아니라는 이유로 소외되는 양상이었으나, 대형 기술주의 조정이 가속화되면서 업종별 순환매나 '패자의 반격'을 예상한다.

최근 원화 강세 흐름도 가치주 턴어라운드에 힘을 실어주는 요인이다. 통상 대외 변수가 악화되면 외국인 투자자가 이탈하고 원화도 약세를 보인다. 하지만 이번에는 조정폭이 커지면 커질수록, 원화 강세 현상이 더욱 강해지고 있다. 이는 미국과 유럽을 중심으로 한 코로나19의 2차 확산기를 거치면서 상대적으로 코로나19를 잘 통제하고 있는 아시아 제조업의 헤게모니가 확고해지고 있다는 것을 의미한다. 증시 조정은 조금 더 이어질 수 있겠지만, 2021년부터 가치주의 본격적인 반등을 점쳐볼 수 있다.

일각에서는 코로나19 재확산을 감안하면 펀더멘털이 아직 취약하다는 점을 들어 가치주 로테이션이 연말 수급 이슈 정도에 그칠 것이라고 지적하기도 한다. 하지만 코로나19 백신과 치료제 보급에 따른 경제 재개 가능성과 유럽과 미국의 제조업 가동률 하락에 따른 재고 부족은 국내 제조업체들의 가치를 더욱 높여줄 전망이다. 금리 하락에도 불구하고 지지부진한 흐름을 보였던 배당주가 연말 배당 시즌을 앞두고 다시 주목받기 시작한 것도 눈여겨볼 만한 변화다.

유의미한 실적 개선이 확인되면 이번 반등장에서 소외된 종목도 2021년 주도주 대열에 충분히 합류할 수 있다. 특히 자동차 · 전자 · 철강 · 조선 등 중후장대주에 대한 재평가가 필요한 시점이다. 경제 회복 속도나 실적 전망에 따라 경기민감주에 대한 투자자 관심이 커질 것으로 예상한다.

특히 자동차 관련주는 가파른 실적 개선과 함께 전기차 · 수소차 등 '미래차'를 둘러싼 글로벌 경쟁에서 성과를 내고 있다는 점이 매력적이다. 경기민감주 가운데 화학업종에도 주목할 만하다. 태양광이나 수소 관련 사업을 하는 기업의 경우 가치주와 성장주의 장점을 모두 갖췄다는 것이 돋보인다.

대선 마친 美·팬데믹 극복 中
그린 에너지·5G·IT 고공행진

김기진 매경이코노미 기자

▶ 해외 주식 투자가 대세로 떠올랐다. 한국예탁결제원 증권정보포털에 따르면 2020년 1~3분기 외화 주식 결제금액은 1329억달러를 기록했다. 2019년 1~3분기 결제금액인 312억달러의 네 배를 웃돈다. 해외 주식 투자에 뛰어드는 투자자는 앞으로도 늘어날 가능성이 크다. 포트폴리오를 다변화하고 안정적으로 수익을 내려면 해외 투자가 필수라는 인식이 확산됐기 때문이다. 증권사도 해외 종목 분석 서비스, 환전 수수료 우대 혜택 등 여러 가지 유인책을 제시하며 판을 키우는 데 한창이다.

전문가들은 2021년 눈여겨볼 만한 국가로 미국과 중국을 꼽는다. 미국은 대통령 선거로 인한 정치 불확실성이 해소되고 경기 부양책에 힘입어 증시가 우상향 곡선을 그릴 것이라는 분석이 나온다.

중국은 코로나19 충격으로부터 빠르게 회복하고 있다. 국제통화기금(IMF)은 중국이 2020년 경제성장률 1.9%를 기록할 것이라 내다본다. 주요 국가 중 플러스 성장률이 기대되는 곳은 중국이 유일하다. 한국(-1.9%)과 미국(-4.3%)을 비롯한 주요 국가는 역성장할 것을 예상하며 세계 전체 경제성장률은 -4.4%

를 기록할 전망이다.

EU · 중국 · 일본 등 탄소 배출 감축에 적극 나서며 친환경 에너지 관심

상승 기류를 탈 가능성이 큰 섹터로는 그린 에너지와 5G, IT 등이 거론된다.

그린 에너지는 세계적으로 환경 관련 규제가 강화되고 주요 국가가 탄소 배출 감소, 친환경 에너지 발전 비율을 끌어올리기 위한 정책을 내놓으며 주목받는다. 2020년 9월 유럽연합(EU)은 2030년까지 온실가스 배출량 감축 목표를 1990년 배출량의 55%로 정했다. 기존 40%에 비해 15%포인트 높다. 2050년에는 탄소 순배출량 제로 시대를 열 계획이다. 시진핑 중국 주석 역시 2020년 9월 열린 UN 총회에서 2060년 전까지 탄소 배출 제로를 이뤄내겠다고 발표했다. 2020년 10월 스가 요시히데 일본 총리 또한 2050년까지 일본을 온실가스 실질 배출이 없는 국가로 만들겠다는 목표를 제시했다.

2021년부터 파리기후변화협약이 발효된다는 점도 그린 에너지에 대한 관심을 끌어올리는 요소다. 파리기후변화협약은 지구 평균 온도가 산업화 이전에 비해 2도 이상 오르지 않도록 모든 국가가 온실가스 배출 목표를 정하고 실천하자는 내용을 담았다.

친환경 에너지 섹터 내 눈길을 끄는 종목은 솔라엣지(솔라엣지테크놀로지스), 엔페이즈에너지, 선런, 융기실리콘자재 등이다. 태양광 부문에서 두각을 나타낸다.

나스닥 상장사 솔라엣지 본사는 이스라엘에 있다. 태양광 에너지를 전기로 변환하는 인버터와 전력 사용 관리용 소프트웨어를 판매한다. 2020년 1월 90달러대 후반~100달러대 초에 머물던 주가가 2020년 10월 말 200달러대 중반까지 뛰며 승승장구한다. 엔페이즈에너지도 태양광 에너지 관리 솔루션을 제공한다. 선런은 미국 주택용 태양광 설비 점유율 1위 기업. 2020년 7월 SK E&S가 미국에서 가정용 에너지 솔루션 사업을 추진하기 위해 선런과 합작사를 세우며 국내투자자 사이에서 화제가 된 바 있다. 2020년 경쟁사 비빈트솔라를 인수하는 등 시장점유율을 끌어올리는 데 한창이다. 융기실리콘은 상하이증권거래소에 상장된 종목으로 태양광 웨이퍼와 모듈(패널) 등을 만든다.

풍력발전 관련주 중에서는 TPI컴퍼지트가 주요 종목이다. TPI컴퍼지트는 풍력발전타워 블레이드(날개)를 만든다. 미국과 터키, 인도, 중국에 생산시설이 있다. 베스타스, 제너럴일렉트릭 등 글로벌 풍력발전기 시장에서 높은 점유율을 차지하는 기업을 고객사로 뒀다.

이 밖에 테슬라와 니오를 비롯한 전기차 관련 종목에 관심을 기울여보라는 의견 역시 새겨들음직하다. 테슬라는 과거 만성 적자에 시달렸으나 2020년 3분기 기준 5개 분기 연속 흑자를 기록하며 승승장구하고 있다. 니오는 중국 전기차 기업으로 2014년 설립돼 2018년 뉴욕증권거래소(NYSE)에 상장했다. 상장 전 중국 IT 공룡 텐센트로부터 투자를 유치하며 눈길을 끌었다. 자동차 판매량이 2020년 1분기 3838대에서 2분기 1만331대, 3분기 1만2206대로 증가하는 등 존재감이 갈수록 커진다. 주가 역시 고공행진한다. 2020년 1월 3~4달러대에 거래됐으나 10월 말 기준 20달러대 후반~30달러대까지 뛰었다. JP모간은 목표주가로 40달러를 제시한다.

투자 재개 기대되는 5G, 지속되는 언택트 수혜 예상 IT

5G는 코로나19 여파로 인해 침체됐던 투자가 재개될 것이라는 기대가 나오며 주목받는다. 2020년 10월 애플이 처음으로 5G가 지원되는 스마트폰 '아이폰12'를 내놓은 만큼 5G 서비스 수요가 늘어날 것이라는 관측에도 무게가 실린다. 주요 종목은 퀄컴, 시스코시스템즈(시스코), NXP, 선난써키트 등이다.

퀄컴은 모바일 기기에서 두뇌 역할을 하는 AP(애플리케이션 프로세서) 글로벌 시장 1위 기업이다. 통신모뎀 시장에서도 1위를 자랑한다. 5G 이용자가 늘며 제품 평균 판매단가가 오르고 퀄컴 실적과 주가 역시 우상향곡선을 그릴 것이라는 분석이 나온다. 시스코는 네트워크 스위치와 라우터 장비 부문에서, NXP는 5G

안테나 부문에서 두각을 나타낸다. 선난써키트는 상하이 증시에 상장된 종목으로 중국 최대 인쇄회로기판(PCB) 업체다.

2021년 유망 섹터 · 종목	
섹터	종목
그린 에너지	솔라엣지 · 엔페이즈에너지 · 선런 · 융기실리콘자재 · TPI컴퍼지트 · 테슬라 · 니오
5G	퀄컴 · 시스코 · NXP · 선난써키트
IT	아마존 · 구글(알파벳) · 쇼피파이 · 트윌리오 · 줌

IT 섹터는 4차 산업혁명 흐름이 지속되는 가운데 코로나19로 인해 비대면(언택트) 트렌드 확산에 속도가 붙어 지속 성장할 전망이다. 대형 테크 기업을 겨냥한 반독점 규제는 변수로 작용할 수 있다. 하지만 팬데믹으로 인해 흔들린 경제의 재도약을 이끄는 기업인 만큼 비즈니스 모델을 근본적으로 훼손하는 규제가 나올 확률이 낮으며 장기 성장 동력은 여전히 충분하다는 의견이 주를 이룬다. 아마존과 구글(알파벳)을 비롯한 대형 테크주와 더불어 쇼피파이, 트윌리오, 줌비디오커뮤니케이션(줌) 등 언택트 관련주가 예의 주시할 만한 종목으로 언급된다. 쇼피파이는 2004년 캐나다에서 설립된 기업으로 온라인 쇼핑몰 구축을 위한 솔루션을 제공하며 뉴욕증권거래소에 상장했다. 2019년 매출(15억8000만달러)이 2018년에 비해 47% 증가하는 등 매년 가파른 성장세를 이어간다. 트윌리오는 클라우드 기반 커뮤니케이션 플랫폼을 제공한다. 승차 공유 서비스 우버와 리프트, 숙박 공유 업체 에어비앤비, 콘텐츠 스트리밍 플랫폼 넷플릭스 등을 고객사로 보유했다. 줌은 화상회의 플랫폼을 제공한다. 원격근로, 온라인 수업 수요가 늘며 고속 성장한다. 보안이 취약하다는 논란이 있었으나 암호화 기술을 보유한 스타트업을 인수하는 등 보안성을 강화하려는 시도를 이어간다. 일상생활에서 IT가 맡는 역할이 갈수록 커지는 만큼 크라우드스트라이크, 팔로알토네트웍스를 비롯한 보안 관련 기업을 주시하라는 의견도 나온다.

카뱅 · 크래프톤 · SK IET
공모주 되살리는 불씨 될까

류지민 매경이코노미 기자

▶ 2020년 국내 증시의 특징 중 하나는 '공모주 열풍'이다. 공모주 청약을 위해 적금을 깨는 고객 때문에 은행이 골머리를 앓았다는 루머까지 돌 정도로 공모주 투자 열기는 뜨거웠다.

시작은 지난 7월 상장한 SK바이오팜이다. SK바이오팜은 상장 당일 '따상(공모가 두 배에서 시초가를 형성한 뒤 상한가)'을 비롯해 3거래일 연속 상한가를 기록하며 증권가 주목을 받았다. 공모가 4만9000원으로 시작한 SK바이오팜 주가는 21만7000원까지 치솟아 '공모주 투자=대박'이라는 공식을 각인시켰다.

코로나19에 따른 언택트 경제 부상, 정부의 디지털 뉴딜 정책을 계기로 신성장산업에 이목이 집중되고 있어 2020년에는 공모주에 유리한 환경이 조성됐다. 증시 반등에 따른 추가 수익 기회 감소와 정부의 부동산 가격 규제 강화 의지도 공모주로의 자금 유입을 가속화시켰다.

다만 2020년 하반기 IPO 시장 최고 기대주였던 빅히트엔터테인먼트 주가가 상장 이후 연일 큰 폭으로 하락하면서 공모주 열풍은 잠시 잦아드는 분위기다. 이에 공모주라면 청약부터 하고 보는 '묻지마 투자'가 아니라 기업별로 옥석을 가

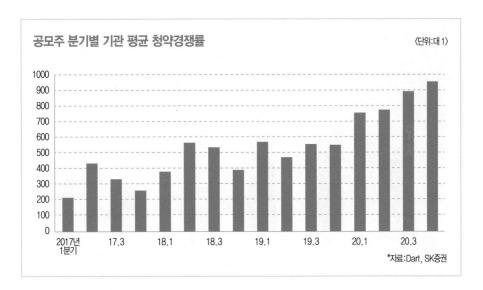

공모주 분기별 기관 평균 청약경쟁률 〈단위:대 1〉

*자료:Dart, SK증권

려 신중한 접근이 이뤄질 것이라는 분석이다. 상장 후 매물폭탄으로 인한 주가 하락이나 종목별 수익률 양극화 등 몇 차례의 공모주 투자 경험을 통해 많은 동학개미들의 학습효과가 생겼기 때문이다.

2021년에도 초대형 공모주 줄줄이 상장 대기 중

거품 논란에도 불구하고 2021년 공모주 시장에 대한 기대감은 적잖다. 카카오뱅크, 크래프톤, SK바이오사이언스 등 2021년에도 초대형 공모주가 줄줄이 상장에 나설 것이라 예상된다.

2021년 상반기 상장을 공식화한 카카오뱅크는 공모주 시장 태풍의 눈으로 떠올랐다. 2019년 첫 흑자전환에 성공했던 카카오뱅크는 2020년 3분기 비(非)이자 부문 약진으로 '어닝 서프라이즈'를 기록했다. 3분기 당기순이익이 406억원으로 전년 동기(58억원) 대비 600% 증가하고, 1~3분기 누적순이익은 859억원으로 지난해 같은 기간(154억원)보다 458% 늘었다. 10대 고객을 겨냥해 출시한 '카뱅 미니(mini)' 서비스는 출시 54시간 만에 가입자 10만명을 돌파하며 잠재 고객 확보 전략에서도 성과를 내고 있다.

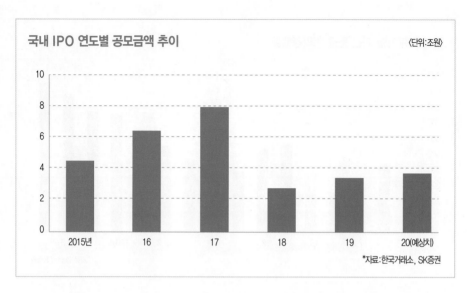

국내 IPO 연도별 공모금액 추이

〈단위:조원〉

*자료:한국거래소, SK증권

다만 거품론은 여전히 꼬리표처럼 따라다닌다. 카카오뱅크는 장외 시장 플랫폼 증권플러스비상장에서 주당 9만5000원 수준(2020년 11월 4일 기준)에서 가격이 형성돼 있다. 카카오뱅크 총 발행 주식 수 3억6500만여주를 곱하면 시가총액 추정치는 35조원에 육박한다. 은행 대장주인 KB금융 시가총액(17조1729억원)의 두 배가 넘는 규모다.

인기 게임 '배틀그라운드(배그)' 개발사인 크래프톤도 2021년 IPO 시장의 주목을 받는 주요 공모주다. 크래프톤은 2020년 상반기 순이익이 4049억원을 기록했다. 이를 연간 실적으로 환산한 뒤 카카오게임즈 상장 당시 PER(주가수익비율) 34.9배를 곱하면 기업가치가 30조원에 달한다. 장외 시장에서 크래프톤의 주가는 약 155만원으로, 시가총액이 12조5430억원 수준이다. 실적 성장세를 고려하면 충분히 30조원의 기업가치를 노릴 수 있다는 평가가 나온다.

다만 전체 매출의 80% 이상이 모바일 배틀그라운드에 편중된 매출 구조는 약점이다. 국내외 게임 시장에서 배그의 인기가 언제까지 이어질 수 있을 지도 장담할 수 없는 상황이다. 2020년 말 출시 예정인 후속작 MMORPG 게임 '엘리온'의 흥행 여부에 따라 IPO의 성패가 갈릴 것으로 예상된다.

SK IET · SK매직 · 원스토어···SK바이오팜 대박 '다시 한 번'

SK바이오팜 상장으로 공모주 열풍을 불러일으킨 SK그룹은 2021년에도 'IPO 맛집' 명성을 이어갈 전망이다. 반도체, 바이오, 배터리부터 통신과 소재에 이르기까지 신성장동력을 골고루 갖춘 미래 먹거리 포트폴리오가 탄탄한 데다 SK팜테코, SK건설, SK실트론 등 핵심 비상장 계열사가 많아서다.

SK케미칼 자회사 SK바이오사이언스는 코로나19 국면에서 주목받으며 일찌감치 공모 시장의 눈도장을 받았다. SK바이오사이언스는 2018년 7월 SK케미칼에서 분사한 백신 전문 기업이다. 글로벌 제약사 아스트라제네카와 코로나19 백신 위탁생산 계약을 맺은 데 이어 노바백스와 위탁개발생산 계약을 체결해 주목받았다. SK그룹은 SK바이오팜 다음으로 SK바이오사이언스를 IPO 우선순위에 둔 것으로 알려졌다.

소재 회사 SK아이이티테크놀로지(SK IET)와 생활가전 회사 SK매직도 주목할 만하다. 둘 다 수조원대 기업가치가 예상되는 대어급으로 평가받는다.

SK이노베이션의 배터리 분리막(LiBS) 소재 자회사 SK IET는 글로벌 최상위급의 배터리 분리막 생산능력과 기술력을 보유하고 있는 것으로 평가받는다. SK네트웍스가 100% 지분을 보유한 SK매직은 2016년 SK그룹에 편입되면서 시장 지배력과 고객 신뢰도가 높아졌다는 분석이다.

이 밖에 한국콜마의 자회사 HK이노엔(구 CJ헬스케어), 토종 앱스토어인 원스토어, 월간 기준 첫 흑자전환에 성공한 모바일 쇼핑업체 티몬 등 굵직한 대어급 공모주들이 잇따라 IPO 도전장을 던질 예정이어서 2021년 공모주 시장은 다시 한 번 뜨겁게 달아오를 전망이다.

향후 5년간 7조원 쏟아부어
글로벌 친환경 트렌드도 호재

박소연 한국투자증권 애널리스트

▶ 정부는 2020년 9월 국민참여형 뉴딜펀드 조성 계획을 발표했다. 정책형 뉴딜펀드, 인프라 뉴딜펀드, 민간참여형 뉴딜펀드 총 세 가지다. 가장 이목을 끄는 것은 아무래도 정책형 뉴딜펀드다. 정부가 '손실 보전'을 언급했기 때문이다. 아직 구체적인 운용 방안이 나오지 않아 정확한 예측은 힘들지만 과거 비슷하게 설정, 운용된 정부주도형 펀드 역사를 살펴보면 윤곽을 잡을 수 있다. 비교 대상으로 주목할 만한 대표 펀드는 녹색펀드, 통일펀드, 코스닥벤처펀드, 소부장펀드가 있다. 모두 정부의 강력한 정책 기조가 뒷받침됐다. 정책형 뉴딜펀드는 코스닥벤처펀드, 소부장펀드와 유사한 형태로 운용될 가능성이 높다.

소부장펀드는 2020년 2월경 등장했다. 100% 주식형 구조인 NH아문디 필승코리아펀드를 제외하면 공통점이 있다. 정책자금이 중순위로 들어가 안전망 역할을 하고, 일반투자자가 가장 안전한 선순위에 위치하는 구조를 갖췄다. 이것이 일반 공모펀드와의 결정적 차이다. 예를 들어 한국투자신탁운용에서 내놓은 '한국투자소부장코리아혼합자산펀드'는 공모펀드가 투자금의 68%를 선순위로 출자하고 한국성장금융의 성장사다리펀드가 30%의 금액을 중순위로 투자해 버퍼(완

정부주도 펀드 비교

펀드 종류	핵심 투자 산업	자산 편입 요건	조성 계획 발표 시기	정부의 펀드 직접 지원	세제 혜택과 정부 지원
녹색펀드	친환경 기업	투자금의 60% 이상을 녹색산업 관련 자산에 투자 해당 기업 녹색인증 필요	2009년 4월	❶ 5000억원	• 1인당 연 3000만원 한도로 300만원 한도 내에서 투자 금액의 10% 소득공제 • 배당소득 비과세
통일펀드	통일 · 남북경협 기업	–	2014년 3월	–	
코스닥 벤처펀드	코스닥벤처 기업	투자금의 50% 이상을 코스닥과 벤처펀드에 투자 벤처 기업 신주 15%, 코스닥 중소 · 중견 기업 35% 이상	2017년 11월	❷ 3조7000억원	• 투자 금액의 10% 소득공제 • 코스닥 공모주 물량의 30% 우선 배정
소부장 펀드	국산 소재 · 부품 · 장비 기업	투자금의 50% 이상을 소재 · 부품 · 장비 기업에 투자	2019년 7월	❸ 6000억원	–
뉴딜펀드	디지털 · 그린 뉴딜 관련 기업 (배터리 · 바이오 · 인터넷 · 게임 등)	–	2020년 7월	❹ 7조원	• 2억원 이하 투자금의 배당소득 5.5% 과세 • 정부에 의한 해지 시 원리금 보장

주: ❶ 녹색 프로젝트 자금 조달 원활화 목적　　　　　　　　　　　　　　　　　자료:한국투자증권
　　❷ 혁신모험펀드 공공 부문 출자 3조7000억원, 재정 투입, 정책금융기관 출자, 기존 정책펀드 회수 재원이며 연기금 등은 미포함
　　❸ 산업부 1000억원, 증기부 1000억원, 금융위 4000억원 소부장투자펀드 조성 · 운용
　　❹ 정책형 뉴딜펀드 모(母)펀드에 5년간 정부 직접 지원 3조원 + 산은 등 정책금융기관 4조원, 연기금 등은 미포함

충재) 역할을 했다. 나머지는 전문투자자가 후순위로 참여했다. 정책형 뉴딜펀드는 손실 보전을 언급했기 때문에 이와 같은 구조로 만들어질 가능성이 높다.

다만 정책의 지속 가능성은 우려 요인이 될 수도 있다. 위에 언급한 펀드 네 개는 모두 비교적 정부 출범 초기에 추진됐다. 녹색펀드, 통일펀드, 코스닥벤처펀드 모두 대통령 집권 1년 정도 지난 뒤 추진됐다. 소부장펀드는 집권 2년 뒤 나왔지만 '극일'을 키워드로 강한 국민적 지지가 뒷받침됐다. 반면 뉴딜펀드는 집권 4년 차에 추진한 정책이다. 자금 집행이 2021년부터 진행된다는 점을 감안하면, 정책 모멘텀은 2년이 채 되지 않는다. 정책의 지속 가능성 우려, 정권 말기 불확실성 등이 존재한다.

그러나 과거 펀드 대비 뉴딜펀드가 가진 분명한 이점이 있다. 펀드에 직접적으로 출자되는 정부 정책 지원금 규모가 과거의 정부주도형 펀드에 비해 압도적으

로 크다. 향후 5년간 정부가 직접적으로 3조원, 산업은행 등 정책금융기관에서 4조원을 출자해 뉴딜펀드에 총 7조원을 제공할 계획이다. 매년 n분의 1씩 동일하게 자금 집행이 이뤄져 2021년부터 연초마다 1조4000억원이 정책형 뉴딜펀드에 배정된다. 과거 녹색펀드는 산업은행과 연기금을 중심으로 5000억원 규모의 PEF(사모펀드)를 조성한 것이 전부였고, 통일펀드는 아예 없었으며 소부장펀드도 산업부 등에서 6000억원 자금을 조성하는 데 그쳤다. 코스닥벤처펀드가 3년간 3조7000억원으로 비교적 큰 규모였지만 이번 뉴딜펀드는 이보다 두 배나 크다.

과거 정부주도형 펀드, 등장 이후 2년여간은 성과 좋아

이전 정부주도형 펀드의 성과는 어땠을까.

초기 2년간은 상당히 성과가 우수했다. 녹색펀드는 2009년 5월 신성장동력 종합추진계획이 발표되며 본격적으로 개시됐다. 국내뿐 아니라 미국도 오바마 정부 출범 이후 친환경이 강조되면서 전 세계에서 친환경 바람이 불었던 것이 주효했다. 이미 10년이 지나 정확한 추적은 힘들지만, 당시 언론을 참고해 연간 성과를 비교해보면 2009년에는 58.6%(코스피 49.7%, 코스닥 54.7%), 2010년에는 25%(코스피 21.9%, 코스닥 -0.6%)를 기록하며 상당히 높은 수익률을 달성했다. 녹색성장, 친환경과 관련해 참고할 수 있는 대표 벤치마크는 매일경제와 에프앤가이드에서 출시한 MKF그린지수인데 유럽 재정위기 발발 직전인 2011년 상반기까지 코스피 대비 상당한 초과 성과를 냈다.

통일펀드는 성과가 그다지 좋지 않았다. 다만 실패했다고 보기도 어렵다. 다른 정부주도형 펀드와 달리 통일펀드는 정부가 직접적으로 밝힌 조성 계획이나 지원책이 없었기 때문이다. 이 때문에 펀드들의 투자 기업 선정도 다소 모호했고 '통일'이라는 키워드에 부합하는 기업 수도 적어 펀드명에 통일이 들어갔다 하더라도 코스피를 추종하는 다른 공모펀드와 크게 차별점을 지니지 못한 경우가 많았다. 펀드를 판매한 운용사도 신영자산운용, 교보악사자산운용, 하이자산운용(현 브이아이자산운용) 세 곳뿐이었다. 다만, 펀드는 성과가 부진했어도 현대로템, 현대엘리베이터 등 남북경협주들은 2014년 초부터 2015년 말까지 시장 대비 꾸준히 강세를 보였다. 정부 정책 기조가 유지됐던 덕분이다.

코스닥벤처펀드는 문재인정부가 2017년 11월 혁신창업 생태계 조성 방안을 발표하며 2018년 4월부터 본격 출시됐다. 조성 방안 발표 전후로 코스닥 시장 이 선제적으로 급등해 오히려 펀드 출시 이후 성과가 부진했다. 그럼에도 불구하 고 코스닥벤처펀드는 누적으로 보면 코스닥 수익률을 압도했다. 2018년 초 이 후 코스닥은 30% 가까이 하락하기도 했는데 코스닥벤처펀드는 대체로 플러스 수익률을 기록했다. 전환사채(CB), 신주인수권부사채(BW) 등 메자닌에 투자하 는 구조로 짜여진 펀드가 많아 나타난 결과라고 판단한다.

마지막으로 소부장펀드다. NH아문디 필승코리아펀드를 제외하면 대부분 2020년 2월에 시장에 나왔다. 코로나19로 직격탄으로 맞아 초기 수익률은 부 진했지만 코스닥벤처펀드와 마찬가지로 벤치마크 대비로는 하락을 방어하는 데 성공했다.

종합해보면, 2021년 뉴딜펀드도 과거 정책형 펀드와 마찬가지로 수익률이 양 호할 것이라 기대한다. '시장에 맡기지 않고 정부가 개입하는 것이 옳은가'라는 비판이 제기되기도 했지만 과거 정부주도형 펀드들은 대체로 출시 이후 2년간 매 력적인 투자 수단으로 작용했다. 마침 국내는 물론 미국, 유럽 등 해외 주요 국 가에서도 친환경이 중요한 키워드로 부상했다. 2009년 녹색펀드가 나왔을 때처 럼 국내 모멘텀과 글로벌 모멘텀이 맞물린다면 녹색펀드가 보여준 초기 2년간의 수익률이 재현될 수도 있다. 정부의 후순위 출자로 투자 안전성도 높아졌다. 정 권 4년 차에 출시되는 것이라 우려의 시각도 있지만, 정부의 자금 지원 규모가 과거 사례를 추월하고 있다. 2021년 뉴딜펀드는 양호한 투자 선택지가 될 것으 로 예상한다.

펀더멘털 따라 '디커플링' 추세
가장 눈여겨볼 만한 '디파이'

문호준 디스트리트 암호화폐 애널리스트

▶ 암호화폐 대표주자인 비트코인은 2009년 등장했다. 중앙은행 없이 개인끼리 익명으로 금융거래를 할 수 있다는 획기적인 개념에도 불구하고 초기에는 큰 관심을 받지 못했지만 2013년 한 해 동안 가격이 100달러에서 1000달러 이상까지 10배 이상 상승하면서 눈길을 끌기 시작했다. 미래 금융의 판도를 바꿀 수 있는 기술 혁신이었기에 가능한 일이었다고 판단한다. 2세대 블록체인으로 불리는 이더리움 역시 이때 탄생했다.

이후 2017년 비트코인 시세가 급등하며 암호화폐 투자 붐이 일어났다. 코인마켓캡에 따르면 2017년 1월 800~1000달러 선을 오르내리던 비트코인 시세는 그해 12월 1만9000달러대까지 급등했다. 이후 등락을 거듭하다 코로나19 사태가 심각해지던 2020년 3월에는 1비트코인당 4000달러대로 떨어졌다. 하지만 이후 다시금 상승 기류를 타 2020년 10월 초 1만~1만1000달러 선으로 뛰었다. 시장에서는 2021년에도 비트코인을 비롯한 주요 암호화폐가 강세를 보일 것이라고 내다본다. 스페이스X와 테슬라에 초기 투자해 큰 수익을 거둔 실리콘밸리 유명 벤처 투자자 팀 드레이퍼는 2023년 초까지 비트코인이 25만달러에 이를 것이라고 강력하게 주장한다. 2020년 10월 대비 2100% 이상 더 오를 수 있다는 의미다.

암호화폐도 '펀더멘털'이 중요…디파이 시장 눈여겨봐야

긍정적인 전망이 나오는 이유는 여러 가지다.

먼저 주요 국가 정부가 암호화폐 양성화에 초점을 맞추기 시작했다. 예를 들어 미국은 2020년 세금 신고분부터 가상자산 투자 여부를 신고해야 한다고 규정했다. 일본 역시 암호화폐 투자 소득에 세금을 부과한다. 한국 역시 2021년 10월부터 암호화폐 투자 소득에 세금을 매기기로 했다. 미국 정부가 대규모 경기 부양책을 펼치고 있다는 점도 가상자산에는 호재로 작용할 가능성이 크다. 유동성은 늘어난 가운데 달러 가치가 하락하며 암호화폐 시장으로 자금이 유입될 수 있다.

보안이 중요하다는 인식이 확산된 점도 긍정적이다. 사물인터넷(IoT)과 같은 기술이 발전하고 글로벌 기업 고객 정보가 해킹을 통해 유출되는 사건이 지속적으로 발생하며 보안이 탄탄한 블록체인 기술, 그리고 이를 기반으로 만든 암호화폐에 대한 수요가 커지고 있다. 암호화폐는 송금이 편리하다는 장점도 갖췄다.

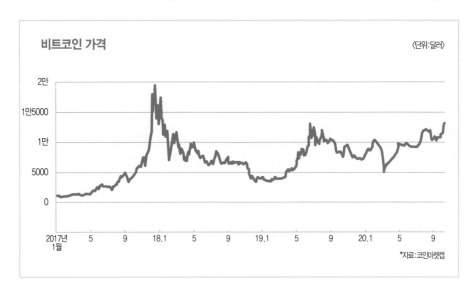

비트코인 가격　〈단위:달러〉

*자료:코인마켓캡

기존 화폐를 해외로 보내려면 은행에 높은 수수료를 지급하고 3일 이상 기다려야 한다. 블록체인 기술과 암호화폐를 활용하면 몇 시간 내에 보낼 수 있고 수수료도 상대적으로 낮다.

암호화폐 시장이 주식 시장의 오랜 역사를 빠른 속도로 따라오고 있다는 점도 중요한 사안이다. 단순히 모멘텀(수급·거래량·뉴스)에 의해 가격이 움직이던 과거와는 달리 펀더멘털의 중요성이 점점 부각되고 있다. 통상 주식 시장에서 말하는 펀더멘털은 기업 실적이나 가치를 의미한다. 암호화폐 시장에서는 실생활에서 얼마나 사용할 수 있는지, 즉 '상용화 정도'를 의미한다. 2017년 암호화폐 열풍은 '비트코인 붐은 튤립 버블과 비슷하다'는 말이 완전히 잘못된 말이 아니라는 것을 어느 정도 보여줄 정도로 펀더멘털적인 요소가 전혀 없는 '완전 모멘텀적인' 급등 장세였다. 활용도가 낮은 코인에 투자해도 운만 좋으면 높은 수익률을 낼 수 있었다.

암호화폐 이용한 파생상품 서비스 속속 등장

그러나 시장 트렌드는 바뀌는 추세다. 상용화 가능한 암호화폐가 주목받고 있으며 암호화폐를 이용한 파생상품과 서비스가 속속 등장하고 있다.

'디파이(DeFi)'가 대표적인 예다. 디파이는 'Decentralized Finance(탈중앙화 금융)'에서 영문 약자 '디(De)'와 '파이(Fi)'를 결합한 새로운 용어다. 블록체인을 기반으로 한 암호화폐 담보 대출, 가상자산 교환 거래(유니스와프)와 마진거래, 달러고정코인 발행(메이커·다이코인) 등 파생금융 서비스를 이르는 말이다. 디파이 시장은 가파르게 성장한다. 블록체인 통계 사이트 디파이펄스에 따르면 디파이 플랫폼에 예치된 자금 규모는 2020년 초 7억~11억달러에서 10월 110억달러대로 급증했다.

2020년 디파이 열풍은 2017년 'ICO(암호화폐 상장) 열풍'과는 다르다. 블록체인 기술은 인정하지만 암호화폐는 인정하지 못했던 많은 전문가의 생각을 바꿔

놓는 계기가 됐으며, 중앙화된 금융 시스템을 변화시키기 위해 만들어진 비트코인의 태생적인 목적이 투영된 산업이기 때문이다. 2019년까지만 해도 금융업을 포함한 거의 모든 산업에서 블록체인과 암호화폐를 도입하려 노력했지만 뚜렷한 성과가 나오지 않았다. 많은 현업 개발자와 투자자가 블록체인 미래에 대한 의구심이 커지는 바로 그때 예금·대출, 자산관리같이 금융 산업에만 특화된 디파이라는 서비스가 나왔다. 송금 서비스로 시작한 핀테크 기업 토스(Toss)가 자산관리에서 이제는 증권, 은행까지 사업을 확장하는 것처럼, 블록체인과 암호화폐도 그 본연의 목적에 맞는 금융 산업에서 자리를 잡기 시작한 것으로, 앞으로는 본격적으로 '상용화 암호화폐'가 하나둘씩 나올 것으로 기대한다. 물론 최근 하루가 멀다 하고 새롭게 등장하는 디파이 프로젝트의 교통정리는 어느 정도 필요할 것이다. 그러나 장기적인 관점에서 '디파이 열풍'은 과거 '닷컴 버블'이나 'ICO 열풍'과는 확연히 다른, 암호화폐 상용화의 태동기로 볼 수 있을 것이라 분석한다.

2020년까지 암호화폐 시장의 특징 중 하나는 '커플링(Coupling·동조화)' 현상이다. 아무리 호재가 있어도 비트코인이 오르지 못하면 못 오르고, 아무리 악재가 있어도 비트코인이 오르면 같이 오르는 현상을 의미한다. 그간 암호화폐 시장 전반에서 이 같은 트렌드가 감지됐으나 펀더멘털이 점점 중시됨에 따라 앞으로 크게 바뀔 것으로 예상한다. 2000년 닷컴 버블 당시 2925까지 올랐던 코스닥지수가 2020년 10월까지도 900 아래에서 움직이고 있지만 국내 대표 기업인 삼성전자는 2년 만에 닷컴 버블 전 고점을 돌파하고 상승세를 이어간 것처럼, 몇 번의 급등락을 거치고 안정기에 돌입한 암호화폐 시장도 비트코인이 오른다고 모든 암호화폐가 오르는 시기는 지났다고 본다. 즉, 삼성전자와 같은 메이저 투자 자산으로 알려진 비트코인을 공략하거나 카카오, 네이버와 같은 신흥 강자들을 공략해야 하는데 그 중심에는 디파이가 있을 것이 분명하다. 디파이 시장을 예의 주시한 뒤 두각을 나타내는 암호화폐에 자산을 배분하는 전략이 효과적일 것이라 판단한다.

부동산 이슈

Preview

　2020년 부동산 시장은 한 해 내내 이상 과열 양
상을 보였다. 서울 강남권뿐 아니라 주요 지역 매
매, 전세 가격이 동반 급등하면서 실수요자들은 큰
혼란을 겪었다. 정부는 집값을 잡으려 대출, 세제
등 온갖 규제를 쏟아냈지만 부동산 시장은 불안한
모습을 이어갔다.

　2021년 부동산 시장도 안정세를 되찾기는 어렵
다고 본다. 재건축의 경우 초과이익환수제에 따른
부담금 폭탄, 안전진단 반려 등의 영향으로 사업
속도가 더뎌 공급 부족 우려가 크다. 정부가 주택
공급을 늘리기 위해 공공 재건축 개념을 새로 도입
했지만 시장 반응은 시큰둥한 모습이다. 이런 가운
데 재건축 분양 시장 열기는 뜨거울 것으로 본다.
분양가상한제 여파로 신규 분양가가 낮아진 데다
새 아파트 희소가치가 부각되면서 '로또 청약' 열기
가 달아오를 전망이다. 재개발 시장에서는 강북 한
강변 노른자 땅으로 통하는 용산구 한남뉴타운이
나 동작구 흑석뉴타운, 성수전략정비구역 투자 수
요가 몰릴 가능성이 높다.

　전세 시장은 더욱 불안한 양상을 보일 전망이다.
전월세신고제, 계약갱신청구권제 등 임대차법 부
작용으로 서울, 수도권 전셋값이 급등할 가능성이
높다. 3기 신도시 대기 수요가 늘어난 데다 정부가
재건축, 재개발 등 주택 공급을 틀어막은 상황에서
대출 규제로 매매가 어려워진 것도 전셋값 불안 요
인이다.

억대 부담금에 사업 속도 주춤
稅 부담에도 분양은 인기 지속

박합수 KB국민은행 수석부동산전문위원

▶ 2020년 재건축 시장은 2019년과 유사한 형태를 보였다. 상반기에는 하향 조정 분위기가 나타났지만 6월을 기점으로 가격이 회복되는 양상이 이어졌다. 그 흐름은 가을까지 지속됐다. 하반기 들어 매물이 다시 자취를 감추고 소량의 물건밖에 없는 상태에서 '똘똘한 한 채' 기대로 가격은 상승세를 탔다. 특히 재건축 후 미래가치에 대한 희망이 더해지며 매매가가 상승하는 추세를 보였다. 가을 들어서는 높아진 가격과 대폭 강화된 종합부동산세 영향으로 정체 상태에 놓였다. 매수자는 추격 매수를 하기보다는 지켜보며 관망하는 모양새였다.

재건축 단지는 사업 단계에 따라 '안전진단 이전 단지' '추진위원회 단계 단지' '조합설립 이후 단지' '관리처분계획인가 후 분양 전 단지' 등 4가지로 나뉜다.

안전진단 이전 단지는 한마디로 재건축 사업의 걸음마 단계다. 우선 서울 마포구 성산시영 안전진단이 통과되면서 시장 분위기가 바뀌기 시작했다. 정부의 규제 일변도에서 변화하고 있다는 기대감이 커졌다. 이어 양천구 목동신시가지6단지가 안전진단을 최종 통과하자 목동뿐 아니라 전체 재건축 시장 분위기는 확 달아올랐다. 매매가가 단번에 몇 억원씩 오르며 마치 목동 재건축 시대가 개막한

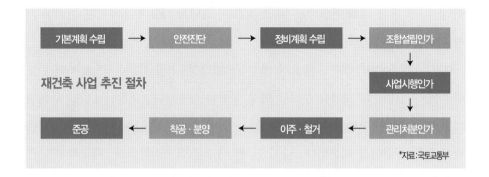

| 기본계획 수립 | → | 안전진단 | → | 정비계획 수립 | → | 조합설립인가 |

재건축 사업 추진 절차

사업시행인가

| 준공 | ← | 착공 · 분양 | ← | 이주 · 철거 | ← | 관리처분인가 |

*자료:국토교통부

것처럼 흥분하기 시작했다. 하지만 이런 분위기는 오래가지 못했다. 9월 들어 목동신시가지9단지가 2차 정밀안전진단에서 최종 탈락하며 찬물을 끼얹은 듯 조용해졌다. 매수세는 진정 기미를 보이며 잦아들었다. 연말로 갈수록 이 분위기는 더 확대됐다. 전체적으로 안전진단 이전 단지는 점차 차분해지는 상태다.

추진위원회 단계 단지는 하반기 들어 움직임이 다급해졌다. 단지별로 차이는 있지만 그동안 미뤄왔던 조합 설립을 향해 고삐를 당겼다. 조합원 입주권을 받기 위해 실거주 2년을 채워야 하는 제도 때문이다. 모처럼 정체된 단지 움직임이 바빠졌다. 압구정 일대 중대형 단지뿐 아니라 신반포2차, 서빙고 신동아아파트 등 굵직한 단지들도 서서히 움직이기 시작했다.

조합 설립 이후 단지는 분위기가 차분했다. 잠실주공5단지처럼 사업 진척을 보인 곳은 거의 없었다. 사업시행인가 단계로 나아가려는 의지도 별로 보이지 않는 듯했다. 또한 많지는 않지만 대치쌍용2차처럼 사업시행인가 이후의 단지조차 관리처분계획인가 단계로 진일보하려는 움직임이 전혀 없었다.

공공 재건축 효과 크지 않을 듯

재건축 시장 분위기가 잠잠해진 것은 정부가 재건축 규제를 강화하고 나섰기 때문이다. 수도권 투기과열지구에서 재건축 입주권을 받으려면 실거주 기간 2년을 채워야 한다. 아울러 재건축 안전진단 관리 감독 권한 등을 시도지사로 격상했다. 물론 공급 대책 차원에서 '공공 재건축' 개념을 새로 도입하기도 했지만 시장 반응은 시큰둥하다.

재건축 초과이익환수제도 중요한 변수다. 2020년 9월 서초구청으로부터 반포주공1단지 3주구의 재건축 부담금 예상 금액이 통보됐다. 조합원 1인당 무려 4억200만원에 이르며 긴장감이 고조됐다. 강남권 대부분 단지가 유사한 금액을 내야 하는 상황이기 때문이다. 다시 한 번 시장은 움츠러들었다. 매도하지도 않았는데 입주 후 곧바로 이렇게 큰 금액을 낼 방법이 없기 때문이다.

재건축 제도는 재개발과 달리 단계별로 촘촘히 짜여 있어 사업 저해 요인으로 작용한다. 정부가 재건축을 새 아파트 공급처로 보기보다는 주택 가격 상승의 원흉(?)으로 인식하기 때문에 빚어진 일이다. 사업 시작 단계에서는 안전진단이라는 문턱을 넘어야 하고, 조합이 설립되면 지위 양도 금지 규제를 맞아야 한다. 사업을 진행할수록 더욱 무겁게 억누르는 부담은 초과이익환수제다. 분양 시점에서는 분양가상한제를 따라야 한다. 시간이 갈수록 '산 넘어 산'이다.

문제는 서울의 경우 재건축, 재개발 등 정비 사업 물량이 전체 공급의 80% 수준을 차지하는 데 있다. 이 부분이 간과되며 나타나는 공급 부족 문제는 시장 가격 안정보다 후순위인 셈이다. 그렇다고 가격이 하락하는 것이 아니라, 계속 상승하고 있다는 점이 문제다.

2021년 재건축 시장에서는 안전진단 통과가 중요한 변수로 작용할 전망이다. 안전진단 관리 감독 주체가 기초지자체에서 광역자치단체로 변경됐다. 목동 등에서 안전진단 통과가 비교적 쉽게 이뤄지자 신속하게 대응하고 나섰다. 안전진단을 통과해도 입주까지는 대략 10년 이상 걸릴지도 모르는데, 재건축이 다 끝난 듯 호재로 인식해 가격이 급등한다. 이제 겨우 걸음마를 뗐을 뿐이라 갈 길이 멀다. 수도권 재건축 단지마다 사업에 속도를 내지만 초기 단계인 안전진단 통과조차 쉽지 않은 상황이라 재건축 속도가 갈수록 더뎌질 것으로 본다.

재건축 초과이익환수제 영향력은 계속 커질 전망이다. 투기 수요를 겨냥한 대책인 초과이익환수제는 낡은 주택에 오래 살다 겨우 새 아파트에 살게 된 1주택자에게 피해를 주는 꼴이다. 재건축 부담금 위력이 확인된 만큼 서울 재건축 단지마다 사업을 주저할 가능성이 높아졌다.

공공 재건축 사업도 변수로 작용할 전망이다. 2020년 8·4 공급 대책에 포함된 공공 재건축 사업은 부족한 도심 공급 부족을 해결하기 위해 수립된 정책이다. 이 사업으로 5만가구를 확보한다는 계획이다. LH, SH가 참여하는 공공 관리 방식, 지분 참여 방식을 통해 사업 추진을 하게 된다. 용적률을 상향해 그중 50~70%를 기부채납해 공공분양, 공공임대 형태로 환수하는 개념이다. 당초 중대형 단지 관심은 크지 않을 것으로 예상한 반면, 강북 지역 등 중소형 단지는 의미가 있을 것으로 기대했으나 현실은 만만치 않다. 공공 재개발과 달리 분양가 상한제에 대한 예외도 없는 상태에서 재건축 부담금 등도 그대로 부담하기 때문이다. 굳이 나서서 할 필요성이 크지 않다는 입장이다.

2021년에도 재건축 분양 시장 열기는 뜨거울 것으로 본다. 새 아파트 희소가치가 부각되며 인기는 최고조에 달할 것으로 예상한다. 분양가상한제로 인해 낮아진 분양가는 청약 매력을 더욱 높인다. 다만 사업 초기 재건축 단지는 지지부진한 상황을 이어갈 전망이다. 부동산 규제 완화 기대가 크지 않기 때문이다. 결국 사업 속도가 높아지기보다는 정체 상태에 머물 확률이 높다.

재건축 시장 변수로 세제도 빼놓을 수 없다. 2021년 6월 1일 이후에는 다주택자 양도소득세 중과를 10%포인트 추가한다. 아울러 종합부동산세액도 2배가량 많아지기 때문에 5월 말까지 재건축 단지 보유자들이 매도에 나설지 관심이다. 물론 양도세 중과를 감수하고 팔아야 한다.

다양한 변수를 고려할 때 2021년 상반기에는 재건축 아파트 안정세가 유지될 것으로 예상한다. 다만 하반기에는 아파트 입주 물량 부족에 따른 희소가치가 지속적으로 부각되고, 저금리 상태에서 토지보상금 등 유동성이 증가하는 상황을 고려하면 알짜 아파트 매수세는 여전할 것으로 본다.

한남·흑석·성수 기대 만발
공공 재개발 활성화 변수로

고종완 한국자산관리연구원장

▶ 2020년 부동산 시장 특징은 재건축은 위축되고 뉴타운, 재개발은 상대적으로 각광받았다는 점이다. 재건축은 서울 서초구 반포주공1단지 3주구의 부담금 폭탄으로 휘청대지만 재개발은 공공 참여에 파격적 지원으로 뜨겁게 달아올랐다. 정부가 8·4 부동산 대책을 통해 뉴타운(재정비촉진지구) 해제 지역 등에서 공공 재개발을 적극 추진키로 함에 따라 관심이 고조된다. 재건축은 각종 규제에 투기 과열로 급등한 데 비해 재개발은 비교적 규제가 적고 지분 가격도 낮은 편이라 실수요자가 접근 가능한 정책적 환경이 조성되고 있다는 분석이다.

그간 지지부진하거나 몰락했던 뉴타운 해제 지역에도 다시 청신호가 켜졌다. 특히 뉴타운 사업은 일반 재개발 지역보다 규모가 크고 체계적인 개발이 이뤄지는 데다 대부분 도로, 공원, 편의시설 같은 기반시설도 잘 갖춰져 있어 매력적으로 다가온다. 대형 건설사가 적극적인 수주에 나서고 인기 브랜드 타운이 조성될 경우 입주 전후 가격 상승 요인도 충분하다.

부동산리서치업체 리얼투데이가 2020년 상반기 입주한 뉴타운 내 아파트 총 9개 단지, 71건의 분양권과 입주권 거래를 분석한 결과도 이를 잘 뒷받침한다.

평균 입주권 실거래가는 9억8619만원으로 평균 분양가(5억6953만원)와 비교해 4억 1666만원 급등한 것으로 나타났다. 거여·마천뉴타운 'e편한세상 송파파크센트럴(거여뉴타운2-2구역)' 전용면적 59㎡ 입주권의 경우 2017년 12월 분양가(6억2000만원)보다 5억원가량 뛰었다. 수색·증산뉴타운 'DMC 롯데캐슬 더퍼스트(수색4구역)'의 전용 84㎡ 입주권은 2020년 8월 기준

민간 재개발 vs 공공 재개발

민간 재개발	구분	공공 재개발
지원 없음	분담금	공공부문이 부족분 대납
60%	중도금	40%
10년	사업 기간	5년
40개월	조합설립~ 사업시행인가	18개월
적용	분양가상한제	제외
지원 없음	사업비와 이주비	주택도시기금 대출 (연 1.8% 금리)
지원 없음	비주거시설	공공이 매입 지원

자료:한국토지주택공사(LH)

약 13억원으로 분양가 대비 약 7억원, 상계뉴타운 '상계역센트럴 푸르지오(상계 4구역)' 전용 84㎡ 입주권은 9억3000만원으로 분양가(5억6700만원) 대비 3억 6000만원이 각각 올라 높은 초과 수익을 기록했다.

2021년 재개발 시장을 관통하는 키워드는 단연 공공 참여 재개발이다. 부동산 시장을 지배하는 핫이슈로 급부상했다.

공공 재개발을 추진할 경우 여러 가지 장점이 있다. 한국토지주택공사(LH)와 서울주택도시공사(SH)가 시행사로 참여해 용도지역, 용적률 상향, 기부채납 비율 완화, 분양가상한제 제외 등 인센티브가 제공되며 투명하고 빠른 사업 진행이 가능하다. 2종 주거지역은 3종 주거지로, 주거지역은 준주거지역으로 종상향을 허용하고 용적률도 법적 상한 이상으로 높인다. 주택 공급 활성화 지구로 지정되면 조합원 물량을 제외한 50% 이상을 공적임대로 공급하되, 전체 물량의 최소 20% 이상을 공공임대로 제공해야 하는 조건이 붙어 있다. 인허가를 대폭 앞당겨 구역 지정부터 착공까지 10년 이상 걸리던 사업 기간을 절반(5년)으로 단축할 방침이다.

대신 투기 방지를 위해 일반 분양분은 최대 10년간 전매를 제한하고, 5년 거주 의무가 부여된다. 재개발 사업에 지원하지 않던 금융 지원 방안도 눈길을 끈다.

주택도시기금에서 총 사업비의 50%까지 연 1.8%로 사업비를 융자하고, 정비사업 대출 보증으로 받은 융자금으로 공사비 납부도 허용한다. 매력적인 인센티브가 아닐 수 없다.

정부는 공공 재개발을 통해 수도권에 향후 4만가구를 공급한다는 계획이다. 보통 재개발은 재건축보다 속도가 느리고 개발이익이 적다는 점이 가장 큰 단점인데 공공 재개발로 금융 지원, 사업 속도가 빨라질 것은 명약관화하다. 재개발, 뉴타운 지구에서 공공 재개발에 적극 참여하는 조합이 늘고 있는 이유다. 공공이 조합원에게 적정 수준의 확정 이윤을 보장해주고, 분담금 부담 능력이 없는 집주인이나 세입자·상인까지 보호함으로써 사회적 약자 보호와 사업 추진 속도를 앞당기는 '일석이조' 효과를 예상하기 때문이다.

주민 갈등 등 장애 요인도 적잖다. 주민 동의율 요건이 50%까지 낮아지면서 추진 주체를 놓고 다툼이 벌어지거나 신축 주택 주민·상인 간 갈등이 수면 위로 떠오르고 있다. 예를 들면 한남1구역은 한남뉴타운에서 유일하게 사업이 무산된 구역으로 가장 먼저 신청서를 접수할 만큼 주민 열의도 컸지만 추진 주체가 둘로 나뉘며 난관에 봉착했다. 신청서를 제출받은 용산구청은 재개발 기본 요건, 주거정비지수, 주민 동의율 등을 따져 최종적으로 서울시에 공모를 추천하게 되는데 이때 사업 주체는 한 곳만 선정된다.

다른 후보지도 사정은 크게 다르지 않다. 기존 주민과 신축 빌라 소유주 갈등이 문제가 불거지는 모습이다. 최근 들어 신축 빌라가 우후죽순 들어서는 상태로 노후도 요건을 충족하지 못할 수도 있기 때문이다. 서울시가 지분 쪼개기를 방지하기 위해 공공 재개발 공모를 시작한 지난 8월 21일을 권리산정일로 지정하면서 신축 빌라를 분양받은 이들 반발도 염려된다. 흑석2구역은 일반 재개발(75%)보다 주민 동의율 요건이 낮은 공공 재개발(66.7%, 촉진지구와 조합설립 구역의 경우 50%)을 추진하기로 하고 참여의향서를 제출했다. 사업이 추진될 가능성은 높아졌지만 재개발 자체를 반대하는 주민과 마찰을 겪고 있어서 진통을 예상한다.

　2021년 재개발 사업성을 좌우하는 변수로 임대주택 의무 비율도 빼놓을 수 없다. 서울시는 2020년 9월 24일 재개발 수익성을 악화하는 요인으로 꼽혔던 임대아파트 의무 비율을 현행 15%로 유지하기로 고시했다. 고시일 이후 사업시행인가를 신청하는 사업장부터 적용된다. 준강남권 입지를 자랑하는 한남2구역, 흑석11구역, 성수전략정비구역 등이 수혜를 입을 전망이다.

　이 중에서 한남2구역을 눈여겨볼 만하다. 강북 한강변 노른자 땅으로 통하는 용산구 한남뉴타운 재개발 사업에 탄력이 붙었기 때문이다. 한남3구역이 시공사를 선정한 데 이어 2구역이 서울시 건축심의 문턱을 넘었다. 지지부진하던 남은 구역 사업도 속속 본궤도에 오르면서 용산구 한강변 일대 개발 기대감이 높아지는 상황이다. 한남뉴타운 재개발 사업이 완료되면 5개 구역에 1만200여가구 규모 한강변 최대 아파트 단지가 들어선다. 서쪽으로 동부이촌동, 동쪽으로는 한남더힐, 유엔빌리지 등 전통 부촌과 인접했다. 북쪽으로는 남산, 남쪽으로는 한강 조망이 가능한 입지다.

임대주택 비율 등 규제 눈여겨봐야

　하지만 기대와 걱정이 교차하는 시점이다. 장밋빛 전망만으로 투자했다가는 큰코다칠 수도 있다. 사업 도중 조합원 간 이해관계가 엇갈리거나 정부 규제 등 여러 가지 변수로 재개발이 지연될 가능성도 배제할 수 없다. 개발이 확정되면 매매가가 더 오를 수도 있겠지만 과거 경험으로 볼 때 단순히 기대감만으로 오른 곳들은 개발 무산 시 원상 복귀되기 마련이다. 등락이 심한 지역, 외지인 투기가 거센 곳, 거품이 많은 사업장은 피하는 것이 상책이다. 2021년은 부동산 장기 급등에 따른 부담감, 경기 변동성 확대 등 이른바 투자 리스크가 높아지면서 변곡점을 맞을 개연성이 크다. 재개발, 뉴타운 투자 전략도 단기 시세차익보다는 실수요자 입장에서 중장기적인 내집마련 목적으로 접근하는 신중한 자세가 필요하다.

3기 신도시 사전청약 눈길
1기는 리모델링 속도 낸다

양지영 R&C연구소장

▶ 집값에 영향을 주는 변수로 주택 공급을 빼놓을 수 없다. 정부의 잇따른 부동산 규제에도 불구하고 집값이 잡히지 않는 것은 '수급'이라는 근본적인 문제가 해결되지 않았기 때문이다. 수급 논리를 무시하고서 부동산 시장을 안정화할 수 없다. 이에 따라 정부는 수차례 수도권을 중심으로 한 주택 공급 정책을 발표했다. 2020년 8월 발표한 '서울 권역 등 수도권 주택 공급 확대 방안(8·4 대책)'까지 합치면 2028년까지 수도권에 128만가구 이상을 짓기로 했다.

공급 대책 중에서도 가장 주목되는 부분은 3기 신도시다. 3기 신도시 아파트 분양은 2021년 7월부터 시작된다. 3기 신도시는 2021년 7~8월로 예정된 인천 계양(1100가구)을 시작으로 9~10월에는 남양주 왕숙2(1500가구), 11~12월에는 남양주 왕숙(2400가구)과 부천 대장(2000가구), 고양 창릉(1600가구), 하남 교산(1100가구)의 사전청약이 진행된다. 입지로 보면 1기 신도시 분당, 일산, 평촌, 산본, 중동과 2기 신도시 판교, 광교, 위례 등보다 떨어져 보인다. 하지만 분양가는 아주 매력적일 것으로 본다. 정부는 3기 신도시 분양가를 주변 아파트 시세보다 최대 30% 낮은 가격에 책정할 계획이다. 당첨만 되면 수억원 시세차익을 얻는 셈이다. 강남만이 아니라 사실상 3기 신도시도 '로또 분양'인 셈이다. 상당수 무주택자가 3기 신도시를 기다리는 이유기도 하다.

2021년 3기 신도시 사전청약 일정		단위:가구
일정	지구	물량
7~8월	인천 계양	1100
9~10월	남양주 왕숙2	1500
11~12월	남양주 왕숙	2400
	부천 대장	2000
	고양 창릉	1600
	하남 교산	1100

분양가도 중요하지만 3기 신도시 공급 계획이 성공적으로 진행되려면 교통, 학교 등 인프라 구축에 따른 자족 기능 확보가 필요하다. 인프라 중에서도 교통 개발 계획이 중요하다. 3기 신도시 주 수요층이 될 수 있는 청년층과 신혼부부의 경우 대중교통 이용률이 높기 때문이다.

왕숙신도시 성공 열쇠는 무엇보다도 GTX B노선(송도~서울역~마석) 성공 여부다. GTX B노선이 개통되면 서울역까지 1시간 30분 이상 걸리는 출퇴근 시간이 20분 이내로 단축된다. 하남 교산신도시도 교통 개발 계획이 어떻게 진행되느냐가 큰 관심사다. 국토교통부는 지하철 9호선이나 고양선, 3호선 연장 사업 등 신도시 교통 대책을 2021년 초 신청해 상반기 중 끝낼 수 있도록 재정 관련 부처와 협의하기로 했다. 지하철 3호선과 9호선이 하남 교산신도시를 통과할 경우 2기 신도시인 판교신도시 못지않은 입지를 갖출 수도 있다.

고양 창릉신도시는 강남권은 아니지만 서울과 가장 가까운 지리적인 이점이 있다. 서울 은평구에서 직선으로 1㎞ 거리에 위치한다. 교통 계획으로는 지하철 6호선 새절역에서 고양시청역까지 잇는 경전철 노선인 고양선이 눈길을 끈다. 다만 식사 연장안(새절역~고양시청역~식사역)을 두고 LH(한국토지주택공사)와 고양시 간의 의견 차이가 있다는 점은 변수다.

인천 계양신도시는 계양테크노밸리가 조성되면 자족형 신도시로 개발될 수 있어 제2의 판교테크노밸리 조성 기대가 크다. 김포공항역(5, 9호선)과 부천종합운동장역(GTX-B, 7호선, 대곡소사선)을 잇는 S-BRT(고급형 간선급행버스체계)가 배치된다.

마곡, 계양과 연계한 '서부권 기업벨트 조성' 목표로 개발되는 부천 대장신도시 성공 여부는 역시 교통이다. S-BRT를 중심으로 한 광역교통체계를 구축한다는 계획이지만 부천시는 대장신도시 주민 교통 대책으로 제시된 S-BRT보다 원종 ~홍대선 지하철 노선의 대장신도시 연장 반영을 요구하고 있다. GTX D노선의 계획도 주목되는 부분이다. GTX D노선을 개통하면 김포, 검단 등 2기 신도시와 대장, 계양 등 3기 신도시, 서울 남부 주요 거점이 30분대에 연결된다.

지금까지 발표된 교통 인프라가 현실화된다면 3기 신도시 미래는 밝다. 무주택자 등 3기 신도시 예비 청약자들이 기대를 걸고 있는 이유도 정부가 1, 2기 신도시와 달리 3기 신도시에 철도 등 광역교통망을 제때 구축하겠다고 강조했기 때문일 것이다. 3기 신도시 예비 청약자 입장에서는 기대를 거는 만큼 준비해야 할 것도 많다. 우선 청약하고 싶은 지역을 정했다면 해당 지역으로 빠른 시일 내 이사를 해야 한다. 3기 신도시 입주자 선정 방식을 살펴보면 남양주, 고양, 하남 등 경기도의 경우 해당 지역 거주자(30%) 1순위, 경기도 거주자(20%)가 2순위, 서울 인천 거주자(50%)가 3순위에 해당한다. 선순위 청약에서 낙첨하더라도 다음 순위 선정 대상자에 포함되기 때문에 당해 거주자가 무조건 청약에 유리하다. 의무 거주 기간은 지역이나 투기과열지구 여부에 따라 다르다. 최대 2년인데 본청약 시점까지 거주 기간 요건을 충족하면 당해 지역 거주자로 인정된다.

1기 신도시 리모델링 속도 주목

3기 신도시 개발이 가시화되면서 자연스레 1, 2기 신도시 운명에 대한 관심도 커졌다. 기존 신도시 핵심 변수는 노후화다. 2기 신도시는 아직 개발 중이지만 1989년 수도권 주택난 해소를 위해 만들어진 1기 신도시는 조성된 지 30년이 지나 상당히 노후화됐다. 또한 주차, 교통 인프라 등 주거환경 개선도 여전히 풀어야 할 숙제다. 한국보다 앞선 1960~1970년대 신도시 건설에 나섰던 일본은 일부 신도시 아파트가 노후화돼 급격한 고령화와 쇠퇴 현상을 경험하고 있다.

주택난 해소를 위해 새로운 택지를 개발하는 것도 필요하겠지만 오히려 이미 인프라가 갖춰진 기존 신도시 관리가 주택난 해소에 더 큰 도움이 될 수 있다. 1991년부터 입주를 시작한 분당, 일산, 평촌, 중동, 산본 등 1기 신도시 아파트는 약 30만가구에 달한다. 정부가 3기 신도시 5곳을 포함해 수도권에 30만가구를 공급하기로 했으니 1기 신도시 아파트 재건축이나 리모델링만 잘 추진되더라도 수도권 집값 안정에 큰 도움이 될 수 있다. 특히 1기 신도시는 완성된 도시로서 인프라, 입지 등에서 3기 신도시보다 나은 조건을 갖춘 곳이 많아 서울 수요를 흡수할 만한 잠재력이 크다.

1기 신도시 아파트 재건축, 리모델링 활성화를 위해서는 용적률 상향이 불가피하다. 1기 신도시 중 상당수 단지가 조성된 지 30여년이 지났지만 평균 용적률이 200%가량으로 높아 재건축이 쉽지 않다. 특히 1기 신도시는 중대형 평형 가구 비중이 높다. 때문에 용적률을 350% 이상으로 올리면 15만가구 추가 공급이 가능해진다.

리모델링 추진 속도도 주목을 끈다. 재건축 규제가 집중되면서 1기 신도시 아파트 중 리모델링을 추진하는 단지가 꽤 많다. 이 단지들이 성공적으로 리모델링되면 별도 택지 개발 없이도 양질의 주택 공급이 가능하다. 현재 분당에서는 무지개마을4단지의 수평 증축 리모델링 설계안이 건축심의를 통과했고, 산본에서는 율곡주공아파트가 조합 설립을 위한 소유주 동의서를 받고 있다. 일산에서는 아직 시작 단계지만 문촌4, 16, 17단지, 강선14단지 등 지하철 3호선 주엽역~호수공원 인근 단지를 중심으로 리모델링 움직임이 일어난다.

임대차 3법 영향 전셋값 불안 전국 5%, 서울 10% 오른다?

김광석 리얼하우스 대표

▶ 2020년 전국 아파트 전세 가격은 상승세로 전환될 전망이다. KB국민은행에 따르면 전국 아파트 전세 가격은 9월까지 3.15% 상승했다. 전국 아파트 전세 가격은 2018년 0.6%, 2019년 0.65% 하락을 기록한 이후 2년 만에 상승세로 전환됐다. 전국적으로 전세 매물 부족 현상이 나타나는 상황이어서 2020년 전세 가격 상승폭은 더욱 커질 전망이다.

3기 신도시 대기 수요 몰려 전셋값 폭등 가능성

2020년 전세 시장은 전국적으로 봤을 때는 안정세라고 평가할 수 있겠지만 정부 정책에 따른 전세 시장 불안 조짐은 진행형이다. 2020년 들어 9월까지 서울 전세 가격은 5.29%, 수도권 평균은 4.52% 올라 2015년 이후 6년 만에 최고 수준 상승률을 기록한다. 2020년 초까지만 해도 전세 가격 폭등세를 우려할 만한 수준은 아니었지만 임대차 3법이 국회를 통과했던 8월 한 달 동안에만 전국 평균 1.07%, 서울은 2.09% 폭등했다.

임대차 3법은 전월세신고제, 계약갱신청구권제, 전월세상한제를 의미한다. 계약갱신청구권과 전월세상한제는 2020년 8월 시행됐고 전월세신고제는 신고 인 프라를 갖춘 2021년 6월 시행될 예정이다. 계약갱신청구권은 쉽게 말해 세입자 가 원하면 4년 동안 거주를 사실상 보장해주는 '4년 전세' 제도다. 전월세상한제 가 시행되면 증액할 수 있는 임대료가 직전 임대료의 5% 이내로 묶이는데 지방 자치단체가 5% 이내에서 자율적으로 결정할 수 있다. 기존 2년 계약이 끝나면 추가로 2년 계약을 연장할 수 있도록 '2+2년'을 보장한다.

집주인 입장에서는 한번 세입자를 들이면 4년이 되기 전까지는 쉽사리 보증금 을 올리거나 새로운 세입자를 들이기 어려워졌다. 때문에 4년간 상승분을 미리 반영해 전세금을 높게 내놓거나, 월세를 받는 식으로 전환될 것이라는 전망이 나 온다. 집주인은 초기 임대료를 자율적으로 정할 수 있어 4년마다 임대료 폭등 패 턴을 보일 가능성이 높다.

전국적으로 적용되는 임대차 3법 시행만으로는 서울, 경기, 대전, 세종 전세 가격 상승을 이해하기 힘들다. 이들 지역의 공통점은 최근 몇 년 동안 갭투자가 인기를 끌었다는 것이다. 정부 규제로 갭투자가 차단됨에 따라 전세 가격 상승 으로 이어진 것이라 본다. 갭투자란 매매 가격과 전세 가격 간 격차가 작을 때

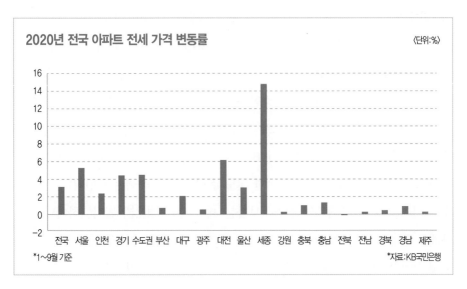

2020년 전국 아파트 전세 가격 변동률 〈단위:%〉

그 차이(갭)만큼의 돈만 갖고 집을 매수하는 방식이다. 직접 살지 않고 임대주택으로 공급하다가 집값이 오르면 매도해 차익을 실현하는 투자법이다. 갭투자로 매입한 주택은 전세 매물로 나와 전세 시장을 안정시키는 역할을 했다. 정부의 6·17 대책에 포함된 주택담보대출, 전세자금대출 등 대출 규제는 수도권 지역에서 '갭투자'로 자금이 흘러가는 것을 원천 차단하는 것에 초점이 맞춰졌다.

2021년에는 전세 가격 상승 요인이 하락 요인보다 크다. 전세 가격 상승 가능성이 가장 높은 지역으로는 서울이 손꼽힌다. 경기 지역 상승률도 만만치 않을 것이라 본다. 봄, 가을 이사철과 방학을 중심으로 전세 가격이 폭등할 가능성이 있다.

정부는 2021년 7월부터 3기 신도시 등 6만가구에 대한 사전청약을 계획한다. 국토교통부가 밝힌 사전청약 물량을 보면 3기 신도시 물량이 2만2000여가구에 달한다. 서울 용산 정비창의 1만가구 중 3000가구(2022년에 사전청약 예정)를 비롯해 노원구 태릉골프장이나 정부과천청사 부지 등도 2021년 하반기 중 사전청약이 실시될 전망이다. 사전청약은 모두 공공분양으로 무주택자에 우선 공급된다. 다시 말해 3기 신도시 사전청약의 당첨 확률을 높이려면 해당 지역에서 전세나 월세를 살고 있어야 한다는 것이다.

그런데 2021년 수도권 전세 물량은 충분치 않다. 부동산114에 따르면 2021년 서울아파트 입주 물량은 2만6129가구로 2020년(4만8754가구)에 비해 2만가구 이상 적다. 경기 지역 아파트 입주 물량도 10만1711가구로 2020년(12만4634가구)에 비해 2만여가구 감소할 전망이다. 이에 따라 3기 신도시가 들어서는 지역 전세 수요가 늘어날 것으로 예상하며 주변으로 전세 가격 상승세가 점차 확산될 것이라 본다. 특히 정부가 6·17 대책에서 재건축 조합원 자격을 얻기 위해 2년 이상 실거주 의무를 부여한 것도 전세 매물을 줄이는 요인이다. 재건축 추진 아파트는 보통 집주인 실거주보다는 세를 주는 경우가 많다. 하지만 정부 규제로 재건축 추진 가능성이 큰 아파트의 경우 집주인들이 조합원 자격 획득을 위해 실거주하면 전세 매물이 줄어든다.

　전세 가격은 폭락이나 폭등으로 한번 방향을 잡으면 관성을 갖고 한 방향으로 가는 경향이 있다. 때문에 정부 역할이 중요한 변수로 작용한다. 정부가 전세 가격을 잡는 정책을 내놓지 않는다면 서울 전세 가격은 10% 넘게 오를 가능성이 있다. 참고로 서울 전세 가격은 2020년 7월 1%, 8월 1.18% 올랐고 9월에는 상승폭을 키워 2.09%나 뛰었다. 서울과 비슷한 상황인 경기 지역도 10% 내외 상승이 점쳐진다. 다만 같은 경기도라도 편차가 클 것이라 본다. 3기 신도시 사전청약 전세 수요가 몰릴 것이라 예상하는 하남, 남양주, 과천 등은 눈여겨봐야 할 곳이다.

　수급 여건도 전세 가격 상승에 힘을 실어준다. 전국 아파트 입주 물량은 2020년에 비해 10만가구가량 감소한 26만4293가구로 예상한다. 2021년 지역별 아파트 입주 물량을 살펴보면 부산이 1만7625가구로 수도권을 제외하고 가장 많다. 이어 대구 1만6443가구, 전남 1만1678가구, 강원 1만13가구 순이다.

　이 중 입주 물량이 늘어난 곳은 세종(2068가구 증가), 대구(964가구 증가), 인천(761가구 증가) 3개 지역뿐이다. 경남(1만4004가구 감소), 부산(8259가구 감소), 충북(7838가구 감소), 광주(7084가구 감소) 등 나머지 14개 광역 지역 입주 물량은 크게 감소하는 것으로 나타났다.

　정부가 대출, 세제 등을 조이면서 기존에 매매로 넘어갈 사람도 전세에 눌러앉는 분위기를 고려하면 규제가 많은 지역 중심으로 전세 가격 상승이 두드러질 것이라 본다. 2020년 9월 기준 투기과열지구는 서울, 경기·인천 등 수도권과 대구 수성구, 세종, 대전 동구, 중구, 서구, 유성구 등이다. 투기 지역은 서울 15개 구와 세종 등이다. 입주 물량과 규제 등을 종합적으로 고려할 때 2021년 상반기 대도시 규제 지역 중심으로 전세 가격이 오르다가 하반기 전국적으로 확산될 가능성이 높다. 구체적으로는 대전, 세종, 울산에 이어 부산, 광주 등의 상승세를 예상한다. 2021년 하반기 전국적으로 전세 가격이 뛰어 평균 전세 가격 상승률은 5% 이상이 될 것이라 본다.

경기 침체로 매수세 꺾여 '흐림' 선임대 후분양 상품 투자 '맑음'

윤재호 메트로컨설팅 대표

▶ 2020년 수익형 부동산 시장은 '전강후약' 양상을 띠었다. 상반기에는 주택 시장 규제가 쏟아지면서 비교적 규제에서 자유로운 수익형 부동산 수요가 늘었다. 규제 문턱이 낮은 오피스텔, 상가 등 대체 투자용 부동산 상품이 풍선효과를 누리며 투자 수요가 급증했다. 상가, 오피스텔 등 상업·업무용 부동산 거래량은 2020년 1분기 15만6031건으로 2019년 1분기(14만4200건) 대비 8.2%(1만1831건) 늘었다. 하반기 들어 분위기가 달라졌다. 코로나19에 따른 사회적 거리두기 강화 등의 영향으로 상가와 오피스텔 거래량이 크게 줄었다. 분양가보다 낮은 가격으로 내놓은 상품도 투자자를 찾지 못했다.

2021년 수익형 부동산 시장은 어떻게 움직일까.

결론부터 말하면 경기 위축과 공급 확대 여파로 투자 환경이 움츠러들며 회복이 어려울 전망이다. 전국 오피스텔, 상가 투자 수익률이 하락하고 공실률 증가, 상가건물 임대차보호법 강화 등으로 투자심리가 저하된 상황에서 공급량 증가, 소비 위축 등 악재가 겹쳤기 때문이다. 또 비대면(언택트) 거래가 늘면서 오프라인 수익형 부동산 시장에 구조조정이 필요하다는 전망이 우세하다.

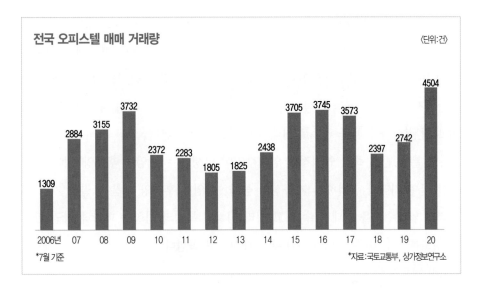

전국 오피스텔 매매 거래량 〈단위:건〉

*7월 기준
*자료:국토교통부, 상가정보연구소

오피스텔·상가 공급 과잉과 공실 우려로 가격 하락세도 두드러질 전망이다. 2020년 상반기 오피스텔 입주 물량만 3만3910가구에 이르고, 하반기에도 4만 127가구가 예정돼 있다. 2020년 상반기 상가 공실률은 12%로 역대 가장 높은 수치를 기록했다. 이런 현상은 코로나19에 따른 경기 침체와 월세 수요 감소, 공급 과잉 등이 영향을 줬다. 상가와 오피스텔 급매물도 쏟아져 2021년 수익형 부동산 투자 수요가 늘어나기는 힘들 것으로 본다.

꼬마빌딩·섹션오피스 인기 끌 듯

상품별로 보면 2021년 상가 시장은 경기 불황, 공급 과잉 등으로 공실이 증가하고 수익률, 거래량까지 감소하며 투자심리가 위축될 전망이다. 서울과 수도권 소규모 상가 공실률은 2020년 2분기 6%로 치솟았다. 2017년 1분기(3.9%)와 비교하면 3년 사이 2.1%포인트 늘었다. 전국 주요 상권 내 공실률 적체가 해소되지 않아 상가 가치가 떨어질 것이라는 우려의 목소리가 나온다. 게다가 새 상가건물 임대차보호법 개정안으로 임차인은 상가 주인에게 코로나19 등을 이유로 임대료 인하를 요구할 수 있게 됐다. 결과적으로 상가 소유주 입장에서 임대 수익률이 떨어질 수 있다는 의미여서 상가 거래 시장은 더 경직될 것이라는 분석이 나온다.

코로나19 이후 상가 소비 패턴이 오프라인에서 온라인으로 빠르게 전환하는 것도 변수다. 무점포 소매 인기가 올라가며 수요가 점차 줄어들 것으로 예상한다. 입지에 따른 양극화가 심해지면서 역세권 업무지구 내 소형 상가나 임대수익이 보장된 상가 급매물 위주로 거래가 이뤄질 것으로 본다.

특히 분양 받은 즉시 안정적인 임대수익이 발생하는 '선임대 후분양' 상가는 인기를 끌며 거래가 활발해질 가능성이 높다. 선임대 후분양 상품은 일정 기간 고정적인 임대수익을 기대할 수 있고 미리 임차인 특성과 성향을 파악해 상권 활성화 정도를 가늠할 수 있어 1순위 투자 대상으로 꼽힌다.

오피스텔 시장에도 찬바람이 불 전망이다.

그동안 오피스텔은 아파트를 대체하는 주거 상품으로 주택 규제 반사이익을 보며 거래가 활기를 띠었다. 하지만 2020년 8월 지방세법 개정안이 시행되며 주거용 오피스텔도 주택으로 간주돼 시장 분위기가 다시 얼어붙고 있다.

다만 1~2인 가구 증가로 수요가 늘어나는 역세권 청약 단지와 주택 공급이 적은 도심 오피스텔의 경우 주택 대체 상품으로 관심을 끌 가능성도 있다. 그중 원룸에 비해 희소성이 담보된 1.5룸 이상의 준중형 오피스텔이 인기몰이를 할 전망이다. 소형 신축 아파트 공급이 부족한 역세권 일대 준중형 오피스텔은 전세난에 지친 신혼부부와 1인 가구의 실거주 매수세가 이어질 것으로 본다.

비규제 수익형 상품으로 주목받는 섹션오피스(소형 사무실)와 레지던스(생활숙박시설)는 틈새 부동산으로 인기를 끌 것으로 본다. 주택 규제에서 자유로운 데다 업종 제한이 없고 1억~2억원대 투자금으로 투자가 가능해 진입 장벽이 낮은 것이 장점이다. 수익률도 기존 수익형 부동산에 비해 높아 투자자 관심이 크다. 주로 스타트업, 벤처 또는 기존 오피스빌딩에 입주한 기업을 지원해주는 소호시설이 주류를 이룬다.

최근 소액 수익형 상품으로 인기몰이 중인 지식산업센터는 분양 물량 증가와 미분양 적체로 공실 위험이 꾸준히 높아지고 있다. 수도권의 역세권 공단 지역과 대규모 업무단지 내 지식산업센터는 수요 증가로 거래가 활기를 띠지만 업무시설 인프라가 낙후된 지방 도시는 공실, 미분양 문제가 심각하다. 오피스 공실이 저층부터 이어지고 수익률도 점차 떨어지는 만큼 '옥석 가리기'는 불가피해 보인다.

창고 임대사업은 눈여겨볼 만하다. 지자체별로 창고시설 신축 허가를 축소하면서 신규 물량이 줄어 희소가치가 높아졌다. 다만 2020년 물류시설 공급은 사상 최대 규모인 약 200만㎡로 예상하며 이 중 절반 이상이 이천과 용인, 안성 등 수도권 남부 지역 중심으로 공급되고 있다. 이 때문에 이들 지역에는 단기적으로 공실률이 늘어나고 수익률도 감소할 것으로 전망한다.

부유층 투자 관심이 높은 꼬마빌딩은 2021년에도 인기를 끌 전망이다. 시중 유동자금이 규제가 적은 상품으로 몰리다 보니 꼬마빌딩 수요가 수년간 꾸준히 상승해 수도권 외곽 지역까지 투자자가 몰리는 양상이다. 꼬마빌딩은 주택에 비해 자금 마련이 쉽고 상대적으로 세금 부담이 덜한 것이 장점이다. 구분상가보다 공실 부담이 적고 실거래 가격 등 정보를 얻기 쉬워진 것도 투자 장벽을 낮추는 이유 중 하나다. 정리해보면 2021년 수익형 부동산 시장은 전반적인 '약세'를 띨 것으로 본다. 코로나19 확산에 따른 경기 불확실성이 커지고 주택 시장과 동반 위축될 것이라는 전망이 우세하다. 수익형 부동산의 자본 수익률이 하락한 가운데 거래량 역시 감소해 급매물이 늘고 폐업, 공실 증가 등으로 투자심리도 점차 위축될 것으로 예측한다.

수익형 부동산 시장은 전체적으로 하향 안정세가 예상되는 만큼 보수적으로 투자하되 수요자 특성에 맞게 전략을 짜야 한다. 수익형 부동산은 미래가치 상승보다 매월 안정된 수익 발생이 목표이기 때문에 입지나 수요, 상주인구 등을 꼼꼼히 살펴 투자 리스크를 줄여야 한다. 경기 침체가 예상될수록 선임대 후분양, 할인 분양, 급매물 등을 눈여겨볼 필요가 있다. 대출 부담을 줄이고 보수적 투자를 통해 현금 비중을 늘리는 전략이 주효하다.

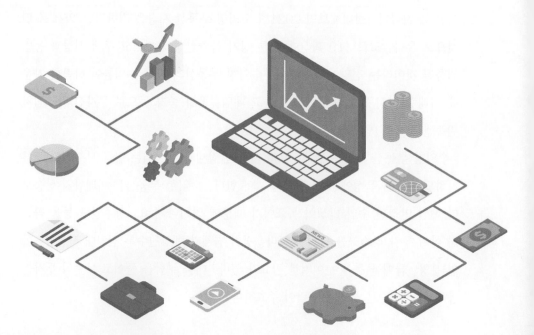

VII

2021
매경 아웃룩

어디에
투자할까

주식

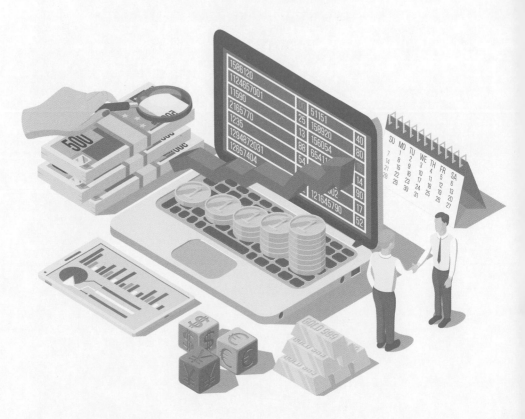

어디에
투자할까

화웨이 제재 수혜주 주목
폴더블폰 시장 안착 원년

스마트폰 | 5G · 폴더블폰 확대, 화웨이 제재도 이슈

박강호 대신증권 수석연구위원

2020년 글로벌 스마트폰 시장(판매량)은 코로나19 영향으로 4년 연속 역성장을 예상한다. 5G폰 교체 수요를 기대했으나 사회적 거리두기로 유통점 영업 중단, 미국과 중국의 무역 분쟁으로 화웨이 스마트폰 판매 둔화로 인해 9.5%(전년 대비) 감소를 추정한다.

업계 희비는 엇갈렸다. 애플은 가격이 낮은 아이폰SE 후속 모델을 출시, 판매량 위축을 방어했다. 삼성전자는 2020년 3분기 화웨이 제재 반사이익, 코로나 19 기저효과(2분기 판매 부진)에 힘입어 높은 판매량을 기록했다. 반면 중국 스마트폰 업체는 글로벌 점유율 확대 실패와 화웨이 경쟁력 약화로 점유율 하락이 불가피했다.

2021년은 코로나19 영향으로 등장한 언택트 환경이 일상화될 것이다. 언택트 생태계의 핵심은 5G와 폴더블폰이다. 5G는 고주파 영역을 활용하여 대규모 데이터 전송에 유리하고 폴더블폰은 넓은 디스플레이 덕분에 스마트폰 활용성을 높여주기 때문이다.

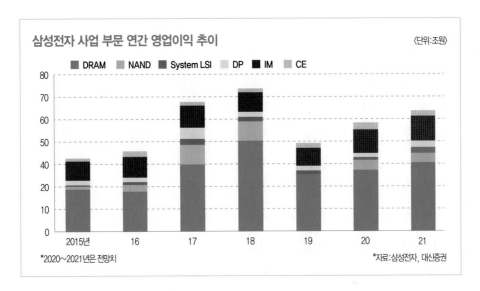

삼성전자 사업 부문 연간 영업이익 추이 〈단위:조원〉

■ DRAM ■ NAND ■ System LSI ■ DP ■ IM ■ CE

*2020~2021년은 전망치 *자료:삼성전자, 대신증권

　실제 5G · 대화면 스마트폰 확대로 B2C 영역에서 비대면 환경이 활발하게 진행된다. 음식점의 방문보다 온라인(스마트폰 중심)으로 포장 주문 비중이 증가했다. 모바일 쇼핑을 통한 유통 형태 변화도 본격화한다. 학교와 회사의 재택 전환으로 온라인 교육(근무), 화상회의, 콘퍼런스콜 형태로 업무가 진행되면서 스마트폰의 활용이 이전 대비 활발해지고 있다. 이제 스마트폰은 언택트의 핵심이다.

　2021년 글로벌 스마트폰 시장은 9.7%(전년 대비) 성장을 예상한다. 이유는 3가지다. 우선 코로나19 영향 감소로 2020년 기저효과가 기대된다. 다음으로 글로벌 정부의 5G 관련 인프라 투자가 본격화됐다. 5G폰으로 교체 수요가 늘어날 전망이다. 마지막으로 삼성전자가 폴더블폰으로 프리미엄 전략을 선택, 규모 경제 준비와 마케팅 집중으로 신규 수요를 창출할 것으로 본다.

　2021년 글로벌 스마트폰 시장의 특징은 점유율 변화 가능성이다. 미국의 제재로 중국 화웨이의 스마트폰 판매량은 큰 폭의 감소를 예상, 프리미엄 영역에서 삼성전자와 애플의 반사이익, 중국에서 샤오미, 오포, 비보 등 중국 내 점유율 상승을 예상한다. 또 코로나19 이후 글로벌 정부가 경기 부양 과정에서 5G 관련 인프라 투자가 핵심으로 평가된다. 비대면과 온라인 결제 생태계 구축을 위해

5G폰으로 전환 교체하는 수요를 예상한다. 코로나19로 가속화된 스마트폰 활용은 하드웨어 중심의 IT 기업보다 전통적인 유통, 운송, 금융, 서비스업체에 새로운 변화를 요구한다.

2021년 5G폰과 폴더블폰 등 새로운 스마트폰은 전통적인 사업 생태계에서 벗어나 언택트 환경과 접목으로 새로운 비즈니스 창출, 시장의 융복합과 재편의 가속화를 가져올 것이다. 2007년 스마트폰이 출시된 이후에 처음으로 외형 변화가 본격화될 2021년 폴더블폰 시장의 개화는 중요한 이슈라고 평가한다. 미국과 화웨이의 분쟁 지속으로 화웨이 스마트폰 사업이 둔화되면 한국, 애플에 새로운 성장 기회를 부여할 것으로 판단한다.

이에 따라 2021년 글로벌 스마트폰 시장·부품 산업에서 주요 이슈와 전망은 3가지로 정리가 가능하다.

첫째, 중국 화웨이 스마트폰 사업의 위기인 동시에 삼성전자, 애플과 중국 내 다른 경쟁업체에 반사이익을 기대한다. 화웨이는 스마트폰에 들어가는 에이피(AP), 올레드(OLED) 디스플레이, 반도체(디램, 비메모리) 등을 원활하게 공급받지 못하면 생산 차질이 불가피하다. 자체 AP 생산에 실패하고 중국 파운드리 업체 SMIC에 미국 제재가 진행되면 중국 내 스마트폰 부품 공급망의 균열을 예상한다. 화웨이의 스마트폰 생산 축소·판매 약화는 삼성전자와 애플 등 글로벌 상위업체에 스마트폰 판매량 증가, 마진율 개선 측면의 반사이익으로 연결될 것이다.

둘째, 폴더블폰 시장이 본격화될 것이다. 2021년 삼성전자는 다양한 폴더블폰 라인업 강화·가격 인하 정책을 동반하여 스마트폰 신규 수요 창출을 기대한다. 갤럭시노트의 차별성이 적어진 시점에서 갤럭시S시리즈와 갤럭시노트의 통합, 갤럭시폴드의 시장 안착, 경쟁사 대비 프리미엄 라인업의 차별화를 목표로 폴더블폰 시장 개화에 초점을 맞출 것이다. 안정적인 공급망과 삼성전자 프리미엄 브랜드를 감안하면 다양한 형태의 폴더블폰 출시로 프리미엄 영역에서 교체

휴대폰 성장 시기별 특징

서비스명	주기능	성장 드라이브	대체 시장	주도권
1세대 (1997~2008년) 피처폰	모빌리티(음성, 문자)	Mobile 디자인(바, 폴더, 슬라이드)	집전화(유선), 무선호출기	노키아(가격), 삼성전자(H/W), 상위 5개사(디자인)
2세대 (2008~2020년) 스마트폰	인터넷, SNS, 게임	인터넷(속도), APP, 운영체제(OS, 생태계), 카메라, 디스플레이 결제(카드 대체)	디지털카메라, MP3, 내비게이션, 게임, PC 일부 영역	애플(App, OS), 삼성전자(H/W), 상위 2개사(브랜드)
3세대 (2020년~) 5G · 멀티미디어	동영상, PC 기능, 정보 분석 매개체	Flexible(대면적), 태블릿 · PC 기능(생산성), 정보 분석(웨어러블 등), 5G, 사물인터넷(IoT)	7~9인치 태블릿 PC, PC · TV 일부 영역, 자동차, 인포테인먼트	애플, 삼성전자, 중국업체

수요를 선점할 것으로 판단한다. 5G 확대와 스트리밍 콘텐츠 수요 증가(OTT, 공유경제 서비스 등)가 대화면에 적합한 폴더블폰 구매로 이어질 가능성이 많다.

애플도 2023년에 폴더블폰 시장에 진출 전망, 중국 스마트폰업체는 프리미엄 모델 비중 확대 · 수익성 확보 측면에서 폴더블폰 초기 시장에 적극적으로 참여할 것이라 예상한다. 시장 확대로 폴더블폰 생태계 다변화, 부품 공급망 구축과 원가 경쟁력 확보로 스마트폰 제조업체는 다양한 가격과 형태의 폴더블폰을 출시할 것으로 추정한다.

셋째, 폴더블폰과 5G폰 비중 증가에 따라 반도체, 반도체 PCB, 카메라모듈, 손떨림보정장치(OIS), MLCC 등 주요 부품의 평균 공급 가격이 상승할 것으로 예상한다. 5G는 6Ghz, 28Ghz 영역의 고주파를 사용한다. 재료 특성 변화로 이전 대비 사양이 상향된 주요 부품이 필요하다. 폴더블폰은 정밀한 작업이 필요하기 때문에 초소형, 미세화된 부품이 필수다. 이런 변화에 따라 시장 역시 대응할 것으로 본다.

종합하자면, 5G · 폴더블폰의 교체 시점에서 화웨이 브랜드 인지도 하락, 판매량 감소를 예상한다. 삼성전자는 전체 스마트폰 판매 증가 속에 프리미엄 스마트폰의 비중 확대로 글로벌 시장에서 점유율 확대를 가져올 것이다. 화웨이의 스마트폰 판매 둔화가 현실화되면 글로벌 스마트폰 시장 구도는 삼성전자와 애플만의

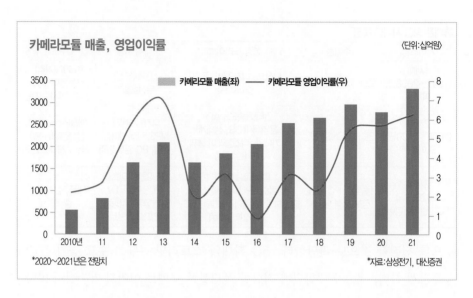

카메라모듈 매출, 영업이익률 〈단위:십억원〉

■ 카메라모듈 매출(좌) ── 카메라모듈 영업이익률(우)

*2020~2021년은 전망치

*자료:삼성전기, 대신증권

성장 주도로 전환된다. 화웨이를 제외한 다른 중국 스마트폰업체(샤오미, 오포, 비보)는 중국에서 점유율 경쟁 심화로 글로벌 시장에서 판매량 증가에 한계를 보일 전망이다. 5G폰과 폴더블폰으로 전환 과정에서 프리미엄 영역에서는 브랜드 차별화를 한 삼성전자와 애플만이 수혜를 볼 것이다. 삼성전자는 폴더블폰 전환에 유리한 OLED 플렉서블 디스플레이 기술·생산능력 보유, 다양한 형태의 폴더블폰 출시 전략을 구현 가능하다. 애플은 차별화된 운영체제(OS)를 갖고 있으며, 충성심이 강한 소비자, 생태계 확보로 5G폴더블폰 교체 과정에서 유리한 위치를 점할 것으로 본다.

반도체·부품

4차 산업혁명 핵심, 고성능 반도체 눈길

박강호 대신증권 수석연구위원

공급망 차원에서 반도체·부품은 호재가 많다. 글로벌 반도체업체는 2020년 코로나19 이슈로 중국의 공급 의존도(부품 조달 측면) 축소 차원으로 한국 부품업체에 신규로 공급을 요청하여 한국 생산 비중이 증가할 것으로 본다. 한국 부품업체는 애플·인텔·퀄컴 등 신규 고객 거래 비중이 이전 대비 증가할 가능성이 높다. 특히 적층세라믹콘덴서(MLCC) 산업은 가동률 상승과 평균 공급 가격 상승으로 수익성 개선이 다른 부품업체 대비 높을 것으로 추정한다. 일본의 무라타, TDK와 한국 삼성전기는 시장의 차별화로 경쟁 지양 속에 각각 높은 성장세를 기대한다.

반도체 PCB는 고기술 요구한 FC BGA, FC CSP 계열의 반도체 PCB 수요 증가를 예상한다. 특히 반도체 PCB 분야 중 고도의 기술이 필요한 FC BGA는 서버·네트워크 시장 확대로 CPU 분야에서 활용 범위가 증가할 것으로 본다. 또한 자동차의 전장화 및 자율주행 기능 추가로 자동차용 CPU 시장의 성장도 예상한다. CPU 계열은 FC BGA 기술 적용이 필수적이다. 모바일 영역과 융합 가능성을 반영하면 장기적으로 반도체 PCB 기술은 FC BGA 적용을 요구하게 될 전망이다. 삼성전자가 퀄컴, 엔비디아 등으로 신규 반도체를 수주하면서 국내 반도체 PCB업체 가동률은 높은 수준에서 유지될 것으로 본다.

카메라 모듈업체는 가격 경쟁이 심화될 것으로 본다. 삼성전자 중견 카메라모듈업체 간 가격 경쟁이 이전 대비 심화, 다른 거래선 확보 점유율 확대 노력이 필요해질 전망이다.

애플도 폴더블폰으로 전환되기 이전인 2021년 주요 부품의 공급 이원화를 추진하여 가격 인하를 요구할 것으로 예상한다. 폼 팩터(형태 변화)가 적은 시기에 스마트폰 제조업체의 수익성 확보 차원으로 본다. 다만 화웨이 제재가 장기화되면 프리미엄 영역에서 판매량 증가가 이를 상쇄해 가격 인하 요인을 판매 증가로 메울 수 있다.

금융그룹株 PBR 역대 최저
2021년 반전 기대해볼 만

서영수 키움증권 연구위원

▶ 코로나19 사태라는 어려운 환경에서도 2020년 2분기 국내 4대 금융그룹의 ROE(자기자본이익률)는 7.8%로 국내 산업 평균과 비교해보더라도 매우 높은 수준을 기록했다. 같은 기간 전 세계 주요 금융회사가 부진한 실적을 기록한 것을 감안하면 긍정적으로 평가할 만하다. 그럼에도 은행그룹 주가는 심각한 수준을 넘어 참담한 수준이다. 지난 1년간 은행그룹 주가는 28.1%, 시장 대비 33.7% 하락했다. 투자 기간을 2010년까지 잡더라도 은행주는 여전히 부진하다. 매년 막대한 이익을 달성함에도 43% 하락, 주요 업종 가운데 가장 낮은 주가수익률을 기록했다. 그 결과 올해 예상 이익을 기준으로 한 PER(주가수익비율)은 5.5배, 주당순자산가치와 주가의 갭을 설명하는 PBR(주가순자산비율)은 이제 0.35배로 역사적 최저 수준에 근접해 있다.

기간을 길게 보면 투자자 판단, 즉 주가가 기업의 미래를 맞추는 경우가 많다. 따라서 이렇게 은행주 주가 부진이 장기화되는 이유는 일시적인 현상보다는 구조적인 요인일 가능성이 높다. 즉 은행산업의 근원적 문제가 해결되지 않는다면 실적과 무관하게 2021년에도 부진한 수익률을 이어갈 수밖에 없다는 설명이다.

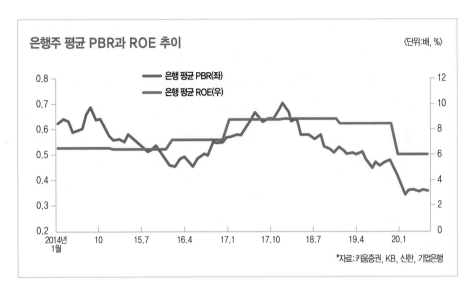

은행주 평균 PBR과 ROE 추이 〈단위:배, %〉

그래도 달이 차면 기울고 기울면 차기 마련이다. 은행산업은 대표적인 경기 순환적 산업이자 절대 도산할 수 없는 전형적인 규제산업이라는 점을 고려해본다면 2021년은 반전을 기대해볼 만하다.

필자는 향후 은행업종 주가의 변수를 그동안 은행주를 짓눌렀던 악재에서부터 찾아보겠다. 현재 시장에서 인식하는 부정적 사안이 해소되지 않는다면 주가 약세가 지속될 것이며 반대로 해소될 수만 있다면 높은 주가 상승을 기대할 수 있기 때문이다.

금융의 디지털화가 은행산업의 종말을 초래할까?

금융의 디지털화 시대가 도래했다. 웬만한 공무원이나 대기업 직장인이라면 누구나 스마트폰을 이용해 3분 만에 최대 소득의 두 배, 2억원까지 손쉽게 대출을 받을 수 있게 됐다. 반나절 이상 소요됐던 전세자금대출 역시 지점 방문 없이 온라인상에서 단 몇 시간 만에 가능하다. 여기에 마이데이터사업을 도입하면 주택담보대출까지 기존 대출을 보다 더 금리가 낮은 대출로 손쉽게 전환(대환대출)이 가능해진다. 다시 말해 금융의 디지털화는 소비자의 금융 접근성을 높이는 한편

금리와 수수료를 낮춤으로써 소비자 효용을 높일 수 있다. 이런 이유로 이전 정부뿐 아니라 현 정부도 금융의 디지털화를 적극 추진한다.

현재 한국 정부는 전 세계 주요 선진국에서 아무도 하지 않는 금융 부문의 규제 혁신, 그리고 데이터산업의 혁신을 처음으로 주도하고 있다. 분명히 이는 은행산업에 부정적인 사안이다. 인터넷전문은행 신규 허가에 이어 디지털 금융 규제 완화는 사실상 은행산업의 진입 장벽을 완벽히 허무는 것과 같기 때문이다.

여기서 한 가지 간과한 것이 "금융은 자동차와 같은 소비재를 생산하는 제조업과 다르다"는 점이다. 자동차 같은 제품은 가격이 아무리 떨어진다 해도 한 사람이 차를 두 대 이상 소유하기 쉽지 않다. 그러나 대출은 다르다. 금리가 0% 수준으로 떨어지고 원금을 갚지 않는다고 전제하면 대출을 당분간 갚지 않아도 되기 때문에 수요는 무한대로 늘어나기 때문이다. 실제 금융의 디지털화는 은행 간 경쟁 심화를 초래했으며 정부의 저금리 정책과 맞물려 가격(금리) 하락을 촉발했다. 그러나 자본이 있어야 대출을 할 수 있는 제약 조건으로 인터넷전문은행이 시장의 판도를 뒤바꾸지는 못했으며 기존 은행 역시 대출을 공격적으로 늘려 마진 하락을 충당해 수익을 보전했다. 금융은 단순히 효용만 극대화하는 일반적 소비재가 아니라 향정신성의약품같이 없어서는 안 되지만 또한 과도하게 이용해서도 안 되는 특수재와 같다.

이런 이유로 금융당국도 이전과 다른 입장을 보이기 시작했다. 지급결제사업을 은행과 같은 선상에서 별도의 허가사업으로 지정, 은행과 동일한 수준의 규제를 준비한다. 핀테크사 전유물로 여겼던 마이데이터사업 역시 금융회사에도 허용, 적어도 차별적 규제는 없애려는 입장이다. 금융 데이터만 전부 공개해야 했던 데이터 공유 범위 역시 플랫폼회사, 유통회사가 보유한 주문 정보까지 공개하도록 함으로써 핵심 데이터 생산업체인 카드사를 중심으로 데이터 서비스회사로의 진화도 가능해진 것이다. 동일한 규제가 적용된다면 자산 400조원, 자기자본 25조원(4대 금융지주 평균)의 초대형 금융회사가 유리할 수밖에 없다.

부동산 시장 침체 은행산업의 위협 요인인가?

지금까지 전 세계 주요 정부가 가장 많이 활용한 경기 부양책은 부채를 이용해 미래(세대)의 소득을 사용하는 것이다. 2008년, 2012년 금융위기 이후 유럽, 일본, 미국 등 대부분 선진국은 민간부채보다는 정부부채 주도로 경기를 부양해 왔다. 반면 한국은 정부부채보다는 민간부채 즉, 가계부채를 주로 이용한 결과 전 세계 주요 선진국 가운데 가장 부채 위험이 높은 국가가 됐다. 부동산 가격 급등은 민간부채 주도 성장 정책을 수정하지 않는 한, 피하기 어려운 부수적 결과라고도 볼 수 있다.

은행 입장에서 볼 때 부동산 가격 상승은 부동산 금융을 주도하는 은행의 수익을 늘린다는 점에서 긍정적이다. 경제 여건 악화에도 은행이 사상 최대 이익을 연일 경신하는 이유도 여기에서 비롯된다. 그러나 주주 입장에서 볼 때 반드시 긍정적으로만 보기 어렵다. 은행이 수요에 맞는 대출 성장률을 유지하려면 추가 자본이 필요한데 이를 충당하기 위해 은행은 배당을 줄이기 때문이다. 이뿐 아니다. 무리한 대출 증가(가계부채 증가)는 자산 버블을 초래할 수밖에 없으며 궁극적으로 가격 하락 위험을 높인다. 가격이 일시적으로 급락할 경우 금융 부실이 급격히 늘어날 수 있다는 것은 과거 사례를 통해 이미 인지한 사실이다. 이 점이 은행이 사상 최대 이익을 내면서도 제대로 평가를 받지 못하는 근원적 이유다.

2021년은 대선을 앞둔 해다. 성장보다는 안정이 더 절실한 시기다. 정부는 부동산 시장 안정을 경제의 핵심 정책으로 삼을 것이며 이를 위해서는 부채의 구조조정이 불가피해 보인다.

정부 정책이 일시적으로 버블 국면에 진입한 일부 지역 주택의 가격 조정을 초래할 수 있다. 하지만 여전히 정부는 소방수 역할을 포기하지 않을 것이다. 가격 급락이 장기화될 경우 금융산업, 나아가 내수 경제에 미치는 피해가 적지 않은 이유에서다. 따라서 자산 가격 안정화, 부채의 점진적 구조조정 환경에서 은행의 투자 위험이 크게 줄어들 수 있다. 대출 성장률이 하락함에 따라 자본에 대한 부담

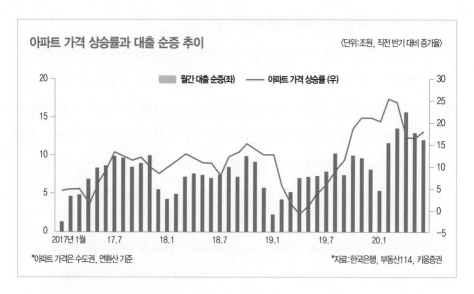

아파트 가격 상승률과 대출 순증 추이 〈단위:조원, 직전 반기 대비 증가율〉

월간 대출 순증(좌) ─── 아파트 가격 상승률 (우)

*아파트 가격은 수도권, 연환산 기준   *자료:한국은행, 부동산114, 키움증권

이 감소할 것이며 경쟁 완화로 가격(마진) 하락폭도 둔화됨으로써 이익의 안정성도 높아질 것이다. 이는 배당 여력 증가의 요인으로 장기적으로 은행주 주가에 긍정적인 요인이다.

은행그룹의 선진국형 지배구조로의 변화, 우리도 달성 가능할까?

정부가 가계부채 주도 경기 부양책을 선택하는 순간 은행에 산업적 역할보다는 경기 부양 역할이 우선시될 수밖에 없다. 역대 정부가 경영평가라는 명목 등으로 금융회사 경영에 일일이 개입하는 한편 진입 규제를 둬 산업을 보호하고 금융에 대한 소비자 보호보다는 소비자 접근 권한 확대 중심의 정책을 전개한 것은 피할 수 없었던 선택일지도 모른다.

그러나 더 이상 과거의 시각과 잣대로 금융을 접근하기 어려운 시대가 됐다. 가계부채 주도 성장이 한계에 도달하면서 은행의 경기 수단 필요성이 크게 줄어든 데다, 연쇄적인 사모펀드 환매 중단 사고, 지역 간 부동산 버블 심화 등 이 과정에서 발생한 부작용은 감내하기 어려운 국면에 접어들었다. 새로운 금융 환경으로 변화를 촉발한 것은 DLS, 사모펀드 등 불완전 판매에 대해 소비자 보호 기능을 강화한 데 있다. 즉 금융당국의 역할이 금융에 대한 소비자 접근성 확대 중심에서 소비자 보호 중심으로 전환하기 시작한 것이다.

금융당국의 금융소비자 보호 중심의 정책 전환은 비은행 이익 감소, 비용 증가를 유발해 은행업종 주가에 부정적일 것이라는 시각이 많다. 그러나 이 사안은 장기적으로 은행 주가에 매우 긍정적일 것이다. 정부의 영향력 축소는 가격 상승으로 인한 은행 이익의 안정성을 개선할 수 있으며 나아가 배당 성향을 높이는 요인으로 작용할 수 있는 이유에서다. 과거처럼 감독당국이 창구 지도 방식으로 배당금을 통제하고 은행 경영진이 이를 받아들이는 시대는 마무리됐다. 선진국과 같이 감독당국은 스트레스 테스트를 통해 적정 자본을 유지하도록 제시하고 이를 준수하도록 하는 방안이 대안이 될 것이다.

아울러 지배구조 개선을 추진하는 정부 정책 기조 또한 은행업종 주가에 긍정적인 역할을 할 것으로 기대한다. CEO 중심 지배구조를 이사회 중심으로, 나아가 소수 주주 권한을 강화하는 내용이다. 장기적으로 미국 등 선진국 방식 지배구조 체계로 전환하게 되는 계기가 될 것으로 판단한다. 이와 같은 지배구조 변화는 정부 개입 축소와 함께 당연히 은행업종 주가에 매우 중요한 호재다. 이사회 중심으로 경영권이 분산, 이전될 경우 정부 개입 축소와 함께 주주의 권한이 강화될 것이기 때문이다. 즉 이사회의 적극적 경영 개입으로 과거와 같은 무리한 투자, 불완전 판매 등 비합리적 의사결정이 줄어들 것이며 이는 이익의 안정성 제고, 배당성향이 상향으로 연결될 것이다.

한편 지난 9월 추진한 신한지주 지배구조 변화 역시 전체 금융회사 지배구조 변화를 촉발하는 변수가 될 것이다. 신한지주는 유상증자를 통해 외국계 또는 사모펀드가 선임한 사외이사가 이사회의 절반 이상을 차지할 수 있도록 허용했다. 아울러 적정 자본비율을 충족한 이후 분기배당, 자사주 매입 등 선진국식 자본 전략을 추진할 것을 발표했다. KB, 하나 등 여타 금융그룹도 뒤따를 것으로 예상한다.

수요 회복에도 공급 과잉 여전
신재생 에너지 시대 본격화

화학 · 정유

정유는 공급 과잉, 화학은 업황 회복 기대

손지우 SK증권 연구위원

2020년 정유 · 화학 시황은 일괄되게 표현하기 어려울 정도로 방향성이 크게 갈렸다. 코로나19라는 예상치 못한 대외적인 악재는 동일하게 영향을 받았지만, 정유는 사상 최악이라고 할 만큼의 침체를 경험한 반면 화학은 생각보다 이른 시점에 반등하며 오히려 3분기부터는 호황 수준 이익률을 보였다.

일단 2020년부터 간략히 정리를 해보자. 정유 4사의 2020년 상반기 합산 영업손실은 5조원을 초과했다. 당연히 이는 정유사업 역사상 최대 손실에 해당했다. 단순히 영업손실에만 그친 것이 아니다. 대규모 손실이 발생한 만큼 사업 근간이 되는 자본(Equity)까지 손실되는 상황에 이르렀다. 2020년 2분기 기준 SK이노베이션 자본은 15조8000억원으로 2019년 말 19조8000억원에서 4조원가량 줄어들었다. 비단 이노베이션뿐 아니다. GS칼텍스 9조7000억원(2019년 말 11조원), S-Oil 5조5000억원(2019년 말 6조2000억원), 현대오일뱅크 5조원(2019년 말 5조4000억원)으로 모든 기업 자본이 의미 있는 폭의 감소세를 보였다.

불과 1년여 전만 하더라도 호황을 누리던 정유업계가 이런 불황에 빠지게 된 이유로는 코로나19 발발로 인한 예상치 못한 수요 감소 때문이다. 미국 석유·정유업계 데이터를 보면 어렵지 않게 확인되는 부분이다. 미국 정유업체 가동률은 늘 85~90% 수준을 유지하고 있었는데, 코로나19의 직접적인 영향이 발생한 4월에는 65% 수준까지 급격히 하락했다. 그만큼 수요가 급감했다는 뜻이다. 물론 이후로는 어느 정도 회복이 되는 듯했지만, 하반기 들어서는 허리케인 영향과 동반해 재차 하락하면서 75% 수준에 머물고 있다.

더욱 놀라운 것은 미국 산유량이 하루당 1300만배럴에서 1000만배럴 내외까지 급격히 하락했음에도 불구하고 원유 재고는 지속적으로 증대됐다는 사실이다. 쉽게 이야기하자면 생산(산유량)이 줄어들었음에도 수요(정유 가동률)가 더욱 좋지 못해 총체적인 재고(원유 재고)는 오히려 상승했다. 그만큼 코로나19로 인한 수요 위축이 컸다는 사실을 인지할 수 있다.

다만 단순히 원인을 코로나19에서만 찾을 수는 없다. 지난해 이후 지속적으로 경고됐던 정유의 공급 과잉 또한 큰 영향을 미쳤다. 사실 정유업황을 가장 직접적으로 이야기해줄 수 있는 복합정제마진은 이미 코로나19의 영향이 확산되기

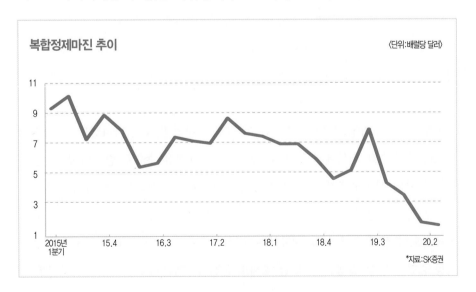

복합정제마진 추이 〈단위:배럴당 달러〉

*자료:SK증권

이전인 2019년 4분기부터 급락했다. 지난 10년 내 최저 수준인 배럴당 2달러 이하까지 하락했다. 더 정확히는 2019년 하반기 1회적으로 발생한 사우디 피폭 사태에 가려서 그렇지, 2018년 이후로는 추세적인 하락세가 공급 과잉 영향 때문에 이어지고 있었다. 2020년은 연간 내내 이 정도 수준에 머물고 있는데, 그렇게 본다면 단순히 정제마진 초약세가 코로나19에 따른 수요 위축 때문만은 아님을 알 수 있다. 'GlobalData'는 수년 전부터 정유의 공급 과잉 상황을 경고했고, 2023년까지는 매년 연간 4%가량 신규 설비 진입이 중국을 중심으로 이뤄진다고 분석한 바 있다.

또 한 가지 빼놓을 수 없는 것이 있다. 바로 IMO2020이다. 2019년 내내 정유업계 기대 요인으로 지목됐던 IMO2020은 별다른 의미가 없다는 것이 점점 확인되고 있다. 강세를 기대했던 디젤, 약세가 나타날 것으로 기대했던 벙커의 스프레드(Spread)는 오히려 거꾸로 가고 있으니 말이다. 역사상으로도 보기 드물게 2020년에는 오히려 디젤과 벙커의 스프레드가 거의 근접하는 상황까지 벌어졌다. 앞으로도 IMO2020이 원유 수요 변동에 의미 있는 영향을 미칠 수 있을지는 미지수다.

반면 화학은 호황에 가까운 국면이 나타났다. 플라스틱 계열 대표 주자라 할 수 있는 폴리에틸렌(PE · Polyethylene)과 폴리프로필렌(PP · Polypropylene)뿐 아니라 페놀, ABS, PS 등의 합성수지 등 많은 제품에서 스프레드 확대 국면이 나타났다.

그럼에도 불구하고 2020년 1분기 이후 빠른 시황 반등이 나타났던 것은 일단 코로나19의 수요 회복에서 찾을 수 있다. 정유는 석유 수요로 한정된 만큼 큰 회복세를 보이지는 못했지만, 플라스틱 수요와 연관된 화학은 그보다 탄력적으로 수요 회복이 나타났다.

한국 화학 설비에 큰 영향을 미치는 중국이 상반기 중 코로나19 영향으로 설비 가동 중단을 다수 진행한 것 또한 호재로 꼽힌다. 때문에 LG화학 화학사업부 영

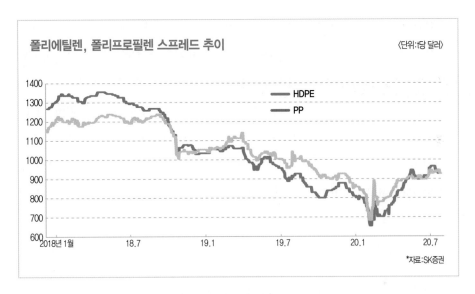

폴리에틸렌, 폴리프로필렌 스프레드 추이 〈단위:t당 달러〉

업이익률은 이미 2020년 2분기 13.1%를 기록해 2017년 호황 때 수준을 기록하기도 했다. 한화솔루션 원료(화학)사업부는 2020년 2분기 11.1%, 금호석유는 2020년 2분기 11.7%를 기록했다. 롯데케미칼은 자체적인 설비 문제로 그만큼의 이익 수준을 보이지는 못했지만, 대표 화학 기업들은 2분기부터 이미 좋은 이익률을 기록했다.

2021년은 어떨까. 정유는 코로나19 악영향이 완화될 경우 일부 수요 회복이 나타나겠지만, 공급 과잉 악재는 여전할 것으로 전망한다. 유가 역시 현재의 거시 환경에서는 상승세를 기대하기 어렵기 때문에 침체기가 조금 더 지속될 가능성이 높다. 따라서 상당 폭 하락한 주가는 어느 정도 회복을 기대할 수 있겠지만, 현재 시황을 본다면 그 폭에 대해서는 의문 부호가 붙을 수밖에 없다.

게다가 조금 더 긴 호흡에서 본다면 4차 산업혁명 도래에 따른 탈석유 시대를 계속해서 걱정해야 한다. 4차 산업혁명 총아인 인공지능은 전기를 기반으로, 즉 가스와 신재생 에너지를 기반으로 구동이 된다. 2020년 주식 시장에서 배터리와 신재생 에너지가 매우 뜨겁게 각광받은 현상을 펀더멘털 측면에서 본다 해도 쉬이 간과할 부분은 아니다. 이익은 사이클을 따라 돌아올 수 있지만, 미래가치에 조금 더 민감한 주가는 그와 다르게 움직일 수 있다는 사실을 간과해서는 안 된다.

화학은 2020년 중 시황의 회복과 함께 주가 회복도 동시에 나타났다. 화학은 플라스틱 수요 중심이기 때문에 탈석유 시대와 큰 관련이 있지는 않다. 단기적으로는 시황 위축 가능성이 존재한다. 2020년 호황 수준 이익률을 보였지만, 실태적으로는 2022년까지 공급 과잉은 여전하다. 특히 2020년에는 공급 과잉 중심이었던 미국이 허리케인과 코로나19 영향으로 제품 수출이 원활하지 않았다는 것을 감안해야 한다. 다만 긴 그림에서 저점은 2019년 하반기~2020년 초에서 형성했던 것으로 판단한다. 그때보다 낮은 추가적인 긴 불황이 있지는 않을 것이기 때문에, 조정이 나타나더라도 회복 기조에는 큰 변화가 없을 것으로 예상한다.

에너지

신재생 에너지로 발전 중심 이동 시작

반진욱 매경이코노미 기자

2020년 전력 시장은 연료비 감소 효과를 톡톡히 봤다. 2019년 영업손실 1조3566억원을 기록하며 최악의 손실을 기록한 한국전력은 2020년 상반기 영업이익 8200억을 거두며 부활에 성공했다. 연료비 원가가 줄어든 덕택에 비용을 대폭 줄일 수 있었다. 3분기 전망도 밝다. 증권가는 한국전력이 2020년 3분기 2조6000억원 규모 흑자를 낼 것으로 전망한다. 최근 3년간 최고 수치다. 저유가 기조가 계속된 덕분에 원자력 발전 비중이 줄어든 와중에도 매출은 순항을 이어갔다.

2021년은 기존 전력 시장에 새로운 변화가 들이닥칠 것으로 본다. 정부가 발표한 '그린 뉴딜' 사업 때문이다. 정부는 73조원 규모 그린 뉴딜 사업을 발표하면서 화력·원자력 중심의 한국 에너지 발전 구조를 신재생 에너지·수소 등 친환경 발전으로 바꿀 것이라 천명했다.

이민재 NH투자증권 애널리스트는 "그린 뉴딜 정책을 통해 전통적인 중앙집중형·화석연료 중심 발전에서 분산형·재생 에너지 중심 발전으로 개편이 시작될 것이다"고 분석했다.

단 그린 뉴딜이 한국전력을 비롯한 전력 판매업자에게는 위협이 될 가능성도 있다. 신재생 에너지는 단가가 비싸기 때문이다. 한국전력 입장에서는 연료비 지출로 인한 비용이 증가한다. 다만 한전 부담을 더는 정책이 도입된다면 다소 숨통이 트일 수 있다. 현재 국회에서는 신재생 에너지 발전 사업 허가와 연료비 연동제에 대한 논의가 이뤄지고 있다. 발전 사업 참가가 허가된다면 한국전력은 국내 최대 신재생 에너지 발전 사업자로서 입지를 굳힐 수 있다. 연료비 연동제를 도입하면 그동안 한국전력 적자의 원인으로 지적받았던 원가 상승 리스크에서 벗어날 수 있다.

태양광·수소·풍력 등 신재생 에너지 설비 산업도 성장세를 이어나갈 것으로 본다. 국내뿐 아니라 전 세계적으로 신재생 에너지 비중을 늘리면서 관련 산업도 성장할 전망이다. RE100(필요한 전력량의 100%를 신재생 에너지로 공급받는 것) 참여 기업도 많아지면서 2021년 신재생 에너지 수요 증가세가 더 커질 것으로 본다.

한병화 유진투자증권 애널리스트는 "미국·중국·유럽이 동시에 같은 방향으로 과거에 볼 수 없었던 강도로 그린 산업을 육성하고 있다. 유례없는 그린 산업 고성장 초기 단계에 접어들었다"고 설명했다.

2021년 글로벌 풍력 생산 설비 발주량은 2020년 대비 34.7% 성장(중국 제외)을 전망한다. 2024년까지 성장세는 계속될 것으로 본다. 글로벌 풍력 타워 1위 회사인 CS윈드를 비롯한 국내 풍력설비업체들의 수혜를 예상한다.

세계 태양광 수요는 2021년에 21%로 큰 폭의 성장을 예상한다. 2020년 코로나19 여파로 부진했던 수요가 다시 회복될 것으로 본다. 국내 역시 그린 뉴딜 정책에 힘입어 태양광 설치가 늘어날 것으로 본다. 2025년까지 매년 평균 3~4GW의 수요가 증가할 전망이다.

자동차는 바닥 찍고 오르막
항공 · 여객은 '코로나 터뷸런스'

| 자동차 |

전기차 침투율 상승세…미래 車에 투자를

송선재 하나금융투자 애널리스트

2020년 자동차 산업은 전형적인 '상저하고' 형태를 보였다. 출발은 우울했다. 자동차 시장 저성장 국면 속 코로나19 사태라는 부정적 외생변수가 발생하면서 상반기 글로벌 자동차 판매가 급감했다.

하지만 각국 정부의 경기 부양 정책과 코로나19 완화로 하반기에는 감소폭이 줄어드는 모습이다. 2020년 8월 글로벌 자동차 판매는 8% 감소했다. 2분기 감소폭 30% 대비 확연히 줄어든 수치다.

2020년 연간 기준으로 글로벌 자동차 시장은 19% 감소할 것으로 예상한다. 미국은 16% 감소, 중국은 7% 감소, 유럽은 23% 감소로 전망한다. 세계 최대 시장인 중국 자동차 판매는 2월 79% 감소했지만 8월 9% 증가로 반등에 성공하며 빠르게 회복되고 있다. 북미와 유럽은 코로나19 여파로 여전히 감소세를 보이고 있지만 그 폭은 축소되는 중이다.

2021년은 2020년 낮은 기저와 각국 정부의 부양 정책, 그리고 주요 완성차 업체들의 신차 출시 등의 영향으로 전반적으로 반등할 것으로 예상한다. 2021

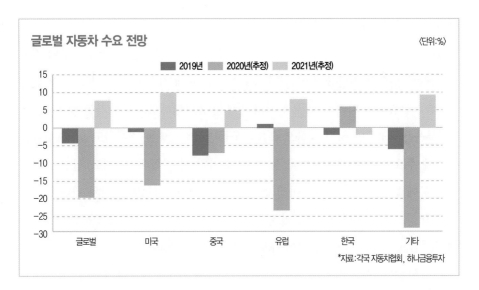

글로벌 자동차 수요 전망 〈단위:%〉

■ 2019년 ■ 2020년(추정) ■ 2021년(추정)

*자료:각국 자동차협회, 하나금융투자

년 글로벌 자동차 판매는 8% 증가한 7994만대로 예상한다. 미국(10%), 중국 (5%), 유럽(8%) 등 대부분의 시장에서 증가할 것이다.

코로나19가 자동차 시장에 끼치는 영향력은 예상보다 크다. 무엇보다 자동차 산업 지형 전반에 거대한 변화를 가져왔다.

먼저, 단기 시장 수요 부진에 따른 완성차 1군과 2군 업체들 간 격차는 심화될 것이다. 수익성 악화에 미래 자동차 기술 투자 비용은 늘어나는 이중고를 겪는 중이다. 이런 문제를 타개하기 위해 완성차 간 혹은 완성차−정보기술 업체 간 제휴가 확대될 전망이다. 코로나19 기간 수요 둔화에 대한 우려 탓에 대다수 완성차 업체가 미래 모빌리티 개발보다는 수익성 위주 경영으로 선회한 모습이다. 자율주행은 완성차 실적 부진과 기술 개발 지연으로 상용화 시기가 다소 늦춰질 것이라 본다.

코로나 충격으로 완성차 업체 간 격차 심화

2020년과 2021년에 걸쳐 눈에 띄는 변화는 '글로벌 전기차 침투율'의 상승이다. 2019년 기준으로 글로벌 전기차 시장 규모는 221만대 수준, 전체 자동차 판매 대비 시장 침투율은 2.4%였다.

2020년에는 코로나19로 전체 자동차 시장이 19% 감소함에 따라 글로벌 전기차 시장도 부정적 영향을 받고 있다. 다만 환경 규제 강화로 유럽 내 전기차 판매가 78% 급증함에 따라 글로벌 전기차 판매는 241만대로 9% 증가할 것이다.

침투율은 2020년 사상 처음으로 3% 웃돌면서 3.2%를 기록하고 2021년에는 자동차 수요 회복과 유럽·중국 등 각국의 지원 정책 확대, 그리고 신형 전기차 출시 등에 힘입어 3.8%로 높아질 전망이다. 2021년 글로벌 전기차 판매는 300만대 이상으로 늘어난다. 글로벌 전기차 시장은 연평균 25% 성장하면서 2025년에는 830만대, 침투율 9.4% 규모까지 성장할 것이다.

규제 영향이 큰 유럽의 침투율이 단기 급등하고 상대적으로 친환경 시장으로 전환 필요성이 큰 중국도 침투율이 계속 상승할 것이다. 미국은 상대적으로 속도가 느리지만 주별 전기차 부양 정책과 신차 출시에 힘입어 점진적으로 상승할 전망이다.

글로벌 수소차 시장은 2020년 연간 1만대 규모로 아직 작은 편이다. 단 정부 지원에 힘입어 성장세는 높을 것이다. 대표적으로 한국 정부는 2025년까지 수

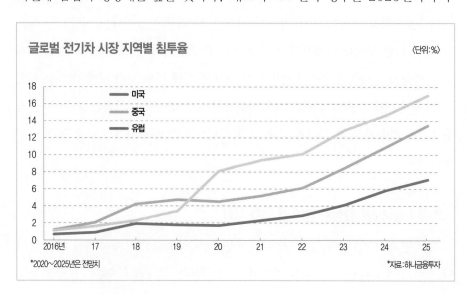

글로벌 전기차 시장 지역별 침투율 〈단위:%〉

*2020~2025년은 전망치

*자료:하나금융투자

소차 누적 판매 20만대를 목표로 충전 인프라 확대와 보조금 지급 정책을 펼치고 있다. 아직 차 가격과 인프라 부족이 난제이기는 하지만, 수소연료전지의 장점인 충전 시간과 주행 거리를 감안할 때 트럭과 버스 등 상용차 시장에서 강점을 발휘할 것으로 예상한다.

전기차와 수소차로의 전환은 단순 동력원 변화가 아닌 자동차 개념을 바꾸는 시발점으로 봐야 한다. 전기차와 수소차가 내연기관차 대비 자율주행과 모빌리티에 유리한 플랫폼이기 때문에 새로운 수익원 발굴을 가능하게 한다. 기존 전통적인 수익원의 경쟁력을 유지한 가운데, 미래 자동차 기술에 대한 적응력이 빠른 회사가 지속 가능성과 주가 측면에서 투자자들의 선택을 받을 수밖에 없는 상황이다. 한국 업체들은 이런 선택의 주요 대상 기업들이기 때문에 투자자들의 관심이 늘어날 것으로 예상한다.

운송 우울한 항공여객…구조조정 수혜주 찾아라

강성진 KB증권 리서치센터 기업분석부 수석연구위원

2020년 운송 산업은 전례 없는 타격을 입었다. 코로나19 사태로 전 세계 하늘길이 얼어붙었고 경제 충격에 따라 글로벌 물동량도 줄었다. 2021년은 업황이 상대적으로 회복세를 보일 것이라 전망하지만, 그 속도는 불분명하다.

결론부터 말하자면 2021년 항공·해운업에서 종목 선택은 쉽지 않다. 2021년 상저하고형 벌크선 업황 기대감을 근거로 벌크선 업체에 투자하거나, 2021년 중 항공업 산업 재편 과정을 지켜보면서 수혜주를 찾아보는 방향이 바람직해 보인다.

항공여객 산업은 전반적으로 어려운 상황에 직면했다. 최근에는 산업에 뚜렷한 2가지 특징이 포착된다.

첫째, 여행을 포기하는 소비자가 점점 늘고 있다. 국제항공운송협회(IATA) 설문조사 자료에 따르면 2020년 4월 '1~2개월 뒤에는 항공 여행이 가능할 것'이

라고 본 소비자는 전체 응답의 50%에 육박했지만, 9월 조사에서는 35%에도 못
미쳤다. 반면 1년 이내라고 대답한 소비자는 4월 10% 이내에서 9월 15% 수준
으로 늘었고, 단기간 내에 불가능하다고 응답하는 소비자도 점점 증가한다. 둘째
여행 회복이 국내선에 집중되고 있다는 점이다. 일부 국제선 노선이 재개되고 있
지만 전년 같은 수준으로 돌아가기까지는 상당한 시간이 소요될 것이라 본다. 반
면 제주 노선을 중심으로 국내선 수요는 빠른 회복세를 나타내는 중이다.

변수는 구조조정이다. 2020년 항공사 다운사이징이 예상보다 크게 진행되지
않았음을 고려할 때, 2021년에는 항공 산업의 구조 개편이 본격적으로 진행될
수 있다는 판단이다.

2020년 국내에서 진행되던 항공사 간 인수합병 2건이 모두 무산됐다. HDC의
아시아나항공 인수와 제주항공의 이스타항공 인수다. 결과적으로 아시아나항공은
기간산업안정기금 투입 가능성이 높아졌고, 이미 아시아나항공에 긴급 유동성을
지원한 바 있는 산업은행이 경영에 참여하게 될 것이라 예상한다. 다만 양대 항공
사는 항공화물 특수로 인해 현금 창출이 가능한 상황이어서 차입금 만기 도래와
관련된 리파이낸싱 지원이 있다면 구조조정에 필요한 시간을 벌 수 있다.

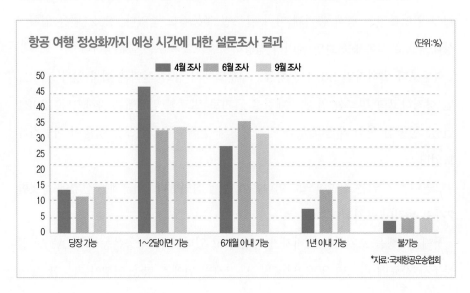

항공 여행 정상화까지 예상 시간에 대한 설문조사 결과 〈단위:%〉

*자료:국제항공운송협회

반면 여객에 전적으로 의존하고 있는 저비용항공사(LCC)의 구조조정은 좀 더 어려운 문제다. 이스타항공이 새로운 인수처를 찾는 등 민간 차원의 업계 재편이 진행되고 있으나, 현재 다른 LCC도 어려운 상황들이라는 점이 난제다. 결국 항공 산업 구조조정에서 정부의 주도적 역할을 예상해볼 수 있다.

컨테이너 운임 상승…해운업은 비교적 밝은 전망

한편 2021년 해상운송 산업 전망은 비교적 밝다. 벌크선 시황을 대표하는 발틱건화물운임지수(BDI)는 2021년 연평균 1080포인트 선에서 결정될 것으로 본다. 이는 전년 대비 8.1% 상승한 수치다. 단 벌크선 수요에서 나타나는 기저효과는 크지 않을 것이고 2021년 벌크선 물동량은 전년 대비 3% 성장하는 데 그칠 전망이다. 벌크화물의 주요 수요처인 중국 물동량이 큰 충격을 받지 않았다. 2020년 중 글로벌 벌크선 물동량 감소폭은 2%에 그칠 것이라 예상한다.

벌크선 운임은 상저하고의 형태를 띨 것이라 본다. 2020년 9월 기준 전 세계 조선소들의 수주 잔고 중 2021년 예정 인도량은 전체 벌크선박의 3.7% 수준이고, 2021년 말 선복량 증가율은 전년 대비 1.8%에 불과할 것이라 예측한다. 다만 2021년 초 선복량 증가율은 전년 대비 4%에 달해, 연초에는 벌크선 운임의 하방 압력이 있을 것이다. 운임은 공급 부담이 적어지는 하반기에 상승할 것으로 판단한다.

한편 2020년 컨테이너선 운임은 강력한 상승세를 보여주고 있다. 미중 무역 갈등을 우려한 무역업자들의 조기 수송 수요, 해운사들의 적극적인 노선 축소가 운임 상승 이유였다. 그런데 컨테이너 해운 업계는 공급 조절을 유지할 수 있을 만큼 충분히 독과점화돼 있지 않다. 그 결과 전 세계 컨테이너 해운사들이 2분기 이후 양호한 실적을 기록하면서 노선 축소 기조에서 빠르게 이탈하고 있다. 따라서 2020년 말부터 2021년 초까지 컨테이너 운임은 당분간 약세를 기록할 것이라 예상한다.

주택 · 해외사업 불안한 건설업
환경 규제 속 도약 꿈꾸는 조선업

건설

플랜트 수주 경쟁 완화 '청신호'

이광수 미래에셋대우 수석연구위원

2020년 건설업은 '선방했다'는 말이 들어맞겠다.

코로나19 영향에도 불구하고 주요 기업이 안정적인 실적을 유지했다. 해외사업 공사 지연에 따른 일회성 비용이 반영됐지만 주택사업을 중심으로 높은 수익성을 제고할 수 있었다.

특히, 주목할 만한 것은 탄탄한 재무안정성이다. 건설사 현금 유동성은 높아지고 있고 부채비율은 떨어진다. 단 안정적인 실적과 재무건전성 유지에도 불구하고 건설 업종 기업가치 상승은 제한적이었다. 성장에 대한 우려가 커지고 있기 때문이다.

불안 요소는 크게 2가지다. 첫째, 주택사업 불확실성이다. 부동산 가격 급등에 따른 정부 규제 강화가 지속된다. 특히 대출 규제와 부동산 투자 과세가 강화되면서 지방을 중심으로 한 아파트 분양 리스크가 늘어났다. 민간택지 분양가상한제 도입과 초과이익환수 탓에 그동안 지속적인 수주 증가세를 보였던 재건축 · 재개발사업 축소도 불가피할 전망이다.

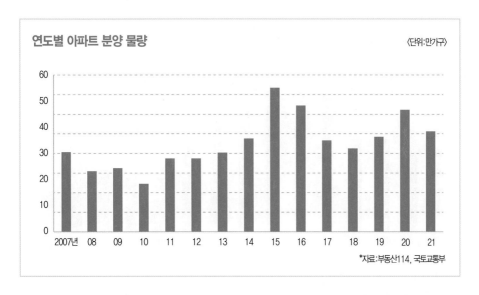

연도별 아파트 분양 물량 〈단위:만가구〉

*자료:부동산114, 국토교통부

둘째, 코로나19로 해외사업 성장에도 제동이 걸렸다. 2020년 3분기 기준 해외 수주는 185억달러를 기록했다. 2019년 같은 기간 수주(166억달러) 대비 12% 증가했다. 언뜻 양호해 보이지만 2분기 이후 수주가 뚝 끊긴 것이 문제다. 코로나 19 사태 이후 유가 변동폭이 커지고 경제 불확실성이 커지면서 글로벌 플랜트와 인프라 발주가 감소 중이다. 2020년 예상 해외수주는 210억달러 수준에 그칠 것으로 전망한다.

2021년에도 건설업계는 이 같은 불안 요소를 계속 안고 갈 것이라 본다. 국내 주택사업은 가격 안정화 정책으로 신규사업 확대가 제한적일 전망이다.

특히 지방을 중심으로 일반 아파트와 오피스텔 분양 감소가 불가피할 것이라 예상한다. 2021년 예상 아파트 분양 가구 수는 36만가구다. 2020년 대비 18% 감소할 것이라 추정한다. 해외 발주 회복도 지연될 전망이다. 중동을 중심으로 석유화학 플랜트사업에 대한 불확실성이 커지고 있기 때문이다.

그럼에도 불구하고 건설사들은 안정적인 재무구조를 바탕으로 신사업 공략에 적극 나설 것이라 본다. 주택사업 다각화와 함께 리츠, 데이터센터 등 신성장동력 개발이 가시화될 것이다.

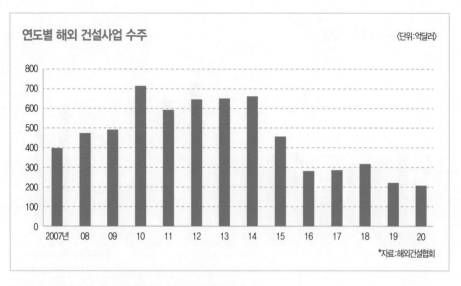

연도별 해외 건설사업 수주 〈단위:억달러〉

*자료:해외건설협회

노후 주택 증가로 리모델링 시장 본격 확대

주택 시장은 질적 변화가 예상된다. 노후 주택이 증가하면서 리모델링 시장이 본격적으로 확대될 전망이다. 리모델링 시장은 2023년까지 연평균 10% 이상 성장이 가능할 것으로 본다. 이에 따라 국내 주택사업에서 대형 건설사가 차지하는 시장점유율이 늘어나고 주택 브랜드 선호도 높아질 것이다.

플랜트 시장에서는 국내 건설사가 강세를 보일 것으로 전망한다. 경쟁 관계인 유럽과 일본 EPC 재무구조가 악화되면서 구조조정이 불가피한 상황이다. 반면 한국 건설회사는 양호한 국내사업을 기반으로 안정적인 재무구조를 유지하고 있다. 플랜트 수주 경쟁이 약화되고 향후 발주 시장이 개선되면 한국 건설회사들의 빠른 해외 수주 증가를 기대할 수 있다.

조선

대체 연료 논의 활발 '그린 에너지' 주목

김현 메리츠증권 기업분석팀장

2020년 조선 산업은 코로나19 쇼크로 급격한 위축기를 맞이했다. 역사상 가장 강력하다는 환경 규제(IMO2020) 시행의 파급 효과를 미처 체감하기도 전에 산업 전반이 쪼그라들었다. 전 세계 교역량 감소로 운송 수요가 급감했고 국제유가도 잇달아 급락하면서 환경 규제 이슈는 논하기도 어려운 상황에 직면했다. 단 2021년 환경 규제는 조선·해운산업 주요 변수로 다시 부각될 가능성이 높다.

2020년 해상 운임은 거의 모든 선종에서 급락을 경험했다. 코로나19 사태로 가장 먼저, 가장 큰 운임 급락을 경험한 선종은 LNG운반선이다. 지난 6년간 수입량이 연평균 23% 증가하면서 전 세계 LNG 투자 확대를 견인한 중국이 1월 락다운에 진입한 후 수입이 일시 중단됐기 때문이다.

소비재 운송을 책임지는 컨테이너선 운임은 6월 중순부터 빠른 반등세가 지속되고 있다. 상위 컨테이너선사 선복량 축소 공조화가 운임 반등을 견인했다. 여기에 북미 지역 가전 수요 호조도 이어지는 양상이다. 한편 초대형원유운반선(VLCC)은 국제유가 선물 가격이 마이너스를 경험했던 3월, 운임은 오히려 10배 이상 폭등했다. 원유 수요가 급감하고 생산이 늘어난 상황에서 육상 저장 능력이 포화 상태에 이르자 원유운반선을 해상 저장 목적으로 용선하려는 수요가 급증했기 때문이다.

코로나19 사태 이후 회복 기대감에도 불구하고 2021년 조선업계는 또다시 춘궁기를 겪게 될 전망이다. 2020년 급격한 수주 위축은 2021년 실적 악화로 이어질 수밖에 없다. 발주자는 환경 규제의 엄격한 시행이 재개되기 전까지 빠른 투자 결정을 진행하기 어렵다는 점도 악재다. 단, LNG·LPG·암모니아 등 대체 연료에 대한 논의는 활발해질 전망이다. 탈(脫)화석연료 움직임과 그린 에너지로의 전환이 가속화되면서다.

조선 수요의 빠른 회복을 기대하기는 여러모로 어려운 상황이다. 2021년 시황을 바꿀 변수가 있다면 바로 '공급' 측면이다. 화두는 '노후 선박 해체' 그리고 '조선업계 통합'이다. 환경 규제 이슈는 향후 노후 설비 해체를 촉진하고 이는 공급 과잉 완화로 이어질 수 있다. 또 중국 1~2위 국영그룹인 중국선박공업집단과

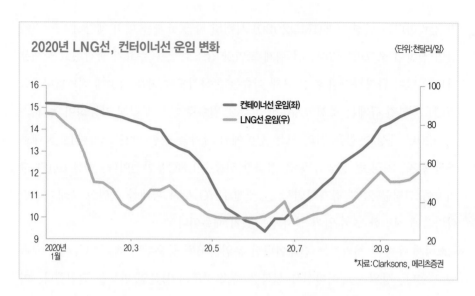

2020년 LNG선, 컨테이너선 운임 변화　　　　　　　　　〈단위:천달러/일〉

컨테이너선 운임(좌)
LNG선 운임(우)

*자료:Clarksons, 메리츠증권

중국선박중공집단의 합병, 일본 이마바리조선과 JMU의 합작사 설립 이슈, 또 한국조선해양의 대우조선해양 인수관련 공정경쟁 당국의 기업결합 승인 여부 등 굵직한 이슈들도 남아 있다. 기업 간 합병이 생산 능력 축소나 또 다른 구조조정 으로 이어지지는 않더라도 수주 경쟁 심화 우려는 완화될 것이라 본다.

　2021년 환경 규제 시행이 엄격하게 진행된다면 기존 고유황유(HSFO) 사용이 제한됨에 따라 저유황유(LSFO, MGO)와 가스연료(LNG, LPG) 수요 확대가 가시화된다. 2020년 1월 환경 규제 시행 초기 저유황유와 고유황유의 가격 스 프레드가 t당 349달러까지 확대됐지만, 코로나19 사태 이후 10월 기준 60달러 수준까지 격차가 급격히 축소됐다. 첫째 선박 연료유 수요 감소와 전 세계 정유 업계의 저유황유 증산에 따른 수급 악화, 둘째 각 국가들의 환경 규제에 대한 시 행 감시가 느슨해진 것이 주원인이다.

　향후 황산화물 배출 규제를 충족하지 못한 선박에 대한 제재가 국가별로 강력 히 시행된다면, 저유황유-고유황유 가격 스프레드는 다시 벌어질 전망이다. 스 프레드 확대가 나타나면 노후 선박 폐선 확대, 친환경 선박 교체 발주 등에 따라 수요가 늘어날 것으로 기대된다.

2021년 화두는 '환경 규제' 강화…노후 선박 교체 수요 늘어날 듯

주요 다국적 에너지 기업이 탈화석연료 영역에 자본을 투입할지도 2021년 관전 포인트다. 근래 원유보다 가스가 차지하는 비중을 계속 확대되는 과정에서 드릴십(Drillship)과 해양 시추설비 가동률 부진은 불가피할 전망이다. 해양 생산설비도 가스를 중심으로 일부 지역에서 소수의 발주 재개를 예상한다. 국내 조선·기자재업계는 2021년 해양발 업황 회복을 기대하기는 어렵다는 얘기다.

해양플랜트 매출과 수주액 감소를 상쇄할 수 있는 신사업 분야의 발굴이 시급하다. 정부가 아젠다를 제시한 그린 뉴딜 분야의 성장동력 확보가 필요하다. 카타르, 모잠비크, 러시아, 북미 지역의 LNG 생산플랜트 가동 시기에 맞춘 LNG선 발주는 2020년 4분기부터 2021년 상반기까지 수주로 이어진다. 이는 2022년 국내 조선업계 매출 회복과 수익성 개선의 동력이 될 테다.

지난 15년간 조선산업 종사자들은 뼈아픈 구조조정 과정을 겪어왔다. 2021년 상반기가 실적 춘궁기의 마지막이라는 희망을 가질 필요가 있다. 우리 조선이 선박 연료와 에너지 패러다임 변화의 중심에 설 수 있도록 체력을 확보해야 할 시기다.

비대면 학습 사활 건 교육업계
빅히트, 명예회복은 실적으로

| 교육 | '학령인구 감소' 엎친 데 '코로나19' 덮쳐 |

노승욱 매경이코노미 기자

교육주는 코로나19 사태로 직격탄을 맞았다. 코로나19 사태 전부터 온라인 교육 사업 확대에 집중해왔지만, 오프라인 사업부에서의 실적 악화가 예상을 뛰어넘은 탓이다. 가뜩이나 학령인구 감소로 어려움을 겪고 있던 가운데 대면 교육마저 크게 위축되며 설상가상 상황을 맞았다. 단, 증권가에서는 2020년 하반기부터 온라인 교육 강화와 사회적 거리두기 완화에 따른 오프라인 교육 수요 회복으로 실적이 반등할 것이라는 전망이 확산되고 있다.

교육 대장주 메가스터디교육부터 부진한 실적을 보였다. 2020년 2분기에 매출은 전년 동기 대비 5.9% 성장한 1141억원을 기록했지만, 영업이익은 같은 기간 32.4%가 줄어든 132억원에 그쳤다. 고등부 매출은 전년 대비 3.3% 역성장한 753억원을 기록했다. 윤창민 신한금융투자 애널리스트는 "온라인 부문 성장에도 불구하고 코로나19 여파로 전년 대비 규모를 확장한 고등부 오프라인 부문이 타격을 받았다. 고정비 비중이 높은 오프라인 부문 특성상 소폭의 매출 감소가 큰 폭의 영업이익 감소로 이어졌다"고 짚었다.

초·중등부 매출은 전년 대비 47% 성장한 224억원을 기록했다. 1분기 51.8% 매출 성장에 이어 고성장을 지속한 점이 고무적이라는 평가다. 윤창민 애널리스트는 "초·중등부는 올해까지 공격적인 마케팅비를 투입해 외형 성장과 브랜드 인지도 향상에 집중할 전망이다. 2021년부터는 매출 성장에 따른 이익 레버리지 효과가 본격적으로 나타날 것이라 기대한다. 향후 2~3년은 초·중등부, 성인사업부까지 골고루 고성장하며 고등부에 편중된 매출 비중이 다변화될 전망이다"라고 내다봤다.

메가스터디, 고등부 오프라인 부문 타격에 역성장

학습지 기업들도 오프라인 중심 사업 구조여서 코로나19 사태에 취약점을 드러냈다. 대교는 2020년 2분기 매출 1475억원, 영업손실 130억원을 기록하며 적자전환했다. 이 중 눈높이 부문은 매출 1177억원, 영업이익 55억원으로 전년 동기 대비 각각 16.8%, 53.8% 감소했다. 증권가의 추정치를 밑도는 실적이었다. 2020년 1월 유아 교육기관(어린이집, 문화센터 등)에서 놀이 교육 프로그램을 운영하는 티엔홀딩스 지분 100%를 290억원에 인수했지만, 인수 직후 코로나19가 발생해 개업이 중단된 영향이 컸다.

웅진씽크빅도 실적이 저조했다. 2019년 상반기에는 영업이익 193억원을 냈으나 2020년 상반기에는 161억원 줄어든 32억원을 기록하는 데 그쳤다. 역시 방문 학습, 공부방, 학습센터 등 대면 학습 서비스가 위축된 탓이 크다. 박종렬 현대차증권 애널리스트는 웅진씽크빅이 비대면 학습 분야를 강화, 2020년 하반기부터 주가가 반등할 것으로 진단한다. 일례로 웅진북클럽은 AI독서(AI독서진단, AI독서코칭, AI맞춤투데이, AI독서플랜), 웅진씽크빅은 AI수학(실시간 개인 맞춤 커리큘럼, 실시간 학습 습관 교정, AI오답노트, AI월간 분석지) 등 비대면 학습으로 사업 영역을

메가스터디교육 실적	단위:억원
2019년 상반기	2020년 상반기
769	719

*자료:전자공시시스템

확대하고 있다.

"2020년 하반기에는 주력 사업인 교육문화, 미래교육 사업을 중심으로 점진적으로 실적이 개선될 전망이다. 특히 '투게더(화상관리 : 과목별 전문 교사의 개별 실시간 피드백)' '스마트올(AI 맞춤형 스마트 학습, 초등 전과목 교과 연계 학습)' 등의 사업이 주목된다. 교육문화 사업은 회원당 단가(ASP) 상승 효과로 수익성 개선이 가능하고, 미래교육 사업도 신규 회원 포인트 활성화와 스마트올(전과목 AI 스마트 학습지) 제품 출시에 따른 실적 개선이 가능할 것으로 판단한다."

삼성그룹 산하 B2B, B2C 직무교육 전문기업 '멀티캠퍼스'도 코로나19 직격탄을 피해가지 못했다. 각종 집합교육과 OPIc 시험 일정이 지연 또는 취소되며 실적이 급감, 주가가 하락했다.

유경하 DB금융투자 애널리스트는 멀티캠퍼스가 최악의 상황은 지났다며 2021년 반등을 조심스레 점친다. 그는 2020년 10월 7일 발표한 '코로나 시대에도 교육은 계속된다'는 제목의 보고서에서 "2019년 맞춤형 교육 플랫폼 '러닝 클라우드' 구축, 도심형 연수원 '멀티캠퍼스 선릉' 신규 오픈 등 대규모 투자를 단행해 고정비 부담이 커진 상태다. 각종 집합교육들을 2020년 3월에 출시한 실시간 비대면 교육 솔루션 '클래스나우'로 발 빠르게 전환해 하반기부터 매출액 회복이 이뤄질 것으로 예상한다. 사회적 거리두기 규제가 하향 조정되면 2021년 인사·채용 시즌을 앞두고 OPIc 응시 인원 수도 회복될 가능성이 크다"며 "멀티캠퍼스 주가는 최악을 반영 중이지만 영업 상황은 최악을 지났다"고 분석했다.

문화 | 빅히트 거품 논란…위버스 성장성이 관건

노승욱 매경이코노미 기자

2020년 하반기 엔터테인먼트 부문 주식 시장을 뜨겁게 달군 것은 단연 빅히트 엔터테인먼트(이하 빅히트) 상장이다. 빅히트 후광 효과로 엔터주 전체가 고공행진했다. 반면 영화, 광고 등 다른 미디어 부문은 상대적으로 부진한 모습을 이어가고 있다.

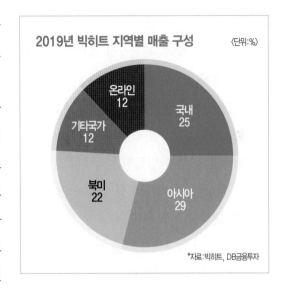

2019년 빅히트 지역별 매출 구성 〈단위:%〉

온라인 12
기타국가 12
국내 25
북미 22
아시아 29

*자료:빅히트, DB금융투자

2020년 10월 15일 상장한 빅히트는 방탄소년단(BTS)에 대한 확고한 팬덤을 기반으로 다양한 사업 모델로 확장하고 있다. 상장 직후 주가가 급락하며 빅히트 기업가치에 대한 고평가 논란도 일었다. 이를 확인할 수 있는 주요 변수는 2021년 공연 매출의 회복 속도와 자체 플랫폼인 위버스(Weverse)의 성장성이다. 위버스를 통한 온라인 콘서트, 멤버십 운영, MD·굿즈 판매를 통해 '팬덤 경제' 효과를 극대화할 수 있을지가 관건이다.

위버스는 2020년 8월 기준 누적 가입자 수 860만명, 월간 순방문자 수(MAU) 470만명을 기록했다. 멤버십을 통한 구독 모델과 유료 스트리밍에 기반한 콘텐츠 커머스 플랫폼으로 자리를 잡아가는 중이다.

지금까지는 BTS의 팬덤에 대한 의존도가 높았으나, 빅히트는 이번 상장에서 모금한 자금을 활용해 플랫폼 고도화에 재투자, 소속 아티스트의 활용도와 수익성을 높인다는 계획이다.

신수연 신영증권 애널리스트는 "2020년 8월까지 발생한 위버스 월매출을 연매출로 환산할 경우 약 2200억원 이상으로 추정한다. 2020년 상반기 기준 영업이익률은 약 5.5% 수준까지 상승한 것으로 파악한다"고 분석했다.

박용희 IBK투자증권 애널리스트는 "빅히트가 바라보는 팬덤 경제의 총 시장 규모는 7조9000억원으로 추정한다. 일반 소비자 시장 7조1800억원, 비충성 소비자(Light Fan) 시장은 6000억원, 충성 소비자(Core Fan) 시장은 970

억원으로 구성된 듯하다"며 "위버스가 현재는 빅히트 소속 아티스트와 팬들과의 커뮤니티이나, 향후 독립적인 플랫폼으로 변화 가능한지에 대해서 고민이 필요한 시점이다"라고 말했다.

YG엔터테인먼트, JYP, SM 등 주요 엔터주도 빅히트 상장 이후에는 이벤트 소멸로 주가가 급락했다. 박용희 애널리스트는 "빅히트 상장으로 미디어, 엔터테인먼트 업종 주가 변동성은 확대될 전망이다. 일단 엔터 3사에 대한 단기 조정이 불가피하다. 엔터주의 단기 투자 전략은 빅히트로 집중될 수밖에 없다. 빅히트 펀드 편입 수요로 인해 2020년 상승률이 높았던 온라인 마케팅과 웹툰·웹소설에서도 단기 매도세가 나올 것이라 분석한다"고 전했다.

극장가는 코로나19로 인한 한파가 장기화되고 있다. 부진의 정점이었던 2020년 2분기 대비는 개선됐다. '#살아있다' '반도' '다만 악에서 구하소서' 등이 흥행을 이끌며 극장가 정상화 국면 진입이 기대되기도 했다. 그러나 코로나19 재확산 여파로 8월 중순을 기점으로 관객 수가 급감했다. 월간 국내 관객 수는 2020년 97만명(4월) → 153만명(5월) → 386만명(6월) → 562만명(7월) → 883만명(8월) → 299만명(9월)을 기록했다. 이에 따라 3분기 국내 박스오피스 매출은 전년 동기 대비 70.9% 감소한 1505억원, 관객 수는 71.6% 감소한 1744만명에 그쳤다. 최민하 삼성증권 애널리스트는 "주요 영화관 사업자들은 2020년 상반기부터 펼쳐온 비용 통제 기조를 하반기에도 이어가고 있다. 그러나 현 관객 수와 영화 라인업 감안 시 2020년 내에는 분기 적자 탈피가 어려워 보인다. 국내외에서 사업을 영위하고 있는 CJ CGV 역시 본사 이익 기여도가 큰 만큼 한국의 회복 시그널 감지가 필수적이다"라고 강조했다.

레저는 빨라도 2021년 2분기부터 정상화

단, 여행, 카지노 등 레저 업종은 2021년에도 당분간 회복이 쉽지 않을 것이라는 전망이 우세하다. 이기훈 하나금융투자 애널리스트는 "기존에는 2020년 말부터 업황이 소폭 개선될 것이라는 관측이 많았다. 코로나19 재확산 기조를 감안할 때 빨라도 2021년 2분기, 보수적으로는 하반기는 돼야 정상화될 것이다. 여행, 카지노 기업들의 비용 절감 노력을 제외하면 3분기뿐 아니라 4분기까지 특이 사항이 없을 것이라 예상한다"고 내다봤다.

하나투어는 2020년 3분기에도 출국자 수가 1000명을 밑돌아 전년 동기 대비 99.9% 감소할 전망이다. 2020년 상반기에만 183억원 적자를 기록한 면세점 사업부는 시내점은 9월 말, T1 출국장은 11월 폐쇄를 결정했다. 연말까지 여행과 관련 없는 사업들을 꾸준히 정리하고 무급휴가 등을 단행해 비용 절감에 최선을 다한다는 계획이다. 증권가에서는 2020년 영업손실이 약 500억원에 달할 것이라는 전망이 나온다. 그래도 유동성은 2021년 상반기까지는 버틸 수 있는 수준으로 추정된다.

카지노의 경우 강원랜드는 2020년 8월 말부터 10월 초까지 임시 휴장을 한 끝에 영업이 재개된 상태다. 그러나 사전예약 고객 중 추첨된 750명에 한해 입장을 허용한 제한적 영업인 데다, 입국 외국인 2주 격리 의무로 4월 이후 외인카지노도 VIP 방문이 불가한 상황이 지속되고 있어 전망은 썩 밝지 않다. 이기훈 애널리스트는 "(엔터테인먼트 업종에 대한) 2020년 10월 기준 투자 매력도 순위를 꼽는다면 '기획사 > 드라마 > 미디어 > 카지노 = 여행' 순이다"라고 밝혔다.

쓱닷컴 운영 이마트 선전
해외소비 30조 어디로 쏠릴까

박종대 하나금융투자 애널리스트

▶ 2020년을 강타한 코로나19 사태는 국내 유통 시장에서 채널 간, 업종 간 희비를 극명하게 엇갈리게 했다. 코로나19 수혜 채널은 대형마트(식품 부문), 백화점(프리미엄 부문), 가전양판점, 홈쇼핑 업체들이었다. 업체별로는 이마트, 롯데하이마트 등이 수혜를 누렸다. 반면 면세점은 해외여행 올스톱으로 가장 큰 피해를 입었다. 2021년에도 이 같은 흐름은 이어질 전망이다. 변수는 해외여행 위축에 따른 대체 소비처가 어디가 될 것이냐다. 약 30조원에 달하는 해외여행 소비액이 어디로 옮겨갈 것인가에 따라 2021년 유통업종 투자 전략이 좌우된다 해도 과언이 아니다.

이마트 · 롯데하이마트 · 홈쇼핑 웃고, 백화점 · 면세점 울고

대형마트는 코로나19로 2020년에 부진한 성적을 거뒀지만 식품 온라인 시장 성장에 따른 수혜는 조금이기는 해도 같이 누렸다. 수년 전부터 새벽배송 등 식품 온라인 시장 진출을 꾸준히 확대해온 덕분이다. 그중에서도 쓱닷컴을 운영하는 이마트가 유리한 고지를 하나둘씩 점령해가는 모습이다. 2020년 5월 중순 이후 쿠팡에서 코로나19 확진자가 잇따라 발생하면서 쓱닷컴 물류센터의 안정성과 효율성이 검증되기 시작했다. 마켓컬리와 쿠팡프레시는 역대 최장기 장마 이후 신선식품 작황 불안에 소싱 역량 한계가 드러났다. 반면 이마트는 할인 행사를 펼칠 정도로 재고 여유를 보여줬다. 트레이더스 같은 창고형 대형마트는 식품 비중이 할인점보다 10%포인트 더 높아, 기존점 성장률이 15% 이상 나오고 있다. 결국 식품 수요 확대 수혜가 이마트로 집중되는 모습이다. 이마트는 상장돼 있는 국내 유통 대기업 가운데 식품 온라인(쓱닷컴), 창고형 대형마트(트레이더스), PB(노브랜드) 등 글로벌 유통 트렌드를 따라 사업 구조를 성공적으로 전환해가고 있는 유일한 기업인 만큼, 2021년 가장 관심 있게 지켜볼 만하다.

백화점은 오프라인 점포 매출 비중이 워낙 높아 코로나19가 재확산한 2020년 8~9월 매출이 좋지 못했다. 백화점의 차별적인 상품 카테고리라고 할 수 있는 명품 수요가 2020년 8월에 전년 동기 대비 28%나 성장하기는 했다. 그러나 백화점의 명품 매출 비중은 평균 20% 내외에 불과해, 명품만으로 외형 성장을 이끌어 가기에는 역부족이다.

롯데하이마트도 오프라인 매출 비중이 85%로 높은 편이지만, 2019년 대비 5% 이상 견조한 성장세를 이어가고 있다. 역대급 장마로 인해 에어컨 판매가 부진했음을 감안하면 괄목할 만한 수치다. 롯데하이마트는 백화점과 달리 가전 카테고리 킬러 업체다. 여러 제조사 상품을 다양하게 비교해보고 구매할 수 있는 거의 유일한 채널이다. 특히 에어컨, 세탁기, 냉장고 등 설치 가전에 있어서는 독보적인 경쟁력을 자랑한다. 이런 특징이 롯데하이마트의 실적 선방 요인으로 풀이된다.

홈쇼핑은 코로나19 재확산과 상관없이 쇼핑할 수 있는 온라인 채널이어서 상당한 수혜를 누렸다. 여행상품을 제외할 경우 실질적인 외형 성장률은 2019년 대비 10%에 이른다. 이런 유형상품 매출 비중 상승은 수익성 개선에도 긍정적이다. 여행상품 판매수수료는 10% 정도에 불과해, 일반 유형상품(30%)의 3분의 1에 그치기 때문이다. '의류 등 유형상품에서 여행 등 무형상품으로의 소비패턴 변화'

는 모바일 쇼핑 확대와 함께 지난 7년 동안 백화점과 홈쇼핑 업체들 실적과 주가 부진에 구조적인 요인으로 작용했다. 이 시계가 코로나19 사태로 거꾸로 돌아가고 있다. 해외여행 소비가 위축되며 유형상품 소비가 회복되고 있는 것이다.

해외여행 위축에 유통업계 반사이익 기대감↑

해외여행 소비는 2020년 4월 이후 75% 가까이 감소했다.

글로벌 여행 시장 위축은 내수와 소비재 업체들 입장에서는 긍정적이다. 전통적으로 한국은 여행수지 적자 국가였고, 그 적자 규모는 2015년 이후 점점 커지고 있었다. 사드 보복 조치 이후에는 여행수지 적자가 10조원 이상으로 증가했다. 2019년 유학을 제외한 일반 여행 소비액은 28조5000억원(전년비 8.5% 감소), 여행수지 적자는 7조3000억원이다. 2019년은 불매운동 확대로 일본 여행이 크게 줄어 여행 수요가 감소했다. 2018년 일반 여행 소비액은 31조5000억원(전년비 12.8% 증가)에 달했다. 항공 요금까지 합치면 이 금액은 훨씬 커질 수 있다. 30조원이면 연간 소매판매 증가율을 무려 8% 올릴 수 있는 금액이다.

대체재로 가장 먼저 거론되는 곳은 국내여행 시장이다. 제주도 여행 수요가 급

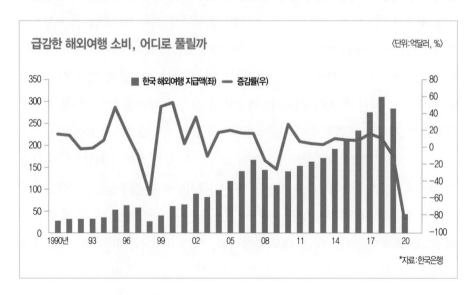

급감한 해외여행 소비, 어디로 풀릴까　〈단위:억달러, %〉

*자료:한국은행

증했고, 추석 연휴 강원도 펜션과 호텔도 매진 사례를 기록했다. 하지만 국내여행 역시 코로나19 확산 정도에 따라 변동성이 있다. 또 해외여행 시 막대한 항공요금까지 감안하면, 국내여행 소비를 제외해도 충분히 예산 여유가 있다. 유통업계가 소비 진작 효과를 기대하는 배경이다. 실제 2020년 하반기 들어 프리미엄 식품 수요가 급격히 증가하고 있다. 가구·가전 등 내구재 교체 수요도 확산세다. 고용과 가계 가처분소득이 감소하고 있는 상황에서 이런 사치재 소비 증가를 설명할 수 있는 예산 재원은 해외여행밖에 없다.

전술한 소비 패턴 변화는 2020년 하반기는 물론, 2021년까지도 핵심적인 국내 소비 시장 변동 요인으로 봐야 할 것이다. 특히 홈쇼핑 업체들의 높은 실적 모멘텀이 2020년에 이어 2021년까지 지속된다면, 투자자 시각에도 변화가 생길 가능성이 크다. 특히 라이브커머스 등으로 불안 요인이 많았던 홈쇼핑 업체들의 밸류에이션 회복을 기대할 만하다.

면세점이 가장 큰 피해…2021년은 불확실성 더 커질 듯

코로나19 사태로 가장 피해를 본 유통 채널은 면세점이다. 출입국 제한과 검역 강화 등으로 출입국자는 90% 이상 감소했다. 2020년 면세점 채널 매출은 2019년 대비 36% 감소한 15조9100억원 수준에 그칠 전망이다. 다만, 2020년 하반기로 접어들면서 서울 시내점을 중심으로 면세점 매출은 빠른 회복세를 보이고 있다. 중국 화장품 소비 수요 회복과 국내 면세점의 높은 상품·가격 경쟁력, 제3자 반송 허용 정책 때문에 따이공(보따리상) 수요가 크게 증가했기 때문이다.

최근 국내 주요 면세점 업체들은 재고 소진 이후에도 막대한 현금을 투입하면서 대규모 매입과 판매를 지속하고 있다. 호텔신라의 경우 제3자 반송 매출까지 포함하면 2020년 하반기 시내 면세점 매출은 전년 동기 대비 -20% 수준까지 회복될 것으로 보인다. 다만, 영업이익률은 2~3%에 그친다. 수익성 훼손에도 불구하고 매출 확대에 초점을 맞추는 이유는 두 가지다.

첫째, 사업 인프라 유지를 위해서다. 메이저 면세점 업체 입장에서는 코로나19가 완화돼 글로벌 여행 시장이 회복될 경우를 대비해야 한다. 글로벌 브랜드에 대한 바잉파워, 그리고 인력과 사업장 등 사업 인프라를 유지하기 위한 전략적 선택일 가능성이 크다. 향후 코로나19와 글로벌 여행 시장이 어떻게 될지 모른다. 당장 면세점 수요가 없다고, 매장을 통폐합하고, 인력을 내보내고, 벤더들에 대한 구매와 네트워킹을 중단한다면, 나중에 면세점 사업을 재개할 때 상당히 큰 비용을 치러야 할 수 있다.

둘째, 호텔신라와 호텔롯데는 면세점 사업이 핵심 사업이다. 호텔신라의 경우 2019년 연결 매출과 영업이익에서 면세점 사업이 차지하는 비중은 각각 91%, 90%다. 호텔롯데 역시 면세점 사업이 차지하는 매출과 영업이익 비중은 각각 83%와 100%로 절대적이다. 회사 사활이 면세점에 걸려 있는 만큼 사업 규모를 함부로 줄일 수 없다. 희망적인 것은 각고의 비용 절감 노력 끝에 2020년 4분기 주요 업체들의 면세점 사업 실적이 손익분기점(BEP)에 근접하는 수준으로 손실폭을 줄일 수 있을 듯하다는 점이다.

중국 고객 대부분은 따이공…면세점에는 득보다 실

중장기적으로 고민해봐야 할 부분은 글로벌 여행 수요 변화 전망이다. 1~2년 내에 글로벌 여행 수요가 이전처럼 회복될 수 있다면, 면세점 업체에 대한 투자 비중을 꾸준히 올리는 것이 타당하다. 시진핑 중국 주석이 방한할 것이고, 중국 인바운드 패키지는 회복될 수 있으며, 한국 면세점 업체 위상은 높게 유지될 수 있다. 코로나19 이후 인천공항 협상력이 약화됨에 따라, 비용구조가 개선돼 이익 규모도 더욱 커질 수 있다.

만일 글로벌 여행 수요 위축이 장기화된다면 한국 면세점은 그 본질인 여행 시장에서 완전히 벗어나, 중국 향 글로벌 브랜드의 '무역상사'가 될 수도 있다. 과연 이 구조로 지속적인 실적 개선이 가능할지 의문이다. 사실 사드 보복 조치 전후로 면세점의 실적지표는 그 성격이 크게 달라졌다. 2016년 이전에는 중국 인바운드와 호텔신라 면세점 매출이 높은 동행성을 보였다. 말 그대로 인바운드 여행 수요와 면세점 매출이었다.

하지만 2017년 이후 중국 인바운드는 실적지표로서 의미가 없어졌다. 따이공으로 주 고객이 바뀌었기 때문이다. 중국인 해외여행 수요가 아니라, 중국의 글로벌 화장품 브랜드에 대한 수요로 의미가 달라졌다. 그러면서 면세점 업체들의 밸류에이션도 하락했다. 중국 관광객 수요는 중국의 해외여행 증가와 함께 자연스럽게 증가할 수 있는 수요지만, 따이공 수요는 불법적인 성격이 짙어 언제든지 중국 정부 규제에 의해 근간이 흔들릴 수 있기 때문이다. 코로나19 이전까지만 해도 면세점 매출의 30~40% 정도는 관광객 매출이었다. 한중 관계 개선에 따라 수요의 핵심이 다시 중국 인바운드 여행객으로 바뀔 가능성도 있었다.

그런데 지금은 거의 100%가 따이공이다. 따이공은 가격만 싸고 상품을 신뢰할 수 있다면 계속 구매할 수 있다. 문제는 글로벌 브랜드들의 한국 면세점과 따이공 거래에 대한 입장 변화다. 지금은 재고 소진과 사업 규모 문제로 어떤 방식으로든 판매에 중점을 두고 있지만, 2021년 사업 전략을 세울 때 '무역상사'로 바뀐 한국 면세점에 대해 이전처럼 호의적일지는 의문이다. 글로벌 브랜드 업체들은 면세점 할당 물량을 구조적으로 줄일 수 있다. 어차피 그 대부분이 중국 수요인 만큼 중국에서 리테일 비중을 늘리고, 면세 상품 공급도 중국 시내 면세점 업체들 중심으로 늘리면 되기 때문이다. 이미 에르메스, 샤넬, 루이비통 같은 명품 업체들은 브랜드 관리를 위해 반품 형태로 한국 면세점에서 상품을 회수한 상태다.

당분간 해외여행 시장이 구조적으로 위축되고 국내여행만 활성화되는 '닫힌 경제'가 나타날 수 있다. 중국 정부로서는 고대하던 상황이다. 중국 인민의 해외여행 수요를 내재화시키면서 내수 경기 제고를 도모할 수 있기 때문이다. 그러나 한국 면세점에는 부정적인 시나리오다. 결국 면세점은 코로나19 확산에 가장 불확실성이 큰 채널이 되고 있는 셈이다.

코로나19가 바꾼 R&D 풍토
진단·백신·치료제 가치 재평가

신재훈 한화투자증권 애널리스트

▶ 2020년 3월 11일 세계보건기구(WHO)는 COVID(Coronavirus disease)-19에 대해 팬데믹(Pandemic)을 선언했다. 코로나19 바이러스가 처음 보고된 지 73일 만의 일이다.

코로나19는 전 세계에서 3700만명 수준 확진자와 약 100만명의 사망자(2020년 10월 12일 기준)를 발생시켰다.

WHO는 2020년 1월 30일 비상회의를 소집해 국제적 공중보건 비상사태(PHEIC · Public Health Emergency of International Concern)를 선포했다.

지금까지 신종 코로나 바이러스를 포함해 총 6번(2009년 신종 인플루엔자 바이러스, 2014년 중동 폴리오 바이러스, 서아프리카 에볼라 바이러스, 2015년 지카 바이러스, 2018년 키부 에볼라 바이러스) 선포됐다. 코로나19의 전 세계적인 감염이 진행되면서 WHO는 팬데믹을 선언했다. 팬데믹은 2009~2010년에 전 세계적으로 사망자 2만여명을 발생시킨 신종플루(H1N1pdm09) 대유행 이후 처음 있는 일이다.

진단업체들의 수혜

세계 각국 정부 규제기관은 감염병 대유행을 대비하기 위한 제도를 시행하고 있으며, 특히 코로나19 진단에 적극적인 대응을 하고 있다.

FDA는 질병통제예방센터(CDC) 요청에 따라 2020년 2월 4일 코로나19의 진단, 치료 그리고 예방을 위한 제품의 개발·검토를 촉진하는 EUA(긴급사용승인)를 발표했다. EUA는 신종 감염성 질환·CBRN(Chemical, Biological, Radiological, Nuclear)으로 공중보건이 위협받는 상황에 가능한 의료 조치를 사용하는 법안. 응급 상황 시 FDA 국장이 승인받지 않은 의약품과 의료기기를 사용 허가할 수 있는 제도다.

우리나라도 감염병 대유행 시 국내에 승인을 획득한 제품이 없거나 공급이 부족한 경우 진단시약을 비롯한 의료기기의 한시적 사용을 허가하는 긴급사용승인 제도를 실시하고 있다. 이에 국내 일부 진단업체들이 뜻밖의 호황을 누렸다. 코로나19 염기서열이 밝혀지자 이를 진단할 수 있는 키트를 신속하게 개발해 감염 확산에 대응한 덕분이다. 7개 업체 제품이 국내에서 긴급사용승인을 획득했고, 다수 업체들이 수출을 진행하고 있다. 미국 FDA의 EUA를 받은 업체도 있다. 코로나19 진단키트 개발업체들이 2020년 엄청난 실적을 기록할 것으로 예상하며, 전 세계적으로 코로나19가 잠잠해질 때

글로벌 코로나 백신·치료제 개발 동향

구분	제약사	프로그램명	Pre-Clinical	Phase 1	Phase 2	Phase 3
백신	아스트라제네카	ADZ1222				
	화이자	BNT162				
	존슨앤드존슨	JNJ-78436735				
	모더나	mRNA-1273				
	노바백스	NVX-CoV2373				
	제넥신	GX-19				
	진원생명과학	GLS-5310				
치료제	리제네론	REGN-COV2				
	일라이릴리	LY-CoV555				
		JS016				
	셀트리온	CT-P59				
	GC녹십자	GC5131				
	에이비온	ABN903				

자료:한화투자증권 리서치센터

까지는 수요가 꾸준할 것으로 전망한다. 그리고 이번 코로나19 이슈를 통해 진단에 대한 인식이 치료의 보조적 역할에서 선행돼야 하는 필수적인 의료행위로 자리 잡을 것으로 기대한다.

코로나19, R&D 패러다임을 바꾸다

코로나19로 인해 우리의 삶은 크게 변화했다. 서로를 보호하기 위해 마스크를 착용하고, 개인위생에 힘쓰며, 최대한 타인과의 불필요한 접촉을 피하는 언택트 생활 방식에 반강제적으로 적응하는 중이다. 코로나19 팬데믹을 계기로 감염병에 대한 경각심을 갖게 되면서 향후 제약사들의 R&D 파이프라인은 백신과 항바이러스제에도 많은 관심을 가질 것으로 예상한다.

감염병 예방과 치료를 위한 노력은 계속되고 있다. 이는 비단 코로나19에 국한된 것은 아니다. WHO는 감염병 중 팬데믹과 에피데믹(Epidemic)에 해당하는 질환을 구분해 백신과 치료제 개발을 위한 청사진을 구축하고 있다. 더불어 코로나19 예방을 위해 CEPI(전염병대비혁신연합), GAVI(세계백신면역연합) 등과 함께 백신 공급 메커니즘인 COVAX를 출범해 각 국가 협력을 이끌어내는 것은 물론이다. 코로나19 치료제 역시 다수 연구기관과 제약·바이오업체가 협력해 경증부터 중증의 다양한 환자를 대상으로 임상을 진행 중이다.

시장조사기관 이벨류에이트파마(Evaluatepharma)에 따르면 2019년 기준 글로벌 의약품 시장 9100억달러 중 백신은 3.6%에 해당하는 325억달러, 항바이러스제는 4.3%에 해당하는 388억달러를 차지했으며 2026년까지 백신은 CAGR 8.1%, 항바이러스제는 1.5%씩 성장할 것으로 전망했다. 백신 시장이 급성장하는 이유는 코로나19 백신의 수요 증가와 기존 감염병 백신 접종에 대한 수요가 커졌기 때문이다. 백신 개발과 더불어 항바이러스 치료제의 필요성도 대두하고 있다.

코로나19 백신과 치료제는 글로벌 제약사와 바이오텍이 앞다퉈 개발하고 있으

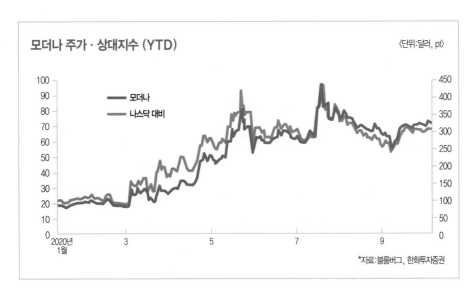

모더나 주가 · 상대지수 (YTD)   〈단위:달러, pt〉

모더나
나스닥 대비

*자료:블룸버그, 한화투자증권

며, 대규모 임상을 위한 자금은 전염병대비혁신연합이나 미국 보건복지부 산하 생물의약품 첨단연구개발국(BARDA)의 지원을 받고 있다. 코로나19 백신은 아스트라제네카, 화이자-바이오엔텍, 존슨앤드존슨, 모더나, 노바백스, 글락소-사노피가 개발의 선두그룹에 있다. 특히 존슨앤드존슨, 화이자-바이오엔텍, 모더나는 임상 3상을 진행 중이며 이르면 2020년 내, 늦어도 2021년도 상반기까지 상용화하겠다는 계획이다.

치료제는 리제네론, 일라이릴리 등이 항체를 활용해 개발하고 있다. 리제네론의 경우 최근 초기 임상에 대한 결과가 긍정적이라고 발표했고, 일라이릴리는 2가지 항체 병용을 통한 임상 2상 결과가 바이러스 감소에 효과가 있음을 입증했다. 두 업체는 임상 3상을 통해 2021년 상반기까지 상용화를 계획하고 있다.

국내에서도 백신과 치료제 개발이 한창 진행 중이다. SK바이오사이언스는 글로벌 제약업체인 아스트라제네카, 노바백스와 코로나19 백신 생산에 대한 CMO(위탁생산) 계약을 체결했다. 더불어 국내 식약처와 빌앤멜린다게이츠재단에서 펀딩을 받아 2종의 코로나 백신을 개발하고 있다. 제넥신 등의 바이오텍도 코로나19 백신 임상에 진입했다. 치료제는 바이오시밀러 전문기업 셀트리온이 항체치료제 임상 2상에 진입한 상태며 2020년 내 국내 출시, 2021년 상반기 글로벌 출시를 기대한다. 이외에도 녹십자 등의 업체들이 치료제 개발을 진행 중이다.

백신과 항바이러스 분야 기업가치 상승

갑자기 찾아온 코로나19로 인해 관련업체 기업가치는 이성적인 판단을 하기 이전에 큰 폭으로 상승했다. 대부분 업체가 업종의 메인스트림이 아니었기 때문에 개발 중인 제품 정보가 부족했음에도 불구하고, 투자자들은 팬데믹이라는 방향성을 갖고 있다는 것만으로 열광하며 시장 판도를 흔들어놨다. 시가총액 약 80조원 수준의 길리어드사이언스는 세계 최초의 코로나19 치료제인 렘데시비르 개발 기대감에 2020년 초 대비 40% 이상 주가가 상승했다. 코로나19 백신을 개발 중인 모더나와 노바백스는 관련 이슈로 최고 각각 5배, 25배 이상 기업가치가 상승했다.

국내에서는 코로나19를 발판 삼아 글로벌 진단업체로 도약 중인 씨젠 주가가 약 8배, 아스트라제네카 · 노바백스와 백신 CMO 계약을 체결한 SK케미칼의 주가 최고 5배, 코로나19 치료제를 개발 중인 신풍제약 주가는 최고 25배까지 올랐다(2020년 초 대비 2020년 10월 말 기준). 물론 실체 없이 방향성만으로 기업가치가 재평가된 업체도 적잖다. 다만 이번 코로나19 사태를 통해 경험한 것처럼 바이러스에 대한 경각심이 지속되고, 이후 새로운 팬데믹 사태의 발생 가능성을 고려한다면 감염병을 진단할 수 있는 기술을 가졌거나 예방할 수 있는 백신 · 치료제를 개발하는 업체의 기업가치는 지속적으로 증가할 것으로 전망한다.

2021년은 코로나19 수혜업체의 주가 아웃퍼폼 기대

국내 바이오기업은 글로벌 빅파마의 코로나19 백신 · 치료제 개발로 인해 수혜가 예상되는 기업 위주로 옥석 가리기가 진행되고 있으며 2021년에도 이런 분위기는 유지될 전망이다.

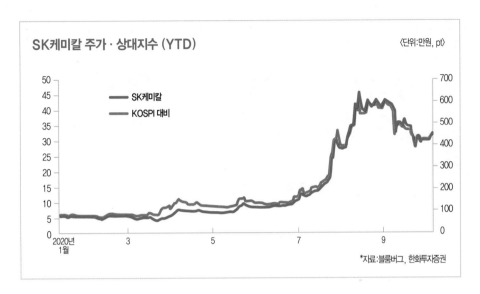

SK케미칼 주가 · 상대지수 (YTD) 〈단위:만원, pt〉

*자료:블룸버그, 한화투자증권

  국내 바이오 산업의 양대 산맥인 셀트리온과 삼성바이오로직스에 기대감은 2021년에도 지속될 가능성이 높다. 셀트리온은 글로벌 빅파마와 비슷한 속도로 코로나19 항체치료제 임상을 진행하고 있으며 2020년 내 국내 허가, 2021년 상반기 글로벌 허가를 목표로 하고 있다. 램시마SC, 트룩시마의 꾸준한 매출 성장과 고농축 휴미라 바이오시밀러 유럽 허가도 긍정적이다.

  삼성바이오로직스는 코로나19 치료제 개발업체인 Vir biologics와 CMO 계약을 체결해 향후 수주 물량이 증가할 것이라 예상한다. 3공장 수주의 조기 달성과 4공장에 대한 기대감이 더해질 전망이다. 코로나19 백신의 글로벌 플레이어들과 CMO 계약을 맺은 SK케미칼의 실적 성장도 기대할 수 있다. 아스트라제네카, 노바백스와 계약을 체결한 SK케미칼은 본격적으로 코로나19 백신이 생산될 것으로 예상되는 2021년부터 엄청난 실적을 낼 전망이다.

  이 밖에 진단 시장의 재편이 이뤄지는 가운데 글로벌 멀티플렉스 기술 기반의 코로나19 진단키트로 시장의 한 축을 담당하면서 글로벌 진단업체로 거듭나고 있는 씨젠, CEPI로부터 백신 후 공정 수주를 받아 실적 개선이 예상되는 녹십자 등도 2021년에 지속적인 기업가치의 재평가가 이뤄질 것으로 예상한다.

동학개미 주목할 코스닥 종목
5G·핸드셋·건기식·소비재

이정기 하나금융투자 코스닥벤처팀장

▶ 2020년 초 코스닥 시장은 코로나19라는 암초를 만나 시장 참여자에게 실망감을 안겼다. 하지만 주가 하락 기간은 의외로 짧았다. 하반기 코로나19가 어느 정도 진정되면서 시장 상승세는 연말 부근까지 이어지는 추세다.

코스닥 시장 상승세에는 이른바 '동학개미운동'이라는 개인 매수세가 한몫을 했다. 동학개미운동이라는 명칭이 붙은 것은 이번이 처음이지만 사실 주식 시장에서 개인투자자의 활약은 과거부터 꾸준히 있었다.

동학개미운동, 중소형주 중심으로 5년마다 이어져

동학개미운동은 5년에 한 번꼴로 진행됐다. 1998~1999년 IMF 직후에는 코스닥 기술주 등을 중심으로 코스닥 시장이 활황이었다. 2005~2006년에는 대형 자산운용사 등장으로 적립식 펀드가 유행하며 주식형 공모펀드가 재테크 시장을 정복했다. 대형 운용사 특정 섹터 선호로 인해 조선 섹터 기업이었던 현대중공업, 현대미포조선 등이 시장 상승세를 견인했던 때기도 하다. 2009~2010년에는 '증권사 자문형·일임형 랩' 등 상품이 큰 관심을 끌며 증권사를 통해 개인

2020년 출렁였던 코스닥 시장

*자료:KRX한국거래소

유동성이 대거 유입됐다. 당시 상승폭이 컸던 자동차, 화학, 정유, 조선 등의 섹터는 '차화정' '정화조' 등으로 불리며 증권가 화두로 떠올랐었다. 2015년에는 연기금 아웃소싱과 함께 바이오 열풍이 시작, 개인도 코스닥 시장에 뛰어들면서 큰 폭의 코스닥 상승을 이끌었다. 그러나 앞의 상승 시기에 개인 수익률은 좋지 못했다. 시장 참여 시점이 상승 클라이맥스나 상승 중간 지점이었고 매도 시점 역시 정확히 포착하지 못했기 때문이다.

반면 2020년 코로나19로 인한 주가 폭락 이후 상승장에서 개인들의 투자 전략은 그동안 5년마다 이어졌던 크고 작은 동학개미운동과는 조금 달랐다. 예전 패턴, 즉 외국인과 기관이 시장을 먼저 이끌고 개인투자자는 상승 중간이나 상승 꼭지에 매수해 큰 이익을 보지 못했던 관행에서 벗어나 개인들이 먼저 싼 가격에 주식을 사기 시작했다. 그동안의 학습효과가 실효를 거둔 것으로 판단한다.

이유는 또 있다. 코로나19는 중국에서 시작해 2020년 2월 중하순부터 우리나라를 습격했고 공포의 정점이었던 3월 중순에는 시장 폭락으로 이어졌다. 반면 미국, 유럽에서의 코로나19 정점은 4월 이후였고 파급 효과가 우리보다 심각해 외국인과 기관은 리스크 관리에 집중해야 했다. 이때 개인투자자들은 3월 중

순 이후 폭락을 이용해 주식을 사
모으기 시작했다. 싼 가격에 사
고 비싼 가격에 팔아야 하는 투자
원칙 중 우선 절반의 성공을 거둔
것. 앞으로 남아 있는 숙제는 매
도 시기를 잘 판단하는 것이다.
적절한 매도 시점, 이것이 2020
년 동학개미운동 해피엔딩이다.

2021년 중소형주 유망 종목

유망 업종	2021년 산업 현황	연관 기업
5G 장비 기업	2020년 지연된 발주를 통해 성장성 배가	에이스테크, 오이솔루션
건강기능식	코로나19 수혜, 건강에 대한 관심 증가	코스맥스엔비티
그린 · 디지털 뉴딜	정부의 적극적인 그린 · 디지털 관련업에 대한 투자	현대오토에버
내수 · 소비재	2020년 실적 부진에 따른 기저효과 발생	여행, 항공, 백화점

2021년, 중소형주 상고하저 전망

2021년 추가적인 상승을 바라보려면 몇 가지 전제가 수반돼야 한다. 그리고 이
런 전제들이 충족될지도 판단하고 점검해야 한다. 그중에서도 중요한 것이 '유동
성 지속 여부'다. 이번 상승 장세에서 유동성만으로 비교적 긴 시간, 그리고 큰 상
승폭이 이뤄질 수 있었던 것은 주식 시장을 철저히 외면했던 유동성이 한꺼번에
밀려들어왔기 때문이다. 그러나 이런 유동성은 주식 시장의 높은 신용 잔고, 그리
고 상승에 대한 피로감 등으로 유입 강도가 다소 약해진 상황이다. 그러나 나머지
수급 주체인 기관, 외국인의 상황은 비교적 넉넉한 편이다. 코로나19 사태 이후
기관, 외국인은 주식 시장에서 각각 약 20조원 가까운 매도를 기록했다.

2021년 수급은 다소 긍정적인 상황이니 추가 상승에 대한 기대가 여전히 유효
하다고 판단한다.

5G, 핸드셋, 내수 · 소비재 주목해야

2021년 중소형주 투자 유망 섹터는 주로 코로나19로 인한 기저효과 수혜가
있는 업종을 눈여겨볼 필요가 있다.

첫째, 2021년 상반기에는 5G 관련주가 한 번 더 기세를 펼칠 전망이다. 주식

은 성장 초기와 그리고 손익분기점(BEP)을 넘어서 이익이 증가하는 시기, 이렇게 두 번에 걸쳐 주가가 크게 상승한다. 2021년 5G 산업은 이익 성장기에 들어서 수익률 제고에 도움을 줄 것으로 판단한다.

2020년 하반기 5G 관련주는 코로나19로 인해 글로벌 5G 투자 지연과 정부의 28Ghz 상용화 연기 등으로 인해 주가 하락이 두드러졌다. 그러나 2020년 말과 2021년 초에 그동안 지연됐던 투자, 그리고 예정된 투자가 겹치면서 그 수혜가 배가 될 전망이다.

둘째, 중저가 핸드셋 부품주도 눈여겨볼 만하다. 미국 화웨이 제재로 인한 반도체 조달 중단, 그리고 중저가 스마트폰 생산 차질 등은 국내 굴지 스마트폰 제조 업체에게는 희소식이 아닐 수 없다. 삼성전자와 화웨이의 격전지였던 EMEA, 인도 등에서 삼성전자 중저가 스마트폰 판매량은 급격히 증가할 것으로 예상한다. 삼성전자 중저가폰 시장에서의 전략은 마케팅보다는 스펙 상향이라 판단한다. 따라서 카메라 부품 관련 기업 실적이 크게 개선될 전망이다.

셋째, 매년 꾸준히 성장하고 있는 건강기능식 산업이다. 노령 인구 비중이 높아지면서 건강에 대한 관심이 크게 증가했다. 여기에 젊은 층도 유입되고 있다. 피부·미용, 다이어트, 슈퍼푸드 등에 대한 수요가 증가했기 때문이다. 그리고 코로나19 이후 면역 관련 건기식 판매량이 훌쩍 뛰었다.

국내 코스닥 시장에는 탄탄한 기업이 많다. 브랜드를 보유하고 있지는 않지만 식약처에서 원료 성능을 인증받아 제조자개발생산(ODM)과 주문자상표부착생산(OEM)을 하는 기업부터 해외 진출을 도모하는 브랜드 기업까지, 국내 건기식 업체들은 산업 내에 다양하게 포진됐다. 성숙 산업은 아니지만 매출 규모가 커지면서 성장성과 함께 수익성까지 겸비한 기업들이 유망할 것으로 판단한다.

마지막으로 코로나19로 인해 2020년 상반기 실적이 크게 손상된 탓에 2021년에는 기저효과라는 특수를 누릴 소비재 기업 실적 개선도 기대한다. 의류주, 여행주, 백화점주 등이다.

부동산

어디에
투자할까

입주 · 분양권 · 준공 5년 이하 새 아파트 몸값 더 날아간다

함영진 직방 빅데이터랩장

▶ 2020년 조정대상지역 등 규제 지역을 확대한 6 · 17 대책과 다주택자에 대한 부동산 대출 · 과세를 강화한 7 · 10 대책 영향으로 3040세대의 패닉바잉(공황 구매)은 일부 진정됐고 비규제 지역을 찾아 이동하는 투기적 가수요는 더 이상 힘을 쓰기 어려워졌다. 정부의 강력한 수요 억제책에 이어 민간택지 분양가상한제 실시와 13만2000가구가량의 수도권 주택 공급 확대책(8 · 4 대책)이 공개되면서 더 이상 비거주 · 시세차익 목적의 잉여 주택 구입이나 갭투자는 아파트 시장에서 먹히는 투자 패턴이 아니다. 따라서 2021년 여신과 절세가 가능한 무주택 실수요자의 '똘똘한 아파트 한 채' 구입이나 유망 지역의 청약이 아파트 투자의 기본과 정석(定石)이 될 전망이다.

무주택 실수요자, 3기 신도시 사전청약 노려라

2021년부터 순차 공급될 예정인 수도권 공공분양 사전청약 6만가구의 입지가 2020년 9월 8일 전격 발표되면서 수요가 풍부한 지역에서는 벌써부터 청약 대기자 기대가 높은 편이다. 실제 2021년 하반기인 7~8월, 인천 계양신도시를 시작으로 9~10월 남양주 왕숙신도시, 11~12월 고양 창릉·부천 대장신도시, 과천지구 등의 사전청약이 차례로 진행될 예정이다.

단, 청약은 특별공급(이하 특공) 자격 여부와 청약통장 가입 기간 등에 따라 점수를 주는 가점제 방식으로 진행되는 데다, 본청약에 앞서 실시하는 만큼 청약자가 미리 알아둬야 할 조건이 다양하다. 연령대별로도 청약 전략에 차이가 있다는 점도 유의해야 한다. 기본적으로 사전청약은 수도권에 거주하는 무주택 가구주여야 가능하다. 하지만 지역 의무 거주 기간의 경우 본청약 시점까지만 충족되면 최종적으로 입주 여부가 확정된다.

또 주택 건설 지역의 규모, 위치, 투기과열지구 지정 여부 등에 따라 의무 거주 기간 등도 다르니 청약 전 본인에게 맞는 당첨 요건 확인이 필수다.

신혼부부, 다자녀 가구, 노부모 부양 여부 등 청약 자격은 본청약과 동일하다. 지역 거주 요건은 사전청약 시점에 해당 지역(수도권 해당 기초지자체)에 거주하면 신청할 수 있는데, 본청약 시점까지 거주 기간 요건을 충족해야 한다. 당첨자 선정은 인터넷, 현장 접수를 통해 이뤄지며, 당첨자는 다른 지구에 중복으로 사전청약할 수 없다. 사전청약 당첨 확률을 조금이라도 높이려면 공급 일정에 맞

2021~2022년 수도권 3기 신도시 등 사전청약 입지

단위:가구

추진 일정		주요 입지·청약 물량
2021년	7~8월	인천 계양(1100), 노량진역 인근 군부지(200), 남양주 진접2(1400), 성남 복정1·2(1000), 의왕 청계2(300), 위례(300) 등
	9~10월	남양주 왕숙2(1500), 남태령 군부지(300), 성남 신촌(200), 성남 낙생(800), 시흥 하중(1000), 의정부 우정(1000), 부천 역곡(800) 등
	11~12월	남양주 왕숙(2400), 부천 대장(2000), 고양 창릉(1600), 하남 교산(1100), 과천 과천(1800), 군포 대야미(1000), 시흥 거모(2700), 안산 장상(1000), 안산 신길2(1400), 남양주 양정역세권(1300) 등
2022년		남양주 왕숙(4000), 인천 계양(1500), 고양 창릉(2500), 부천 대장(1000), 남양주 왕숙2(1000), 하남 교산(2500), 용산정비창(3000), 고덕 강일(500), 강서(300), 마곡(200), 은평(100), 고양 탄현(600), 남양주 진접2(900), 남양주 양정역세권(1500), 광명 학온(1100), 안양 인덕원(300), 안양 관양(400), 안산 장상(1200), 안양 매곡(200), 검암역세권(1000), 용인플랫폼시티(3300) 등

주:사전청약 일정은 추진 과정에서 변동될 수 있음
태릉CC는 2021년 상반기 교통 대책 수립 후, 과천 청사부지는 청사 활용 계획 수립 후, 캠프킴은 미군 반환 후, 서부면서함은 면허시험장 이전 계획 확정 등의 절차를 거쳐 구체적인 사전청약 계획이 발표될 예정임
자료:국토교통부

춘 청약 전략과 전입이 필요하다. 우선 2020년 4분기 본청약으로 공급될 위례 (2300가구), 성남 판교대장(700가구), 과천 지식정보타운(600가구) 등 수도권 2기 신도시 본청약에 먼저 도전해본 후 2021년 사전청약에 나서도 늦지 않을 것이라 판단한다.

만약 2020년 본청약에서 떨어졌다면, 2021년 하반기 3기 신도시 사전청약을 적극 노리되 청약 넣을 지역을 잘 살펴보자. 66만㎡ 이상 대규모 택지개발지구라면 수도권 거주 청약통장 보유자에게 대부분 청약 기회가 보장된다. 반면 소규모 택지일 경우에는 당해 지역 거주자에게 당첨 기회가 집중된다. 따라서 청약하고 싶은 사업지의 택지 규모를 미리 파악하고 주소지를 이전하는 전략도 당락을 가를 변수가 될 것이다.

2021년 사전청약 지역 중 비교적 선호도가 높을 것으로 기대되는 지역은 노량진역 인근 군부지(200가구), 성남 복정1·2(1000가구), 의왕 청계2(300가구), 위례(300가구), 남태령 군부지(300가구), 성남 신촌(200가구), 성남 낙생(800가구), 하남 교산(1100가구), 과천 과천(1800가구, 2018년 발표) 등지다. 2021년 7~12월 순차 공급되므로 꼭 일정에 맞게 로드맵을 짜는 것이 좋겠다. 가점이 낮고 특공 자격에 해당하지 않는다면 당첨 확률을 높이기 위해 중소 규모 택지보다는 66만㎡ 이상 대규모 택지개발지구에 청약하는 것이 현명하다.

20~30대 젊은 예비 청약자라면 특공을 적극 활용해야 한다. 특공은 일반공급과 청약 경쟁 없이 주택을 우선 분양받을 수 있는 제도다. 사전청약 물량의 85%는 특공으로 공급될 예정이다. 대신 특공 당첨 횟수는 1가구당 평생 1회로 제한된다. 특공 사전청약은 신혼부부, 생애 최초, 다자녀, 노부모 부양 등의 유형으로 구성되며 역시 본청약과 동일한 요건이 적용된다. 젊은 세대는 사전청약 물량의 30%가 공급되는 신혼부부 특공과 25%가 공급되는 생애 최초 특공을 활용하면 좋다.

신혼부부 특공은 혼인 기간 7년 이내, 예비 신혼부부, 6세 이하 자녀를 둔 한

국민주택과 민영주택의 특별공급과 일반공급 물량 비중 단위:%

구분			특별공급						일반공급
			합계	기관추천	다자녀	노부모	신혼부부	생애 최초	
국민주택	종전		80	15	10	5	30	20	20
	변경		85	15	10	5	30	25	15
민영주택	종전		43	10	10	3	20	–	57
	변경	공공택지	58	10	10	3	20	15	42
		민간택지	50	10	10	3	20	7	50

자료: 국토교통부

부모 가족 중에서 소득 요건 등을 충족하면 청약 가능하다. 2021년 1월 주택 공급에 관한 규칙 개정 등으로 공공분양 주택은 현재 도시근로자 월평균 소득 100%(맞벌이 120%) 이하인 소득 요건을 130%(맞벌이 140%)로 완화하되, 물량의 70%를 기존 소득 요건인 100%(맞벌이 120%) 이하인 신혼부부에게 우선 공급할 계획이다.

생애 최초 특공은 가구에 속한 모든 자가 과거 주택소유사실이 없어야 한다. 또 5년 이상 소득세 납부, 소득 등의 요건을 충족해야 한다. 현재 공공분양주택과 민영주택의 생애 최초 특공 소득 요건은 각각 도시근로자 월평균 소득의 100% 이하와 130% 이하지만, 2021년 1월부터 공공분양주택은 130% 이하, 민영주택은 160% 이하까지 소득 요건을 완화한다.

40~50대 예비 청약자는 생애 최초 특공과 다자녀 가구 특공, 노부모 부양 특공을 적극 살펴보면 좋겠다. 사전청약 물량 중 10%가 배정되는 다자녀 가구 특공은 미성년 자녀(태아 포함)가 3명 이상이 무주택 가구 구성원이어야 하고, 소득 요건도 충족해야 한다. 5%가 배정되는 노부모 부양 특공은 만 65세 이상 무주택 직계존속을 3년 이상 계속해 부양하고 있는 무주택 가구주에게 배정된다. 역시 자산, 소득 등의 요건을 충족하면 사전청약이 가능하다.

40~50대지만 특공 자격을 갖추지 못했다면 일반공급 청약을 눈여겨보면 좋다. 청약저축, 주택청약종합저축에 오래 가입된 사람 중 청약통장 납입액이 약 1500

만~2000만원 이상이면 3기 신도시 사전청약에서 당첨을 기대해볼 만하다.

2021년부터는 수도권 3기 신도시 등 공공택지 외에도 민간택지에서 매년 25만가구 안팎의 아파트가 공급될 예정이다. 앞으로 서울, 세종, 대전, 울산 등 입주량 감소로 공급 대비 수요가 꾸준할 지역의 아파트 청약을 검토해도 좋다.

입주권 · 분양권 · 준공 5년 이하 신축 몸값 더 높아진다

청약가점이 낮거나 이미 주택을 1채 보유한 '갈아타기' 수요자라면 청약을 통한 내집마련이 쉽지 않다. 1주택자에게는 2021년 아파트 입주 물량이 감소할 가능성이 높아 전 · 월세 가격이 오르는 추세거나 공급 대비 수요가 비교적 풍부한 지역을 살펴보는 것이 현명하다.

2021년 아파트 입주 물량이 다소 부족해 보이는 지역은 서울(2만5342가구), 대전(6233가구), 울산(851가구) 등지다. 이들 지역 중 입주권과 분양권, 준공 5년 차 이하의 역세권 신축 아파트 위주로 매입을 검토해볼 만하다. 2020년부터 투기과열지구 민간택지에서 분양되는 주택에 분양가상한제가 본격적으로 적용되는 데다 분양권 전매제한 기간도 최소 5년에서 최대 10년으로 대폭 늘었다. 향후 서울 · 수도권 일대 투기과열지구에서 입주권 외에는 딱히 신축 아파트를 매입할 방법이 마땅치 않다는 얘기다. 그만큼 신축 아파트 매물이 감소하고 희소성은 부각될 것으로 본다. 다만 무리한 대출보다는 집값의 60~70% 정도 되는 전세자금을 보유한 상태에서 실수요 차원에서 내집마련에 도전하는 것이 좋겠다.

서울에서 2021년 중 전매제한에서 풀리는 아파트는 총 1만9664가구다. 이 가운데 단지 규모가 1000가구를 넘는 대표 단지는 '디에이치자이개포(2021년 1월 전매제한 해제)' '래미안목동아델리체(2021년 1월 해제)' '고덕자이(2021년 2월 해제)' '마포프레스티지자이(2021년 3월 해제)' '서초그랑자이(2021년 6월 해제)' '태릉해링턴플레이스(2021년 9월 해제)' '홍제역해링턴플레이스(2021년 12월 해제)' 등이다.

　서울 핵심 지역이 아니더라도 교통망 확충 호재가 있거나 중저가 단지 아파트값 키 맞추기가 한창인 지역에도 당분간 실수요자 유입이 이어질 전망이다. 2020년에 5억~6억원대 중저가 아파트에 실수요 유입이 이어지며 최고가가 꾸준히 경신되고 있는 지역은 서울 강서·노원 등을 비롯해 경기 화성, 부천, 김포, 남양주 등지다. 이들 지역에서는 전셋값 상승 영향으로 내집마련 수요가 꾸준히 이어질 것으로 보인다.

　최근 아파트 시장은 매매 거래량이 감소하는 추세기는 하지만 매매 가격 강보합 현상은 적어도 2021년 상반기까지 지속될 전망이다. 단기 보유자와 다주택자에 대한 양도소득세 추가 세율 중과, 종합부동산세율 인상이 2021년 6월부터 적용될 예정인데 이를 앞두고 2021년 상반기 동안 절세 목적의 매물 일부가 시장에 나올 것이라 기대한다. 다만, 절세에 있어 증여 같은 퇴로도 있는 만큼 매물이 나오더라도 2주택보다는 3주택 이상 보유한 다주택자에게서 제한적으로 나올 가능성이 높다. 반면 매입은 실입주 목적의 무주택자 위주로 제한될 것으로 본다. 따라서 지역별 수요가 양극화된 점을 감안하고, 중저가 아파트가 밀집한 지역, 저평가된 지역을 살펴보는 것이 좋겠다.

　2021년에는 주택 시장의 구매력 회복에 영향을 준 변수가 다양하다. 우리 경기에 직접 영향을 미쳐온 코로나19 봉합 여부 외에도 부동산 시장에서 시중 부동자금의 흐름을 바꿔놓을 수 있는 3기 신도시 토지보상금, 정부의 부동산 시장 추가 규제 가능성(실거래 신고 위반, 불법 전매·청약 모니터링과 단속, 추가 규제 지역 선정, 표준 임대료 도입 여부) 등 여러 변수를 염두에 둬야 한다.

　2020년 하반기부터 상승세가 가팔랐던 전세 가격 불안 문제도 내집마련 수요에 불을 지필 수도 있다. 그럼에도 무주택자에게는 분양 시장을 통한 내집마련 문턱이 크게 낮아지고, 실수요자 서민의 자가 이전은 정부가 여전히 우대하고 있는 만큼, 똘똘한 집 한 채를 잘 마련하는 것이 2021년 현명한 자산 관리의 길이라고 하겠다.

우이신설선 역 인근 상권 눈길
관광 · 유흥가 불확실성 커져

김종율 보보스부동산연구소 대표

▶ 2020년 같은 '코로나 시국'에는 상가 투자에 대해 이야기하는 것 자체가 부담이다. 하지만 제로금리에 가까운 낮은 금리와 온갖 규제로 막혀 있는 아파트 시장과 비교하면 상가 투자는 여전히 승산이 있다.

2021년도 상가 투자 시장은 상당한 위험과 수요가 공존하는 모습을 띨 것으로 보인다.

우선 가장 경계해야 할 상권은 관광지, 대학가, 유흥가다. 언제쯤 서울 명동 거리에 외국인 관광객이 찾아오고, 학생들이 대학가로 돌아오고, 유흥가 클럽과 노래방이 불을 환하게 켤지 예측할 수 없다. 코로나19 감염 확산세를 이전에 겪어 본 적이 없으니 직격탄을 맞은 상권이 언제쯤 되살아날 것인지 가늠하기 어렵다.

하지만 상가 시장에도 분명 호재는 있다. 정확히 말하면 호재가 찾아올 지역은 있다. 이런 지역을 찾아 각 호재 특성에 맞춘 입지를 파고들면 꽤 괜찮은 상가 투자를 할 수 있다.

부동산 투자자에게 가장 큰 호재는 단연 '지하철'이다. 토지 투자자라면 역세권 개발 사업이나 지구단위계획 같은 이슈를 떠올릴 것이고, 상가 투자자라면 역세권 상권을 생각하면 된다. 투자 가치 높은 역세권 상가란 우선 역 개통이나 착공이 임박해 있어야 한다. 그다음 유동인구 동선을 따져 역 개통 후 좋아질 입지를 골라내야 한다.

그렇다면 2021년 가장 관심을 가져야 할 지역은 어디일까.

서울에서는 경전철이 지나는 곳에 관심을 가져볼 만하다. 특히 우이신설선이 개통하는 곳을 눈여겨보자. 우이신설선 개통에 따른 소매점 매출 추이를 확인한 다음, 이를 다른 노선에 접목해 미래를 예측해보는 것도 좋은 투자를 위한 팁이 될 수 있다.

지도❶에서 보듯, 경전철 우이신설선은 지하철 4호선과 나란히 서울 중심부로 이동한다. 4호선과 다른 점이 있다면 역 간 거리가 짧다는 것이다. 4호선의 경우 대개 역 간 거리가 1.4㎞ 정도는 되는데 우이신설선은 역 간 거리가 800m 정도밖에 되지 않는다. 그러니 역세권 효과가 다른 상권 대비 상당히 미미하게 나타난다.

즉, 신규 역세권을 내다보고 투자한다면 무엇보다 역 간 거리가 긴, 그래서 역 개통 효과가 확연할 지역을 골라야 한다. 그게 아니라면 경쟁 노선 지하철역이

지도❶ 우이신설선 개통 효과

먼 거리에 위치해 동선이 변경되는 가구가 많은 곳을 골라야 한다.

지도❷의 파리바게뜨 점포는 경쟁 노선 역이 멀어 주변 가구가 동선을 바꾸는 사례다.

이 파리바게뜨 점포의 동쪽 '수유벽산아파트' 거주민과 그 주변 지역 거주민은 그동안 지하철 4호선 수유역을 이용하다 경전철 가오리역으로 상당히 옮겨 왔을 것이고 이에 따른 매출 신장도 상당했을 것으로 예상한다. 직접 조사해보니, 경전철이 개통한 2019년 하반기 매출이 직전 연도 대비 거의 두 배에 달하는 것으로 나타났다.

이와 같은 패턴 변화가 기대되는 곳은 어디일까. 바꿔 말하면, 2021년에 매입할 때 3년 내에 주변에 역이 개통하고, 그에 따라 큰 폭의 소매점 매출 변화가 기대되는 곳은 어디일까. 가장 우선적으로 고려할 것은 역 개통 시기이고, 그다음 역의 위치와 출구 위치, 그리고 그로 인한 예상 동선의 변화다.

한 곳 예를 들어 얘기해보자면 경전철 신림선, 그중에서도 서원역 예정지를 꼽을 수 있다. 서울 관악구 신림동에서 영등포구 여의도를 관통하는 경전철 신림선은 2022년 5월경 개통을 목표로 한창 공사 중이다. 그러니 개통을 앞두고 투자

지도❷ 경쟁 노선이 먼 거리에 위치해 동선이 바뀌는 경우

처로 삼기에는 2021년이 더없이 좋은 시기다.

경전철 신림선 서원역 예정지 일대를 꼽은 원리는 앞의 사례와 비슷하다.

현재 서원역 예정지 주변 일등 입지는 지도❸의 미니스톱 자리다. 동쪽 주택가에 가구 수가 많고 이들 주택가 동편은 산으로 막혀 있으니 모두 미니스톱 방향으로 이동할 수밖에 없다. 지도❸에서 별표(★)로 표시한 곳은 버스 정류장인데, 이곳은 버스 노선 또한 많으니 길 건너 주택가 거주민도 버스 정류장을 이용할 때는 저 미니스톱 앞을 지나게 돼 있다. 이 지역 내 일등 입지 점포다. 직접 조사해보니 일매출도 300만원 수준으로 상당히 높다. 이 정도면 상위 2~3% 수준이다.

저 지역에 경전철이 개통하면 상권 지도가 어떻게 달라질까. 버스 정류장만 있을 때도 편의점 일매출이 대단히 좋은 입지였는데 지하철이 개통하면 더 좋은 입지로 거듭날까. 그런 점에서 다소 조심스럽다. 버스가 아닌 경전철을 이용하려는 사람들의 동선은 버스 정류장을 이용할 때와 달라지기 때문이다.

공사 현장을 방문해 역 출구 예정지를 모두 확인해봤다. 위 원(●)으로 표시한 곳이 역의 출구가 들어설 위치다. 재미있는 것은 지금까지 모든 경전철 역은 출

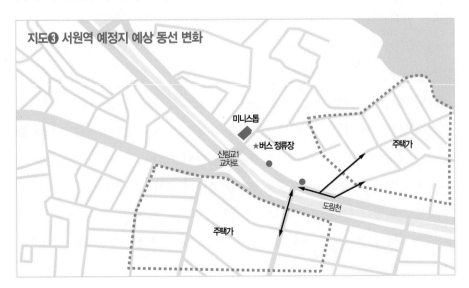

지도❸ 서원역 예정지 예상 동선 변화

미니스톱

★버스 정류장

신림교1
교차로

주택가

도림천

주택가

구가 2개씩 갖춰진다는 점이다. 우이신설선도 사거리 정중앙에 개통할 때도 출구가 2개만 만들어졌다. 공사 중인 모든 노선을 방문 조사해본 결과 신림선 역시 환승역을 제외한 모든 역 출구가 2개뿐이었다. 이는 동선의 중요성을 더욱 부각한다. 지하철이 개통하면 주거지의 경우 대개 일대 가격이 모두 상승하지만 상가는 다르다. 새로 바뀌는 동선에 있는 점포만 장사가 더 잘되고 당연히 가격도 바뀌는 주요 동선상의 상가만 잘 오르게 된다.

새로 바뀌는 동선을 지도로 나타내면 위 지도상 화살표에 해당한다. 표시된 주거지 가구 입장에서, 예전에는 버스 정류장(★)을 가기 위해 미니스톱 앞을 지나는 것이 가장 빠른 동선이었지만, 앞으로는 경전철을 이용하기 위해 화살표대로 이동하게 될 것이다.

반면, 장사가 덜 되는 자리에서 폐업 점포가 나오면 장사가 잘되는 점포가 더 잘되는 현상이 벌어지기도 한다. 서울 마포구 서교동의 세븐일레븐 서교5호점과 CU 서교제일점이 대표 사례다. 하루 매출 100만원대의 편의점이 문을 닫으면, 근처에서 하루 200만원을 벌던 편의점의 매출이 250만원으로 증가한다는 얘기다. 서교동의 경우 세븐일레븐 서교5호점이 폐점한 쪽이었다. 살아남은 편의점 매출은 130만원이던 2010년 초에 비해 무려 50% 가까이 높아졌다. 물가 상승도 한 원인이겠지만 월매출 100만원 초반대의 부진한 점포들이 대거 문을 닫은 영향이 컸다.

한편, 앞서 언급했듯 2021년은 관광지나 대학가, 유흥가 상권에 투자하기에는 다소 불투명한 시기다. 2020년 3월 고려대가 가까운 안암역 상권 조사를 했을 때만 해도 2019년 같은 시기 일매출 300만원 가까이 기록하던 '노랑통닭'이 휴점 중이었다. 또 2020년 2월경 개점한 껍데기 고깃집은 권리금도 없이 시장에 매물로 나왔다 다른 프랜차이즈 점포로 바뀌었다. 위치가 역 출구에서 불과 60m 정도밖에 안 되는, 매우 우량한 입지였는데도 학생들이 등교하지 않으니 답이 없는 것이다.

　관광지는 물론 직장인들이 늦게까지 회포를 풀던 유흥가도 마찬가지다. 이 상권의 2021년을 짐작해 투자하기에는 불확실성이 너무 크다.

　다만 '주거지 상권'을 지나는 경전철은 얼마든지 예측 가능하다. 편의점 업계를 인터뷰해보면 주거지 우량 상권은 매출이 거의, 혹은 전혀 떨어지지 않은 것으로 나타난다. 경전철 서원역뿐 아니라 다른 역 개통 예정지에도 신림선 사례와 우이신설선 사례에서 터득한 원리를 대입해보면 유망 투자처를 쉽게 가늠해볼 수 있다.

물류 부동산 1순위 투자처
오피스 양극화 뚜렷해질 것

장진택 리맥스코리아 이사

▶ 2020년은 업무용 부동산 수요자인 자영업자와 기업 모두 코로나19 타격을 받은 한 해였다. 온라인 쇼핑 활성화로 물류센터 수요가 급속히 증가하고 프롭테크 산업이 날개를 달기 시작한 반면 상가, 빌딩 임대 시장 역시 적잖은 충격을 받았다.

비단 코로나19 여파가 아니더라도 상업·업무용 빌딩 시장은 몇 해 전부터 4차 산업혁명에 따른 변화를 겪고 있었다. 그야말로 리테일 패러다임의 격변을 겪고 있다. 2020년의 코로나19 사태는 리테일 패러다임이 격변하는 속도를 한층 촉진하는 역할을 했다.

온라인 쇼핑 활성화에 따른 물류 부동산 인기

오프라인 매장의 전반적인 퇴조 속에 2021년에도 온라인 쇼핑몰과 관련된 물류 부동산이 각광받을 것으로 본다. 실제로 최근 3~4년 전부터 물류 부동산은 부동산 업계 유망 투자처 1순위로 꼽혔는데, 2021년부터 이 같은 흐름은 더욱 가속화될 것으로 예상한다. 특히 서울과 접근성이 좋은 용인, 이천 등지의 물류 부동산 수요는 꾸준히 늘어날 전망이다.

한편 오피스 빌딩 시장은 양극화가 더욱 뚜렷해질 전망이다. 입지가 떨어지는 중소형 건물은 고전을 면치 못하고 있지만 서울 강남, 도심 등 핵심 지역 빌딩 시장은 호황을 이어가고 있다. 2020년 오피스 빌딩 시장에서는 코로나19 사태로 공실 염려가 커진 상황인데도 서울·수도권에서 굵직한 거래가 잇따라 성사되는 등 긍정적인 조짐이 나타났다. 2020년 3분기 서울·분당권 오피스(연면적 3300㎡ 이상) 매매거래액은 같은 해 2분기(1조9000억원)의 두 배 수준인 4조5413억원을 기록했다.

2021년 이런 흐름이 가속화될 것으로 보는 이유는 빌딩 시장에서의 안전자산 선호 현상이 강해지고 있어서다. 아파트나 상업용 부동산의 거래가 침체되고 마땅한 투자 대안이 없는 가운데 기관투자자나 자산가들은 빌딩을 안전한 투자처로 여기는 경향이 있다. 또 빌딩 수익률이 과거에 비해 하락하기는 했지만 현재 연 3~4% 정도로 여전히 은행 예금금리보다는 높은 데다, 빌딩 거래 가격도 강한 하방경직성을 띠기 때문이다.

안 그래도 저금리 기조로 시중 유동성이 풍부한 데다 주거용 부동산에 비해 정책 변화에 따른 영향이 적다는 이점도 작용할 것으로 본다. 또 새롭게 등장하는 수많은 스타트업들은 기존 산업이 불황을 겪으면서 생겨난 빈자리를 메우면서 빌딩 시장의 새로운 임차 수요층으로 떠오르고 있다. 더불어 코로나19 사태로 사무실 내에서도 거리두기를 실천하는 곳이 늘어나면서 직원당 건물 사용 면적이 늘어날 가능성도 크다.

임차 수요층 부족해 중소형 빌딩 고전할 것

반면 상대적으로 경쟁력이 떨어지는 중소형 빌딩은 더 큰 공실 위험에 노출될 가능성이 높다. 빌딩 공급이 지속적으로 이뤄지는 반면 수요는 정체 현상이 뚜렷하게 나타나고 있어서다. 경기 침체가 장기화되면서 중소형 빌딩의 주요 임차 수요층이 임대료가 상대적으로 저렴한 외곽 지역으로 이전하는 경우가 눈에 띄게 증가하고 있다. 최근 몇 년 새 서울 구로, 성수, 경기 성남, 하남 등지에서 지식산업센터가 지속적으로 공급됐는데, 비교적 저렴한 임대료에 주차시설 등 보다 편리한 시설을 갖춘 대체재로 임차 수요가 이탈하는 추세다.

한편으로는 신규 임차 수요층이 만들어지지 않고 있는 점도 중소형 빌딩 부진을 점치는 이유다. 경기 둔화로 중소기업 체감 경기가 특히 얼어붙었는데 신규 법인 설립 건수가 제자리걸음에 가까운 상태라 중소형 빌딩 임대인 입장에서는 임차인 구하기가 하늘의 별 따기인 상황이 됐다. 임대 시장 여건이 악화되면서 기존에 발생한 공실이 단기간에 해소되지 못하면서 공실 면적은 점차 누적되고 있다. 이런 이유로 공실 해소에 어려움을 겪는, 이면도로의 노후 중소형 빌딩은 점차 경쟁력을 잃을 가능성이 크며 이에 따라 재건축이나 리모델링 등의 방법을 통해 활로를 마련하려는 움직임이 더욱 활발해질 것이다.

한편 중소형 빌딩이 고전하는 현상은 통계에서도 뚜렷하게 나타난다.

리맥스와이드파트너스 조사에 따르면 2020년 3분기 서울 강남권 오피스 공실률은 7%대를 기록했다. 2019년 1분기 이후 회복세로 돌아선 이래 안정적인 공실 흐름을 보이고 있다. 하지만 이런 강남권 오피스 시장의 전반적인 회복 국면 속에서도 대형, 중소형 임대 시장 간 온도차는 감지된다. 대형 오피스 빌딩의 공실률은 평균 3.1%였는데, 2분기 대비 0.5%포인트 감소했고 임대료도 꾸준히 상승세를 이어가고 있다. 반면 같은 기간 중소형 오피스 빌딩의 공실률은 무려 12.5%로 전분기보다 0.2%포인트 상승했다. 대형, 중소형 오피스 빌딩의 공실률 격차가 무려 9.4%포인트에 달하는 것. 오피스 빌딩 임대 시장에서도 규모에 따른 빈익빈 부익부 현상이 뚜렷하다는 얘기다.

또 같은 권역, 비슷한 규모 오피스 빌딩이라도 빌딩 노후도, 관리 상태에 따라 매매 가격과 임대료에서 큰 차이를 보일 것으로 예상한다. 과거 임대인이 우선이었던 빌딩 시장은 임차인 우선 시장으로 재편되고 있고 2021년 이후에는 이런 현상이 더욱 구조화될 것으로 본다. 이처럼 급변하는 오피스 빌딩 시장 환경은 수많은 빌딩 간 무한 경쟁을 야기할 것이다. 과거와는 다르게 입지뿐 아니라 높은 품질의 서비스로 경쟁해야 하는 시대가 온 것이다. 오피스 빌딩을 이용하는 이들의 니즈가 다양해지고, 더 까다로워졌기 때문에 건물주와 건물 관리자 모두가 상당히 노력해야 한다. 임차인에 제공하는 서비스 품질에 따라 살아남거나 도태될 것이다.

또한 2021년 오피스 빌딩 시장은 매수 수요 또한 다변화될 것으로 예상한다. 전통적 방식의 오피스 빌딩 투자뿐 아니라 수요층이 확대되면서 다양한 빌딩 상품에 대한 투자 관심이 늘어나고 있다. 예술적인 건축물이나 디자인이 독특한 건물을 선호하는 수요가 있는가 하며 리테일 중심 빌딩을 선호하는 투자자도 있다. 또 지방 물건을 선호하는 수요도 늘어나고 있고 물류창고 등에 대한 관심도 확대되고 있다. 최근 수요자 층이 두터워지면서 선호도도 다양한 방식으로 표출될 것으로 본다.

3기 신도시 토지 인기는 계속
대형 교통개발 예정지역 주목

강승태 매경이코노미 기자

▶ 2020년 토지 시장은 활활 타올랐던 2019년을 뒤로 하고 잠시 숨 고르기를 했다. 국토교통부가 발표한 '2020년 상반기 전국 땅값 변동률'에 따르면 2020년 상반기 지가 상승률은 1.72%를 기록했다. 2019년(1.86%)과 비교하면 0.14%포인트 낮았고 2018년(2.01%) 대비 0.29%포인트 떨어진 것으로 나타났다.

상반기 토지 가격 상승률이 2019년이나 2018년과 비교해 다소 하락한 이유는 여러 가지다.

우선 정부의 강력한 부동산 규제 정책이 토지 시장에도 영향을 미쳤다는 분석이다. 또 2020년 2분기부터 주가 상승세가 이어지고 동학개미운동 등의 영향에 힘입어 부동자금이 토지 등 부동산에서 주식 시장으로 쏠린 것도 한 요인으로 풀이할 수 있다. 코로나19 영향으로 실물경제가 급속도로 위축되면서 토지 수요 자체가 줄었다는 해석 역시 가능하다.

지난 몇 년과 비교해 상반기 전국 토지 가격 상승폭이 둔화됐지만 지역별 양극화는 더욱 심해졌다.